Grundwissen Grundgesetz

von Professor Gerhart Binder

ERNST KLETT STUTTGART

1. Auflage. 1[7] 6 | 1981 80

Alle Drucke dieser Auflage können im Unterricht nebeneinander benutzt werden. Die letzte Zahl bezeichnet das Jahr dieses Druckes.

Grafiken: S. 40 und 112 Globus-Kartendienst, Hamburg;
S. 68 und 80 Erich Schmidt Verlag, Berlin.
Druck: Ernst Klett, Stuttgart.
ISBN 3-12-100800-5

Inhaltsverzeichnis

Abkürzungen:

Abs.	Absatz
Art.	Artikel
BVerfG	Bundesverfassungsgericht
DDR	Deutsche Demokratische Republik
EG	Europäische Gemeinschaften
EGKS	Europäische Gemeinschaft für Kohle und Stahl (Montanunion)
Euratom	Europäische Atomgemeinschaft
EWG	Europäische Wirtschaftsgemeinschaft
GG	Grundgesetz
MdB	Mitglied des Bundestages
NS	Nationalsozialismus

Vorbemerkung

Das „Grundwissen Grundgesetz“ enthält als Kern den Verfassungstext. Dazu sind den einzelnen Artikeln oder Abschnitten kurze Erläuterungen beigegeben, die zum besseren Verständnis des Textes dienen sollen. Dabei mußten wir uns oft damit begnügen, nur Hinweise auf andere Grundgesetzartikel oder Kurzerklärungen zu geben, ohne auf politische oder gar verfassungsrechtliche Probleme einzugehen.

Da dieses Buch in der Reihe „Grundwissen“ erscheint, kann es nur knapp informieren und zusammenfassen, was sonst sehr viel ausführlicher dargestellt und oft auch eingehender begründet werden müßte. So wäre es bei einigen Verfassungsartikeln zweckmäßig gewesen, die Streitfrage um die Verfassungsreform zu erörtern oder andere wichtige Grundsatzprobleme anzuschneiden. Die Aufgabe, die einem „Grundwissen“ gestellt ist, verbot dies jedoch ebenso wie den Wunsch, kontroverse politische Themen eingehend zu behandeln. So konnte der Streit um die Auslegung mancher Verfassungsartikel meist nur in einigen wenigen Sätzen angedeutet werden. Hierfür ein Beispiel: Bei Artikel 14 wird in den Erläuterungen gesagt, daß das Grundgesetz nicht auf eine bestimmte Wirtschaftsordnung — etwa die des „Kapitalismus“ — festgelegt sei und sich auch ein „freiheitlicher Sozialismus“ ebenso wie die nach 1949 eingeführte „Soziale Marktwirtschaft“ mit der Verfassung vereinbaren ließe. Wir sind uns darüber im klaren, daß in dieser Feststellung ein ganzes Bündel von Problemen steckt: z. B. zur Vermögensbildung, zur Mitbestimmung, zur Vergesellschaftung, zur Frage von Planwirtschaft und freiem Unternehmertum usw. Im „Grundwissen“ konnte jedoch nur gesagt werden, wie sich solche Fragen von den Festlegungen der Verfassung aus ergeben. Das Grundgesetz stellt einen Satz auf, setzt eine Norm, und die Politik füllt diese Norm aus.

In vielen Fällen mußte das Bundesverfassungsgericht — in Streitfragen angerufen — das Grundgesetz auslegen und entscheiden. Dabei handelte es sich um so wichtige Fragen wie die Auslegung des Beamtenrechts, des Grundrechts auf Eigentum und die Wehrdienstverweigerung. In unseren Kommentaren wird, soweit es der Raum erlaubt, darauf hingewiesen.

Natürlich gilt die Feststellung, daß nur knappe Informationen möglich waren, auch für die Erläuterungen im Anhang. Wer sie benutzt, wird die notwendigen Hinweise erhalten. Interessierte werden sich in einem größeren Nachschlagewerk informieren.

Eine letzte Anmerkung: Man muß eine Verfassung nicht Artikel nach Artikel lesen. Vielmehr sollte man sie dort aufschlagen, wo man eine Information sucht und dann möglicherweise verschiedene Artikel miteinander vergleichen. Daher sind im Text des vorliegenden Buches an vielen Stellen Verweise auf andere Artikel gebracht, die miteinander in Verbindung stehen. Außerdem dienen zur Information auch die am Schluß des Buches stehenden Worterklärungen und das Sachverzeichnis.

Zur Vorgeschichte des Grundgesetzes

Im Jahre 1948/49 war für den neu zu gründenden westdeutschen Staat eine Grundordnung zu schaffen. Mit dieser Staatsordnung sollte jedoch nicht die Teilung Deutschlands auf unabsehbare Zeit besiegelt werden. Man nannte daher die Verfassung „Grundgesetz“ und den Staat „Bundesrepublik Deutschland“. Mit der Bezeichnung „Bundesrepublik“ war festgelegt, daß es sich um einen Zusammenschluß von deutschen Ländern zu einem Bundesstaat handelt. Mit dem Namen „Deutschland“ sollte zum Ausdruck kommen, daß dieser Staat bis zur Überwindung der Teilung stellvertretend für Deutschland stehen soll.
Das Grundgesetz ist somit die vollgültige Verfassung der Bundesrepublik Deutschland.

Der Verfassungsauftrag

Am 1. Juli 1948 übergaben die drei westlichen Oberbefehlshaber in Frankfurt am Main den Ministerpräsidenten der westdeutschen Länder drei Dokumente, in denen u. a. die Forderung enthalten war, eine deutsche Verfassung zu beraten und zu beschließen, um dann einen westdeutschen Staat zu schaffen. In diesen Schriftstücken, „*Frankfurter Dokumente*“ genannt, hieß es unter anderem:

„In Übereinstimmung mit den Beschlüssen ihrer Regierungen autorisieren die Militärgouverneure der amerikanischen, britischen und französischen Besatzungszone in Deutschland die Ministerpräsidenten der Länder ihrer Zonen, eine Verfassunggebende Versammlung einzuberufen, die spätestens am 1. September 1948 zusammentreten sollte ....*
Die Verfassunggebende Versammlung wird eine demokratische Verfassung ausarbeiten, die für die beteiligten Länder eine Regierungsform des föderalistischen Typs schafft, die am besten geeignet ist, die gegenwärtig zerrissene deutsche Einheit schließlich wiederherzustellen und die Rechte aller beteiligten Länder schützt, eine angemessene Zentralinstanz schafft und Garantien der individuellen Rechte und Freiheiten enthält ...“

Das Grundgesetz wird beraten

Die westdeutschen Ministerpräsidenten waren mit den alliierten Vorstellungen nicht in jedem Punkt einig. Sie wollten keine Verfassung, sondern nur eine vorläufige Grundordnung. Statt einer vom Volk gewählten Verfassunggebenden Versammlung bildeten sie ein von den Ländern eingerichtetes Gremium, den *Parlamentarischen Rat.*
Die Beratungen und die Verhandlungen mit den *Besatzungs-* und *Siegermächten** waren schwierig. Es bestand zwar Einigkeit darüber, dem neuen Staat eine freiheitlich-demokratische Grundordnung auf der Basis der parlamentarischen Demokratie* zu geben und vor allem die Grundrechte fest in ihr zu verankern, doch nur mit Mühe fand man einen Kompromiß in der Frage des bundesstaatlichen Prinzips (Föderalismus*). Diese Grundordnung wird im Grundgesetz (GG) vor allem in den Artikeln 1 bis 19

(Grundrechte), 20 (demokratische Staatsordnung), 28 (demokratische Verfassung und Grundordnung in Ländern und Gemeinden) und 79 (Verbot, diese Grundsätze aufzuheben) festgelegt.
Die Grundrechte dürfen in ihrem Wesensgehalt nicht angetastet werden. Im übrigen jedoch kann das GG, wie jede Verfassung, geändert werden. Das ist seit 1949 in vielen verfassungsändernden Gesetzen geschehen. Dabei hat man vor allem die Zuständigkeiten des Bundes gegenüber den Ländern erweitert, die durch „Wiederbewaffnung" (1954) und „Notstandsverfassung" (1968) erforderlichen Artikel eingefügt und eine Reihe überflüssig gewordener Artikel gestrichen.

Besatzungsstatut und Verfassung treten in Kraft

Bevor die *Besatzungsmächte* ihre Zustimmung zum GG gaben, verkündeten sie das *Besatzungsstatut**, in dem sie sich sehr weitgehende Rechte dem neuen deutschen Staat gegenüber vorbehielten; z. B. durfte die Bundesregierung noch keine diplomatischen Beziehungen zu fremden Staaten aufnehmen. Auch sicherten sich die Besatzungsmächte das Recht, im Notstandsfall alle an deutsche Stellen abgetretenen Rechte wieder zurückzunehmen.
Am 8. Mai 1949 nahm dann der *Parlamentarische Rat* mit 53 Ja gegen 12 Nein das GG an. Die Länderparlamente stimmten, mit Ausnahme *Bayerns*, das aber doch in das GG einbezogen wurde, der neuen Verfassung zu. Am 12. Mai wurde es von den alliierten* Militärgouverneuren genehmigt und trat nach der Verkündung im Bundesgesetzblatt am 24. 5. 1949 in Kraft.
Die Wahlen zum ersten Deutschen Bundestag fanden am 14. August 1949 statt. Sie führten zu einer Koalitionsregierung von CDU/CSU, FDP und DP (Deutsche Partei) unter *Konrad Adenauer*. Zuvor war durch die Bundesversammlung der erste deutsche Bundespräsident, *Theodor Heuss*, gewählt worden (12. 9. 1949). Die eigentliche Besatzungszeit war damit zu Ende.
Das „Grundgesetz der Bundesrepublik Deutschland" ist seitdem die Verfassung unseres Staates. Es setzt die Grundordnung im Staat und wirkt weit in die Gesellschaft hinein. Es sichert dem Bürger die Grundrechte, ordnet den demokratischen Rechtsstaat und verpflichtet die öffentliche Gewalt*, die freiheitliche Grundordnung zu schützen und zu respektieren.
Keine Verfassung ist vollkommen; jede ist abhängig von der Zeit, in der sie geschaffen wurde, jede unterliegt dem Wandel der Zeit. Gleichzeitig aber ist eine Verfassungsordnung darauf angewiesen, daß die Bürger des Staates, dem sie gilt, die Verfassung anerkennen. Es hängt auch von jedem Staatsbürger ab, wie weit die Verfassung verwirklicht und weiterentwickelt werden kann.

Zur Orientierung im Grundgesetz

Die Schöpfer des GG waren bestrebt, ihrem Verfassungswerk eine übersichtliche und logische Gesamtordnung (eine „Systematik") zu geben. Es beginnt im Abschnitt I (Art. 1—19) mit den Grundrechten, die damit ganz besonders hervorgehoben werden sollen.
Der II. Abschnitt (Art. 20—37) behandelt die Ordnung der Bundesrepublik Deutschland als Bundesstaat. Dabei bringt Art. 20, ähnlich wie Art. 1 für die Grundrechte, die Zusammenfassung. Daher wird in Art. 79 Abs. 3

auch ausdrücklich betont, daß diese Artikel von jeder Verfassungsänderung ausgeschlossen sind.

In Abschnitt III und IV werden die Organe der Gesetzgebung, Bundestag und Bundesrat, behandelt (Art. 38—53a).

Es schließen sich in Abschnitt V und VI (Art. 54—69) die Bestimmungen über den Bundespräsidenten und die Bundesregierung an.

In Abschnitt VII (Art. 70—82), VIII und VIIIa (Art. 83—91b) wird im einzelnen aufgeführt, wie Bundesgesetzgebung und Ausführung der Gesetze geordnet sind. Hier erfahren wir, wer zuständig und wie die Staatsgewalt in Bund und Ländern aufgeteilt ist. Hier sind die Grundgesetzänderungen besonders zahlreich gewesen — ähnlich wie im Abschnitt X (Finanzwesen, Art. 104a—115) —, denn es geht um Macht und Geld, sowie um die Aufteilung der Rechte und Pflichten zwischen Bund und Ländern.

Die Bundesrepublik ist ein Rechtsstaat; deshalb hat man mit dem Abschnitt IX (Art. 92—104) für die Rechtsprechung ein eigenes Kapitel gewählt.

Kein Staat kann darauf verzichten, sich auch gegen äußere Feinde zu behaupten. Nach langen Auseinandersetzungen hat man daher den Abschnitt Xa (Art. 115a—115 l) über die Verteidigung eingefügt.

In Abschnitt XI (Art. 116—146) schließlich werden Ergänzungen und Übergangsbestimmungen zusammengefaßt. Dabei steht in Art. 146, unter welchen Bedingungen das GG durch eine andere Verfassung abgelöst werden kann.

Eine Verfassung ist Menschenwerk, zeitgebunden und unvollkommen. Sie ist ein Staatsgrundgesetz und verdient Respekt. Darüber hinaus aber verlangt sie verantwortliches und kritisches Mitdenken.

Das Grundgesetz ist eine — trotz aller Mängel und Probleme — brauchbare Verfassung, mit der sich ein freiheitlicher Staat begründen läßt. Vor allem aber stellt das GG in vieler Hinsicht eine Verfassungsurkunde dar, deren Normen und Forderungen erst durch die Bürger dieses Staates erfüllt werden müssen.

Wenn man feststellt, daß oft genug Verfassungsnorm* und Verfassungswirklichkeit* in mancher Hinsicht auseinandergehen, so heißt dies zugleich, daß die Aufgabe gestellt ist, diese Distanz zu vermindern. Das bedeutet vor allem, der Verfassung besser gerecht zu werden, jedoch weniger, sie radikal zu verändern.

Und noch etwas: Eine Verfassung ist kein politischer Katechismus und auch keine Gebrauchsanweisung für den politischen Alltag. Sie legt vielmehr politische Spielregeln fest, die zuerst für den Staat gelten und setzt Ordnungen in der Beziehung des Bürgers zum Staat. Bei allen politischen Gegensätzen und Meinungsverschiedenheiten sollten die Bürger in unserem Staat in den Grundüberzeugungen übereinstimmen können. Diese sind im Grundgesetz vor allem in den Artikeln über die Grundrechte aufgeführt und jeder Aufhebung entzogen — solange es dieses Grundgesetzt gibt.

Das Grundgesetz ist ein Dokument, das zeigt, auf welche Weise in diesem Staat eine freiheitliche Ordnung im Sinne der Parlamentarischen Republik aufgebaut werden soll. Wie weit das verwirklicht wird, hängt von den Bürgern dieses Staates ab. Und zu ihnen zählen wir selbst.

Grundgesetz für die Bundesrepublik Deutschland

Präambel

Im Bewußtsein seiner Verantwortung vor Gott und den Menschen, von dem Willen beseelt, seine nationale und staatliche Einheit zu wahren und als gleichberechtigtes Glied in einem vereinten Europa dem Frieden der Welt zu dienen, hat das Deutsche Volk in den Ländern Baden, Bayern, Bremen, Hamburg, Hessen, Niedersachsen, Nordrhein-Westfalen, Rheinland-Pfalz, Schleswig-Holstein, Württemberg-Baden und Württemberg-Hohenzollern, um dem staatlichen Leben für eine Übergangszeit eine neue Ordnung zu geben, kraft seiner verfassungsgebenden Gewalt dieses Grundgesetz der Bundesrepublik Deutschland beschlossen. Es hat auch für jene Deutschen gehandelt, denen mitzuwirken versagt war. Das gesamte Deutsche Volk bleibt aufgefordert, in freier Selbstbestimmung die Einheit und Freiheit Deutschlands zu vollenden.

Eine *Präambel* — ein Vorspruch — gilt als Bestandteil einer Verfassung. In ihr wird ausgedrückt, aus welchen Beweggründen heraus, in welcher geschichtlichen Lage und mit welchen politischen Absichten das Verfassungswerk geschaffen wurde. Zwar kann die Präambel nicht als unmittelbar geltendes Recht angesehen werden, wie das für die Grundrechte bestimmt wurde (Art. 1 Abs. 3), sie enthält aber eine Verpflichtung für alle Staatsorgane der Bundesrepublik — für Gesetzgebung, Rechtsprechung, Regierung und Verwaltung —, für die Einheit der Nation einzutreten, dem Frieden zu dienen und ein vereintes Europa anzustreben. Es ist Sache der jeweiligen Politik, sich diesen Zielen zu nähern. Keine Verfassung kann hier die Staatsgewalt auf bestimmte Wege festlegen.
So merkwürdig es klingt: unter „*Deutschem Volk*" ist an den beiden Stellen der Präambel nicht das gleiche gemeint. Zuerst wird von „dem Deutschen Volk in den Ländern ..." gesprochen und damit klar gesagt, daß allein die Bewohner der Westzonen sich das GG gegeben haben. Sie haben aber „auch für jene Deutschen gehandelt, denen mitzuwirken versagt war", wie es im vorletzten Satz heißt. Damit ist ausgedrückt, daß das „gesamte Deutsche Volk" alle Deutschen bedeutet. In Art. 116 ist dies näher ausgeführt. Man hat als Stichtag den 31. Dezember 1937, also die Zeit vor Hitlers Annexionen, gewählt.
Diese Festlegung bezeichnet man oft als den „*Alleinvertretungsanspruch*" der Bundesrepublik oder — wie es im DDR-Sprachgebrauch heißt — als die „Alleinvertretungsanmaßung". Begründet wurde er damit, daß nur unser Staat eine demokratisch gewählte und damit vom Volk getragene Regierung habe. Politisch wirksam wurde der Alleinvertretungsanspruch durch die „*Hallstein-Doktrin*". Sie besagte: Kein Staat kann diplomatische Beziehungen gleichzeitig mit beiden deutschen Staaten haben.

Ist die Bundesrepublik Deutschland tatsächlich nur ein vorläufiger Staat?
Nach dem GG ist sie in gewisser Hinsicht mit dem Deutschen Reich gleichzusetzen. Sie ist nicht der endgültige deutsche Staat. Deshalb heißt es in der Präambel deutlich, daß man dem „staatlichen Leben für eine Übergangszeit" eine neue Ordnung geben wolle. Wann diese enden soll, sagt Art. 146.
Stehen die *Verträge von Moskau* (12. August 1970) *und Warschau* (15. Dezember 1970) sowie der „Grundvertrag" mit der DDR (21. 12. 1972; vom Bundestag am 6. 6. 1973 angenommen) im Widerspruch zum GG?
Das Bundesverfassungsgericht stellte in seinem Urteil vom 31. 7. 1973 fest, daß der „Grundvertrag" mit dem GG vereinbar ist. Vergegenwärtigen wir uns dazu den entscheidenden Artikel 3 des Moskau-Bonn-Vertrages:

„Sie betrachten heute und künftig die Grenzen aller Staaten in Europa als unverletzlich, wie sie am Tage der Unterzeichnung dieses Vertrags verlaufen, einschließlich der Oder-Neiße-Linie, die die Westgrenze der Volksrepublik Polen bildet, und der Grenze zwischen der Bundesrepublik Deutschland und der Deutschen Demokratischen Republik."

Wie dieser Vertrag zu verstehen ist, hat das Bundesverfassungsgericht in der Entscheidung vom 31. 7. 1973 erläutert. Es heißt in dem Text:
„1. Das Grundgesetz ... geht davon aus, daß das Deutsche Reich den Zusammenbruch 1945 überdauert hat und weder mit der Kapitulation noch durch die Ausübung fremder Staatsgewalt in Deutschland durch die alliierten Okkupationsmächte noch später untergegangen ist; das ergibt sich aus der Präambel, aus Art. 16, Art. 23, Art. 116 und Art. 146 GG ... Das Deutsche Reich besteht fort, besitzt nach wie vor Rechtsfähigkeit, ist allerdings als Gesamtstaat mangels Organisation, insbesondere mangels institutionalisierter Organe selbst nicht handlungsfähig ...
Mit der Errichtung der Bundesrepublik Deutschland wurde nicht ein neuer westdeutscher Staat gegründet, sondern ein Teil Deutschlands neu organisiert. Die Bundesrepublik Deutschland ist also nicht ‚Rechtsnachfolger' des Deutschen Reiches, sondern als Staat identisch mit dem Staat ‚Deutsches Reich' — in bezug auf seine räumliche Ausdehnung allerdings ‚teilidentisch', so daß insoweit die Identität keine Ausschließlichkeit beansprucht ... Sie beschränkt staatsrechtlich ihre Hoheitsgewalt auf den ‚Geltungsbereich des Grundgesetzes', fühlt sich aber auch verantwortlich für das ganze Deutschland (vgl. Präambel des GG) ... Die Deutsche Demokratische Republik gehört zu Deutschland und kann im Verhältnis zur Bundesrepublik Deutschland nicht als Ausland angesehen werden."
Jener Grundsatz ist nie formell erlassen worden; nach ihm aber wurde bis zu der Verabschiedung der „Ostverträge" Politik gemacht. Seitdem geht man auch in der Bundesrepublik davon aus, daß es auf dem Boden des ehemaligen Deutschen Reiches zwei deutsche Staaten gibt, die aber — so sagt das Bundesverfassungsgericht ganz klar — für „einander nicht Ausland" sind. Vor allem halten wir daran fest, daß es nur eine deutsche Nation gibt. Die DDR lehnt dies ab; für sie ist die Bundesrepublik „Ausland".

I. Die Grundrechte

Im GG werden die Grundrechte (Art. 1—19) an den Anfang gestellt, anders als in der *Weimarer Verfassung**, die mit den Bestimmungen über die Staatsordnung einsetzte.
Diese Rangfolge bedeutet zweifellos eine Hervorhebung der Grundrechte, und sie stimmt mit dem ersten Artikel überein. Die Verwirklichung der Grundrechte wird ausdrücklich zur Aufgabe aller *staatlichen Gewalt* gemacht. Die Grundrechte sind „unmittelbar geltendes Recht" (Art. 1 Abs. 3) und dürfen in ihrem Wesensgehalt nicht angetastet werden (Art. 19 Abs. 2).
Art. 1 bildet die Grundlage aller Grundrechte. Hier wird die „Würde des Menschen" als „unantastbar" bezeichnet und alle „staatliche Gewalt" verpflichtet, sie zu achten und zu schützen.
Dann folgt die Feststellung der Menschenrechte und der Grundrechte.
Es gibt Grundrechte, die in erster Linie die Freiheit der Bürger festlegen und solche, die der Gleichheit vor Recht und Gesetz dienen. *Gleichheitsrechte* sehen wir vor allem in Art. 3 (Gleichheit vor dem Gesetz) aber auch in Art. 6 (Ehe und Familie), 7 (Schulwesen), 12 und 12a (Beruf und Dienstpflicht) und 16 (Staatsangehörigkeit). In Art. 16 und auch in Art. 17 (Petitionsrecht) und Art. 18 (Verwirkung der Grundrechte) spielen ebenso auch *Freiheitsrechte* eine Rolle. Art. 2 legt mit der Feststellung, daß jeder das „Recht auf freie Entfaltung seiner Persönlichkeit" habe, den Grund für die wichtigsten Freiheitsrechte: Art. 4 (Glaubens- und Gewissensfreiheit), 5 (Freiheit der Meinungsbildung und Information), 8 und 9 (Versammlungs- und Vereinigungsfreiheit). Wichtig ist auch der Schutz des Postgeheimnisses (Art. 10). Freiheit der Berufswahl (Art. 12) und Freizügigkeit hängen eng zusammen, Unverletzlichkeit der Wohnung (Art. 13) ist Freiheit vor dem Eingriff des Staates in den privaten Bereich. Sie steht in Zusammenhang mit dem Recht auf die Entfaltung der Persönlichkeit (Art. 2).
Es fällt auf, daß in den Grundrechtsartikeln nur in Art. 6 und in Art. 14 auch von Pflichten gesprochen wird. Damit soll ausgedrückt werden, daß kein Grundrecht bestehen kann, wenn die Staatsbürger nicht die in ihm enthaltene Verpflichtung erkennen.
Wer die Grund- und Freiheitsrechte zum Kampf gegen die freiheitliche Grundordnung mißbraucht, kann sie „verwirken", d. h. sie werden ihm aberkannt, Art. 18.

Artikel 1 Die Würde des Menschen

(1) Die Würde des Menschen ist unantastbar. Sie zu achten und zu schützen ist Verpflichtung aller staatlichen Gewalt.
(2) Das Deutsche Volk bekennt sich darum zu unverletzlichen und unveräußerlichen Menschenrechten als Grundlage jeder menschlichen Gemeinschaft, des Friedens und der Gerechtigkeit in der Welt.
(3) Die nachfolgenden Grundrechte binden Gesetzgebung, vollziehende Gewalt und Rechtsprechung als unmittelbar geltendes Recht.

Der erste Verfassungsartikel ist nicht nur eine feierliche Erklärung, die man in der Verfassungswirklichkeit* beiseite schieben könnte. Er stellt vielmehr klar, daß „alle staatliche Gewalt" verpflichtet ist, die „Würde des Menschen" zu respektieren und zu schützen. Die Menschenwürde kann aber nur dadurch gesichert werden, daß sich aus ihr „unverletzliche und unveräußerliche" Menschenrechte* ergeben, mit deren Schutz zugleich auch die Menschenwürde erhalten wird. Das GG wäre keine freiheitliche Verfassung, wenn es nicht in der Achtung der *Menschenrechte* begründet wäre. Die Bundesrepublik wäre außerstande, „dem Frieden der Welt zu dienen", wie es in der Präambel heißt, wenn sich nicht aus der Achtung der Menschenrechte mit Notwendigkeit die Geltung der Grundrechte ergäbe.
Aus der Menschenwürde ergeben sich also die Menschenrechte und aus den Menschenrechten leiten sich die *Grundrechte* ab. Sie sind jedem Menschen eigen und stehen über dem Staat, der sie zu schützen und zu achten hat. Diese Grundrechte waren ursprünglich Abwehrrechte dem Staat gegenüber. Auch heute geschieht es immer noch, daß staatliche Gewalt in die Rechte des einzelnen eingreift und unter Umständen auch Grundrechte verletzt. Deshalb spricht das GG von „unverletzlichen und unveräußerlichen Menschenrechten" und bindet alle Gewalten im Staat an diese Grundrechte: Gesetzgebung (*Legislative**), vollziehende Gewalt (*Exekutive**) und Rechtsprechung (*Judikative**). Das bedeutet: Das GG gewährt uns nicht nur Schutz vor staatlichen Übergriffen, es verpflichtet darüber hinaus eben diesen Staat auf die Grundrechte. Nicht Feind oder allgewaltige Obrigkeit soll der Staat sein, sondern Schutzmacht für Recht und Freiheit.
Das Besondere an Art. 1 ist also, daß er alle staatliche Gewalt an die Grundrechte bindet. Der Staat ist dem Bürger gegenüber verpflichtet, die Grundrechte zu wahren. Im Fall einer Verletzung kann sich der Betroffene an jede staatliche Stelle wenden, vor Gericht gehen, sich bei den zuständigen Verwaltungsstellen beschweren oder eine *Petition** an das Parlament richten. Ist die angerufene Instanz* nicht unmittelbar zuständig, muß sie das Gesuch (die Beschwerde, die Klage usw.) an die richtige Stelle geben und den Antragsteller unterrichten.
Schwerwiegend ist auch die Feststellung, daß alle staatliche Gewalt die Menschenwürde zu schützen hat. Das bedeutet z. B., daß Lehrlingsausbeutung ebenso grundgesetzwidrig ist — und ohnehin durch die Gesetze verboten — wie Kindesmißhandlung oder entwürdigende Behandlung von Häftlingen. Während man früher die *körperliche Züchtigung* in den Schulen als *Gewohnheitsrecht** duldete, ist man heute der Ansicht, daß solche Strafen unwürdig sind und hat sie in den meisten Bundesländern ganz verboten.
Dieser Schutz gilt vor allem als Schutz vor Übergriffen der staatlichen Gewalt. Eltern dagegen sind berechtigt, ihre Kinder auch körperlich zu strafen. Deshalb sucht der Gesetzgeber den Mißbrauch der elterlichen Gewalt* (vgl. Art. 6) durch besondere Gesetze zu verhindern.
Niemand zweifelt mehr daran, daß der Staat das Recht hat, Gesetze gegen den Mißbrauch wirtschaftlichter Macht zu erlassen und die Einhaltung dieser Gesetze zu erzwingen. Auch sehen wir es als Aufgabe des Staates an, Lärm, Schmutz und Gesundheitsgefährdung besonders dort zu bekämpfen, wo die Menschenwürde und die „Entfaltung der Persönlichkeit" bedroht sind. Obwohl es also in erster Linie Aufgabe des Staates ist, menschen-

würdige Lebensverhältnisse zu garantieren, zeigt sich doch, daß die Gesellschaftsmitglieder selbst sich für die Herstellung solcher Lebensverhältnisse einsetzen müssen. Das GG bietet ihnen als Mittel dazu die Ausschöpfung der Grundrechte.
Die Grundrechte dienen jedoch nicht nur dem Schutz des einzelnen gegen den Staat, sie beeinflussen auch die Rechtsbeziehungen der Bürger untereinander — sogenannte Drittwirkung* der Grundrechte. So sind z. B. produktionsbedingte menschenunwürdige Arbeitsverhältnisse — wie sie bei Fließband- und Akkordarbeit vorkommen können — gegen den Geist des Grundgesetzes. Dasselbe gilt sehr oft auch für die Unterbringung ausländischer Arbeiter, wenn sie von gewinnsüchtigen Vermietern ausgenützt werden.

Artikel 2 Freiheit der Person. Recht auf Leben und körperliche Unversehrtheit

(1) Jeder hat das Recht auf die freie Entfaltung seiner Persönlichkeit, soweit er nicht die Rechte anderer verletzt und nicht gegen die verfassungsmäßige Ordnung oder das Sittengesetz verstößt.
(2) Jeder hat das Recht auf Leben und körperliche Unversehrtheit. Die Freiheit der Person ist unverletzlich. In diese Rechte darf nur auf Grund eines Gesetzes eingegriffen werden.

Im GG wird in Art. 1 als oberster Wert die Würde des Menschen genannt. Das heißt, unsere Verfassung stellt den Menschen an die erste Stelle und verpflichtet alle staatliche Gewalt, seine Freiheit und seine Würde zu schützen. Damit ist gesagt, daß jeder Mensch im Sinne des GG „Persönlichkeit" ist und als solche Anspruch auf „freie Entfaltung" hat. Dazu gehört nicht nur die Gleichheit vor Recht und Gesetz, sondern ebenso die Möglichkeit, sein eigenes Leben zu gestalten, sich nach den eigenen Gaben und Möglichkeiten auszubilden und zu betätigen und mit anderen Menschen frei und ungehindert zu verbinden, sich frei zu äußern und sich ungehindert zu informieren. Alles das gilt jedoch nur, solange nicht die Rechte anderer beeinträchtigt werden.
Gerade in einer „freien" Gesellschaft ist die Verwirklichung dieses Grundfreiheitsrechtes sehr schwierig. Gastarbeiter, Farbige und andere Minderheiten — also Menschen, die durch Geburt und ungünstige Umweltbedingungen benachteiligt sind — haben von vornherein geringe Möglichkeiten zur freien Entfaltung ihrer Persönlichkeit. Notwendig wäre zuerst, daß Bedingungen geschaffen würden, die allen gleiche Entfaltungsmöglichkeiten (Chancengleichheit*) bieten.
Zu einer freien Gesellschaft gehört nicht zuletzt auch die gegenseitige Rücksichtnahme; das ist gemeint, wenn im Absatz 1 vom „Sittengesetz" gesprochen wird.
Man hat immer wieder zu bestimmen versucht, was darunter zu verstehen sei und hat sich dabei zu sehr nur auf den sexuellen Bereich konzentriert. Man könnte sich vielleicht darauf einigen zu sagen, daß niemand das Recht hat, die Gefühle seiner Mitmenschen, auch ihr Schamgefühl, zu verletzen.

Im übrigen ist die Antwort darauf, was man unter „Sittengesetz" zu verstehen hat, auch zeitbedingt. Keine Gesellschaft kann darauf verzichten, nach einer ihr eigenen Antwort zu suchen.
Das Recht auf Leben und *körperliche Unversehrtheit* bedingt — wie viele Beurteiler des GG es verstehen — auch das Verbot der Todesstrafe (Art. 102). Vor allem aber bedeutet es, daß kein Mensch mit der Rechtfertigung, es handle sich um „lebensunwertes Leben", oder weil er unheilbar krank ist und deswegen der Allgemeinheit zur Last fällt, getötet oder in seiner Körperlichkeit verletzt werden darf. Wie stark es auch Forscher lockt, Versuchseingriffe nicht nur an Tieren zu unternehmen, an Menschen sind solche nach dem Grundrecht ohne gültige Zustimmung des Betroffenen verboten. Wenn wir lesen, daß hier und dort in der Welt *Strafgefangene* dazu mißbraucht werden, sehen wir, wie gefährdet die Freiheit ist.
Dieses Grundrecht bewirkt auch das Verbot jeglicher Art von Folter und Mißhandlungen. Eingriffe sind erlaubt, wenn sie für die Allgemeinheit notwendig und für den Betroffenen mit großer Wahrscheinlichkeit unschädlich sind. Bei Impfungen, Blutentnahmen und Röntgenaufnahmen fällt die Entscheidung leichter als bei Operationen, die einen schwerwiegenden Eingriff in die Persönlichkeit bedeuten, z. B. bei Gehirnoperationen.
Die Freiheit der Person darf durch Gesetz eingeschränkt werden. Freiheitsentzug durch Strafen gehört ebenso dazu wie die Unterbringung einer Person in einer *Heilanstalt*. Der Zweck der moralischen Besserung oder der Heilung reicht nicht aus, eine Zwangseinweisung zu begründen. Gefährdet der Betroffene weder sich selber noch seine Umgebung, so darf ihm die Freiheit nicht genommen werden.
Die größte Schwierigkeit liegt in der Kontrolle. Das Gesetz bestimmt, daß die von Ärzten befürwortete Einweisung und Unterbringung durch richterlichen Entscheid bestätigt und jedes Jahr überprüft werden muß. In unserem Land soll es nach dem Willen der Verfassung unmöglich sein, Zwangslager einzurichten, oder — wie das in manchen autoritären Staaten* geschieht — unbequeme Bürger in „Heilanstalten" zu quälen und allmählich seelisch und körperlich zu zerstören.
Die schwerste Aufgabe für den Staat, die Würde des Menschen zu wahren und das Recht auf körperliche Unversehrtheit zu sichern, stellt uns die industrielle Gesellschaft. Täglich sind wir bedroht:

- durch den Lärm auf den Straßen und in der Luft, besonders durch nahe große Flugplätze;
- durch die immer stärkere Verschmutzung der Luft;
- durch Wohnbedingungen, die dem einzelnen keinen Privatbereich lassen, weil jeder jeden hört;
- durch Arbeitsverhältnisse, bei denen der einzelne nur eine Nummer ist;
- durch Arbeitsbedingungen, bei denen Lärm, Luft und Schmutz gesundheitliche Schäden unvermeidlich machen;
- durch Produktionsbedingungen in der Landwirtschaft, die bewirken, daß wir mit den Nahrungsmitteln gleichzeitig Gifte einnehmen.

Es wird nicht leicht sein, dem Menschen ständig ein menschenwürdiges Leben zu ermöglichen. Wenn wir dem GG gerecht werden wollen, dann dürfen Gewinn und Nutzen, wirtschaftliche Macht und Konzentration* nicht an die erste Stelle rücken, wo es um Menschenwürde und Freiheit geht.

Artikel 3 Gleichheit vor dem Gesetz

(1) Alle Menschen sind vor dem Gesetz gleich.
(2) Männer und Frauen sind gleichberechtigt.
(3) Niemand darf wegen seines Geschlechtes, seiner Abstammung, seiner Rasse, seiner Sprache, seiner Heimat und Herkunft, seines Glaubens, seiner religiösen oder politischen Anschauungen benachteiligt oder bevorzugt werden.

Das Grundgesetz spricht von der *Gleichheit* vor dem Gesetz und der *Gleichberechtigung*. Niemand kann aber die Ungleichheit der Menschen leugnen; das Unrecht beginnt erst dort, wo man aus der naturgegebenen *Ungleichheit* der Menschen eine Ungleichheit vor dem Gesetz macht. Das geschieht dann, wenn Menschen ihrer Rasse, ihres Geschlechtes, ihrer politischen Anschauung oder religiösen Haltung wegen benachteiligt werden. Das BVerfG hat den Gesetzgeber verpflichtet, „bei steter Orientierung am Gerechtigkeitsdenken Gleiches gleich und Ungleiches seiner Eigenart entsprechend verschieden zu behandeln". Gleichheit vor dem Gesetz setzt also Gerechtigkeit voraus. Mehr noch: Diese Gleichheit vor Recht und Gesetz wird erst dann mit der Gerechtigkeit verknüpft, wenn auch die Forderung nach gleichen Möglichkeiten und Chancen erfüllt ist. So hängen Art. 3 und Art. 20 Abs. 1, der den Sozialstaat* fordert, eng zusammen.
In Abs. 2 und 3 werden dann für besonders wichtige Bereiche die Folgerungen gezogen: Es darf keine Benachteiligung — oder Bevorzugung! — geben für einzelne Gruppen, für Männer oder Frauen, Farbige oder Weiße, Katholiken oder Evangelische, Anhänger der SPD oder der CDU, usw.
Die Verfasser des GG betonten dies und begnügten sich nicht mit Abs. 2; denn in der Verfassungswirklichkeit* wird oft gegen diese Forderung verstoßen: Man verteilt Ämter und berufliche Stellungen nach Partei- und Religionszugehörigkeit, übt Ämterpatronage*, benachteiligt oder bevorzugt nach dem Geschlecht, macht es ausländischen Arbeitern schwer, die Gleichberechtigung vor dem Gesetz auch in der Wirklichkeit durchzusetzen (z. B. Mieten) und verstößt mit Steuergesetzen gegen die Grundgesetzforderung nach Gleichberechtigung vor dem Gesetz, die ja auch heißen soll: Gleichberechtigung durch das Gesetz! Hier ist es vor allem notwendig, die wirtschaftliche Benachteiligung der Frauen zu beseitigen.
Auf der anderen Seite muß der Gesetzgeber um der Gerechtigkeit willen sehr oft Ungleichheiten feststellen und entsprechend auch verschiedenartige Regelungen treffen. So sind in unserem Staat die Männer wehrpflichtig, nicht aber die Frauen. Man kann diese Unterscheidung auch mit der Verschiedenheit des Geschlechts begründen, wie es rechtmäßig ist, bestimmte Arbeiten Frauen vorzubehalten oder zu sperren.
Es heißt ausdrücklich: Gleichheit vor dem Gesetz und damit vor allem dem Staat gegenüber und durch den Staat. So ist es einer Kirche nicht untersagt, als Geistliche — auch als Beamte — nur Angehörige der eigenen Konfession zuzulassen; ein Schlesierverein hätte selbstverständlich das Recht, Nichtschlesier als Mitglieder auszuschließen. Eine ungerechte Benachteiligung, eine Diskriminierung, aber kann z. B. vorliegen, wenn ein Friseur sich weigern würde, einen Menschen anderer Hautfarbe oder Nationalität

zu bedienen oder ein Taxifahrer keine „Farbigen" befördern wollte. Hier fordert das GG (vgl. Art. 1 Abs. 1) von Gesetzgebung und Rechtsprechung, solche Diskriminierung zu unterbinden. Das GG wirkt also in den Bereich der Gesellschaft hinein (siehe auch Drittwirkung* der Grundrechte).
Der Gleichheit des Bürgers dient auch das Armenrecht. In der Anwendung des *Armenrechtes** gab es besonders in früheren Zeiten Nachteile für die wirtschaftlich Schwächeren. Heute sucht man dem zu begegnen durch bessere staatliche Bezahlung der Rechtsanwälte, die das Anliegen armer Menschen vor Gericht zu vertreten haben. Glücklicherweise gibt es nicht wenige Anwälte, die durchaus bereit sind, solche Aufgaben zu übernehmen.
Wirtschaftliche Gründe sind auch sonst oft Ursachen für Ungleichheiten und Ungerechtigkeiten: Wer Geld hat, kann sich leichter *Informationen* und Berater verschaffen, sich über seine Rechte informieren, Steuern sparen; er kann sich eher seine Ärzte aussuchen, teure Krankenhäuser beanspruchen usw. Hier auszugleichen, ist eine wichtige Aufgabe eines sozialen und demokratischen Rechtsstaates (s. Art. 20).

Artikel 4 Glaubens- und Bekenntnisfreiheit

(1) Die Freiheit des Glaubens, des Gewissens und die Freiheit des religiösen und weltanschaulichen Bekenntnisses sind unverletzlich.
(2) Die ungestörte Religionsausübung wird gewährleistet.
(3) Niemand darf gegen sein Gewissen zum Kriegsdienst mit der Waffe gezwungen werden. Das Nähere regelt ein Bundesgesetz.

Die Glaubens- und *Bekenntnisfreiheit* erscheint uns heute fast selbstverständlich, obwohl es noch gar nicht so lange her ist, daß sich die Europäer in Religionskriegen blutig bekämpften. Und immer noch werden in Diktaturen* die politischen Gegner und die unbequemen Anhänger der Kirchen und Glaubensgemeinschaften verfolgt, in *Konzentrationslager* und Gefängnisse, „*Heilanstalten*" und auf Verbannungsinseln gebracht. Immer noch bekämpfen sich Menschen aus religiösen oder rassischen Gründen und rechtfertigen damit jede Gewalttat (z. B. Nordirland, Libanon, Iran).
Die Glaubens- und Gewissensfreiheit schließt die Freiheit des weltanschaulichen Bekenntnisses ein. Auch die Freiheit, nicht zu glauben und sich von jeder religiösen Gemeinschaft fernzuhalten, gehört zur Bekenntnisfreiheit.
Daraus muß die Garantie der ungestörten Religionsausübung folgen. Niemand darf zu einer religiösen Handlung genötigt werden. Deshalb kann der *Eid* auch ohne religiöse Formel (vgl. Art. 56 Satz 2 und Art. 64 Abs. 2) geleistet werden. Es ist auch von niemandem zu verlangen, daß er an einer „religiösen Übung" teilzunehmen, wohl aber zu fordern, daß er sie zu achten hat. Der hessische Staatsgerichtshof hat am 27. Oktober 1965 hierzu eine wichtige Entscheidung getroffen. Sie lautet:

„Zum Wesensgehalt des Grundrechts der Glaubens- und Gewissensfreiheit gehört das Recht, nicht zur Teilnahme an einer religiösen Übung gezwungen zu werden. Es gilt unbedingt und ausnahmslos, ist weder eingeschränkt noch einschränkbar und besteht gegenüber dem Staat wie gegenüber den einzelnen Rechtsgenossen."

Der Staat ist in dem Sinn neutral, daß er jedem Bürger die Freiheit des Gewissens und des religiösen Bekenntnisses garantiert und daher jede weltanschauliche und religiöse Gemeinschaft schützt.
Niemand hat jedoch die Freiheit, die Gewissens- und Glaubensfreiheit eines anderen in Frage zu stellen oder gar zu bekämpfen. Die Unduldsamkeit kann nicht mit dem Vorwand der Glaubensfreiheit begründet werden.
Man hat im GG darauf verzichtet, neu zu formulieren, wie sich Glaubens- und Gewissensfreiheit auf die Stellung der Kirchen und Glaubensgemeinschaften auswirkt. Man übernahm die Bestimmungen der Weimarer Verfassung* (vgl. Art. 140). Dafür aber zog man aus dem Grundrecht der Gewissensfreiheit eine bemerkenswerte und im deutschen Verfassungsrecht neue Folgerung:
In Abs. 3 wird ausdrücklich das Recht auf *Kriegsdienstverweigerung* als Gewissensrecht garantiert und zu den Grundrechten gezählt.
Die Feststellung in Satz 2, daß für die Ausübung des Grundrechts „das Nähere" durch ein „Bundesgesetz" entschieden werde, sagt keineswegs, nun dürfe durch ein solches Gesetz jenes Grundrecht wieder eingeschränkt werden. Es sollte vielmehr im Gesetz im einzelnen geklärt werden, unter welchen Voraussetzungen die Kriegsdienstverweigerung als Gewissensrecht anzuerkennen ist.
An zwei Stellen ist dies ausgeführt, und zwar in Art. 12a und im Wehrpflichtgesetz. Aus diesen Bestimmungen und einigen wichtigen Grundsatzurteilen der Obersten Gerichte (vor allem von BVerfG und Bundesverwaltungsgericht) können wir entnehmen:
- Das Grundrecht der Kriegsdienstverweigerung bedeutet nicht, daß jemand das Recht hätte, sich jeder Dienst- und Gemeinschaftspflicht zu entziehen. Der an die Stelle des *Wehrdienstes** gesetzte *Ersatzdienst** kann nicht verweigert werden.
- Wehr- und Ersatzdienst sind völlig gleichwertig. Daher müssen sie gleiche Dauer haben.
- Die Kriegsdienstverweigerung muß eindeutig als Verweigerung des Dienstes mit der Waffe angesehen werden. Wer aus *politischen* Gründen den Dienst in der Bundeswehr ablehnt, der kann sich nicht auf Art. 4 berufen.
- Das Grundrecht darf nicht politisch mißbraucht werden, z. B. die Werbung für die Kriegsdienstverweigerung mit dem Ziel, den Staat zu schwächen und so zum revolutionären Umsturz der Gesellschaft beizutragen.

Am 27. Mai 1977 hatte der Deutsche Bundestag mit den Stimmen der Regierungsparteien SPD und FDP gegen die CDU/CSU-Opposition eine Gesetzesnovelle zum Wehrpflichtgesetz beschlossen, durch die das bisherige Prüfungsverfahren für „Kriegsdienstverweigerer" aufgehoben wurde. Von jetzt ab sollte eine einfache Willenserklärung desjenigen, der das Gewissensrecht nach Art. 4 in Anspruch nehmen wollte, genügen. Man sprach damals von einer „Kriegsdienstverweigerung per Postkarte". Aufgrund der Normenkontrollklage der Bundesländer Baden-Württemberg, Bayern und Rheinland-Pfalz hob das Bundesverfassungsgericht am 13. April 1978 jenes Gesetz auf und stellte u. a. fest:
Der Kerngehalt des Grundrechts aus Art. 4 Abs. 3 GG besteht darin, den Kriegsdienstverweigerer vor dem Zwang zu bewahren, in einer Kriegshandlung einen anderen töten zu müssen, wenn ihm sein Gewissen eine Tötung

grundsätzlich und ausnahmslos zwingend verbietet ...
Das Grundgesetz verlangt, daß der Wehrpflichtige grundsätzlich Wehrdienst leistet, und verbietet deshalb, in den als Ersatz des Wehrdienstes eingerichteten Zivildienst andere als solche Wehrpflichtige einzuberufen, die nach Art. 12a Abs. 2 in Verbindung mit Art. 4 Abs. 3 GG den Dienst mit der Waffe aus Gewissensgründen verweigern dürfen.
Die Wehrgerechtigkeit fordert von jeder gesetzlichen Regelung nach Art. 12a Abs. 2 GG in Verbindung mit Art. 4 Abs. 3 Satz 2 GG, daß nur solche Wehrpflichtige als Kriegsdienstverweigerer anerkannt werden, bei denen mit hinreichender Sicherheit angenommen werden kann, daß in ihrer Person die Voraussetzungen des Art. 4 Abs. 3 Satz 1 GG erfüllt sind. Paragraph 25a Abs. 1 WpflG N.F. genügt diesem Erfordernis nicht.
Jetzt ist der Bundestag aufgerufen, ein neues Gesetz zu beschließen, das beidem gerecht wird: der grundsätzlichen Wehrpflicht und dem Gewissensrecht der Kriegsdienstverweigerung.

Artikel 5 Freiheit der Meinungsäußerung — Freiheit von Kunst, Wissenschaft und Lehre

(1) Jeder hat das Recht, seine Meinung in Wort, Schrift und Bild frei zu äußern und zu verbreiten und sich aus allgemein zugänglichen Quellen ungehindert zu unterrichten. Die Pressefreiheit und die Freiheit der Berichterstattung durch Rundfunk und Film werden gewährleistet. Eine Zensur findet nicht statt.
(2) Diese Rechte finden ihre Schranken in den Vorschriften der allgemeinen Gesetze, den gesetzlichen Bestimmungen zum Schutze der Jugend und in dem Recht der persönlichen Ehre.
(3) Kunst und Wissenschaft, Forschung und Lehre sind frei. Die Freiheit der Lehre entbindet nicht von der Treue zur Verfassung.

In Abs. 1 wird jedem das Recht zugesichert, seine Ansicht („Meinung") mit allen geeigneten Hilfsmitteln zu äußern und zu verbreiten.
Das setzt voraus, daß er sich umfassend informieren kann. Unter „allgemein zugänglichen Quellen" versteht der Gesetzgeber alle Informationen, die man sich auf gesetzmäßige Weise verschaffen kann, z. B. Bücher, Zeitschriften, Zeitungen, Rundfunk etc. Dieses Recht gilt nicht bei:
- Staatsgeheimnissen,
- Industrie- und Geschäftsgeheimnissen,
- Informationen aus dem persönlichen Bereich ohne Wissen und Einverständnis des Betroffenen.

Über diese allgemeinen Garantien hinaus gewährleistet das GG ausdrücklich die *Pressefreiheit* und die freie Berichterstattung durch Rundfunk und Film (das Fernsehen gehört natürlich dazu). Daher ist eine *Zensur** durch staatliche Stellen grundsätzlich verboten, und zwar sowohl die Vorzensur (wenn ein Beitrag vor der Veröffentlichung zur Genehmigung vorgelegt werden muß) als auch die Nachzensur (wenn eine Veröffentlichung nach dem Erscheinen vorzulegen ist).
Diese Grundrechte dürfen in ihrem Wesensgehalt nicht angetastet werden (Art. 19 Abs. 2); ihre Verwirklichung wird durch die geltenden Gesetze ein-

gegrenzt, z. B. durch das Verbot, zu Verbrechen aufzufordern, durch den gesetzlichen Schutz vor Verleumdung, durch die Jugendschutzgesetze*.

In früherer Zeit hat der Staat oft genug die *Freiheit* von Kunst und Wissenschaft, Forschung und Lehre eingeschränkt. Heute ist er aufgrund von Art. 5 verpflichtet, sie zu respektieren. Es ist ihm daher z. B. nicht erlaubt:

- eine bestimmte Kunstrichtung zu verbieten,
- unbequeme und unerwünschte wissenschaftliche Theorien zu unterdrücken,
- den Hochschullehrern vorzuschreiben, welche Meinung sie in ihrem Fach zu vertreten haben.

Gegenüber früheren Verfassungen ist neu, daß der Hochschullehrer auf das GG ausdrücklich verpflichtet wird.

Die Garantie der *Lehrfreiheit* gilt bis jetzt noch nicht für die Lehrer an allgemeinbildenden Schulen und an Fachschulen.

Zur Einschränkung und Verwirklichung der in Art. 5 garantierten Rechte vgl. Art. 17a und Art. 18.

Trotz der Garantie des GG ist die *Meinungs-* und *Informationsfreiheit* vielfach bedroht: Es hat sich nämlich gezeigt, daß nicht etwa der Staat, sondern bestimmte wirtschaftliche und gesellschaftliche Entwicklungen die Freiheitsrechte der Bürger einschränken.

So wird die Pressefreiheit durch die *Pressekonzentration** bedroht.

Aus wirtschaftlichen Gründen schließen sich seit einigen Jahren immer mehr auflagenschwache Zeitungen und Zeitschriften zusammen oder werden von größeren Verlagen aufgekauft. Das hat zur Folge, daß einige wenige „Pressekonzerne" den „Meinungsmarkt" beherrschen.

Die Pressefreiheit wird ferner bedroht durch verschleierte *Parteilichkeit*. Eine völlig objektive Berichterstattung gibt es nicht. Jede Zeitung vertritt eine bestimmte politische Grundhaltung: Der „Bayernkurier" etwa steht der CSU nahe, den „Spiegel" kann man als liberal einstufen. Zu erkennen, welche Richtung ein Blatt vertritt, wird dem Leser dadurch erschwert, daß sich fast alle Presseorgane als „unabhängig" oder „überparteilich" bezeichnen.

Die Zeitungs- und Rundfunkredaktionen beziehen außerdem einen großen Teil ihrer Informationen von *Nachrichtenagenturen**, die aus den Tagesereignissen schon eine Vorauswahl treffen.

Die Pressefreiheit wird weiterhin durch die finanzielle Abhängigkeit vom Anzeigengeschäft gefährdet. Da Zeitungen und Zeitschriften nicht allein vom Verkauf ihrer Auflage leben können, sind sie auf Inserate angewiesen. Wie weit sie dadurch in ihrer Berichterstattung an Unabhängigkeit verlieren können, hängt vom Einzelfall ab. Aber es steht fest, daß die Industrie auflagenstarke Blätter bevorzugt und so die Pressekonzentration fördert.

Rundfunk und *Fernsehen* werden nicht von Privatpersonen betrieben, sondern sind öffentlich-rechtliche Körperschaften*. Hier bestehen Gefahren u. a. durch den Versuch von Interessengruppen und Parteien, auf die Programmgestaltung Einfluß zu nehmen. Außerdem können sich Einzelpersonen (Intendanten, Moderatoren, Reporter) eine so starke Position schaffen, daß es schwierig ist, eine Gegenmeinung anzubringen.

Dies alles kann unter anderem dazu führen, daß verleumderische Darstellungen in der Presse oder im Fernsehen erscheinen. Dagegen kann sich jeder wehren. Die Gesetze (Straf- und Zivilgesetze, besonders das Presserecht)

bieten hierfür eine Handhabe. Man kann die Veröffentlichung einer Gegendarstellung verlangen und auf Schadenersatz oder Unterlassung klagen.
Die Pressefreiheit gilt auch für *Schülerzeitungen*. Einschränkungen ergeben sich lediglich aus dem Elternrecht (Art. 6) und aus der Tatsache, daß eine Schülerzeitung im Bereich der Schule erscheint. Dazu gibt es auch genaue Erlasse des jeweiligen Kultusministeriums eines Bundeslandes.

Artikel 6 Ehe, Familie, Mutter und Kind

(1) Ehe und Familie stehen unter dem besonderen Schutze der staatlichen Ordnung.
(2) Pflege und Erziehung der Kinder sind das natürliche Recht der Eltern und die zuvörderst ihnen obliegende Pflicht. Über ihre Betätigung wacht die staatliche Gemeinschaft.
(3) Gegen den Willen der Erziehungsberechtigten dürfen Kinder nur auf Grund eines Gesetzes von der Familie getrennt werden, wenn die Erziehungsberechtigten versagen oder wenn die Kinder aus anderen Gründen zu verwahrlosen drohen.
(4) Jede Mutter hat Anspruch auf den Schutz und die Fürsorge der Gemeinschaft.
(5) Den unehelichen Kindern sind durch die Gesetzgebung die gleichen Bedingungen für ihre leibliche und seelische Entwicklung und ihre Stellung in der Gesellschaft zu schaffen wie den ehelichen Kindern.

Durch diesen Artikel wird die Bedeutung von *Ehe* und *Familie* im Staat hervorgehoben. Die Ehe ist eine durch das Recht besonders geschützte Gemeinschaft: Mann und Frau heiraten vor Zeugen auf dem Standesamt und verpflichten sich damit zu einer dauerhaften Lebensgemeinschaft. Wenn mit den Eheleuten noch eigene Kinder zusammenleben, heißt die Gemeinschaft Familie. Zusammenschlüsse zu Großfamilien oder *Kommunen* gelten vor dem Gesetz nicht als Familien.
Art. 6 Abs. 1 schützt Ehe und Familie vor störenden Eingriffen des Staates. Es wird ein geschlossener, eigenständiger und selbstverantwortlicher Lebensbereich garantiert. Der Staat wird beauftragt, diesen zu schützen, anzuerkennen und zu fördern. Alle Verordnungen und Gesetze zu Ehe und Familie müssen diesem Grundrecht entsprechen. Der einzelne kann sich der öffentlichen Gewalt gegenüber darauf berufen.
Der Staat fördert Ehe und Familie durch manche Gesetze: *Steuergesetze* sorgen dafür, daß die Familien je nach der Zahl der Kinder Steuerermäßigungen und damit einen Ausgleich erhalten; bei der *Wohnungsbauförderung* und der Zuteilung von *Mietbeihilfen* werden Familien besonders unterstützt.
Die Eltern haben nicht nur das Recht, sondern auch die Pflicht, ihre Kinder zu pflegen und zu erziehen. Der Staat darf nur dort eingreifen, wo die Eltern versagen oder den Anforderungen an Bildung und Ausbildung nicht entsprechen können (Abs. 3). Er hat darüber zu wachen, daß die Eltern die Kinder ernähren, kleiden, beaufsichtigen, schützen und sie mit den wichtigsten Regeln im Zusammenleben mit anderen Menschen vertraut ma-

chen. Die Eltern bestimmen auch über die religiöse und weltanschauliche Erziehung und entscheiden, welche Schule das Kind besuchen soll.
Der Staat darf die Kinder nur dann von den Eltern trennen, wenn alle anderen Mittel versagt haben und keine Besserung der Eltern zu erwarten ist.
Der Schutz der Mutter wird durch das Mutterschutzgesetz vom Staat geregelt. Daneben sind aber auch nichtstaatliche Gemeinschaftseinrichtungen zur Fürsorge verpflichtet.
Abs. 5 beauftragt den Gesetzgeber ausdrücklich, auch für die *unehelichen Kinder* Bedingungen zu schaffen, die eine Benachteiligung gegenüber den ehelichen Kindern vermeiden. Mit diesem Grundrecht wird deutlich gemacht, daß die Förderung von Ehe und Familie nicht die Benachteiligung unehelicher Kinder und ihrer Mütter mit sich bringen darf. Eine ganze Reihe von Gesetzen mußte geändert werden, bevor mit dem Gesetz vom 19. 8. 1969 die rechtliche Gleichstellung des unehelichen Kindes gesichert wurde.
Ehen und Familien wandeln sich im Lauf der Zeit in ihrer Vorstellung von sich selbst und im gesellschaftlichen Ansehen. Die traditionelle Vorherrschaft des Mannes, das Patriarchat*, wird mehr und mehr zurückgedrängt. Die Frau gewinnt durch Bildung und Ausbildung und durch Berufstätigkeit mehr Selbstbewußtsein. Diese *Emanzipation* ist weitgehend davon abhängig, inwieweit die Mädchen und Frauen die ihnen durch Tradition und Erziehung zugedachte Rolle selbst durchschauen und darauf dringen, daß die ihnen vom GG garantierte *Gleichberechtigung* auch im gesellschaftlichen Leben verwirklicht wird. Auch das Verhältnis von Ehe und *Sexualität* wird heute anders gewertet. Nach früherer christlicher Moral war die Sexualität jahrhundertelang mit Sünde behaftet. Nur in der Ehe war sie zum Zwecke der Fortpflanzung erlaubt. Daraus entsprangen einerseits die unmenschlichen Vorurteile gegen ledige Mütter und uneheliche Kinder, andererseits wurde die sexuelle Betätigung zu sehr als der eigentliche Inhalt der Ehe angesehen. Beides wird heute menschlicher beurteilt: Die Ehe entwickelt sich mehr und mehr zu einer freiwilligen und auf Dauer angelegten *Partnerschaft* für eine gemeinsame *Lebensgestaltung*; die natürlichere Bewertung der menschlichen Sexualität führt zum Abbau der Vorurteile gegen ledige Mütter und uneheliche Kinder.

Artikel 7 Die Ordnung des Schulwesens

(1) Das gesamte Schulwesen steht unter der Aufsicht des Staates.
(2) Die Erziehungsberechtigten haben das Recht, über die Teilnahme des Kindes am Religionsunterricht zu bestimmen.
(3) Der Religionsunterricht ist in den öffentlichen Schulen mit Ausnahme der bekenntnisfreien Schulen ordentliches Lehrfach. Unbeschadet des staatlichen Aufsichtsrechts wird der Religionsunterricht in Übereinstimmung mit den Grundsätzen der Religionsgemeinschaften erteilt. Kein Lehrer darf gegen seinen Willen verpflichtet werden, Religionsunterricht zu erteilen.
(4) Das Recht zur Errichtung von privaten Schulen wird gewährleistet. Private Schulen als Ersatz für öffentliche Schulen bedürfen der Genehmigung des Staates und unterstehen den Landesgesetzen. Die Genehmi-

gung ist zu erteilen, wenn die privaten Schulen in ihren Lehrzielen und Einrichtungen sowie in der wissenschaftlichen Ausbildung ihrer Lehrkräfte nicht hinter den öffentlichen Schulen zurückstehen und eine Sonderung der Schüler nach den Besitzverhältnissen der Eltern nicht gefördert wird. Die Genehmigung ist zu versagen, wenn die wirtschaftliche und rechtliche Stellung der Lehrkräfte nicht genügend gesichert ist.
(5) Eine private Volksschule ist nur zuzulassen, wenn die Unterrichtsverwaltung ein besonderes pädagogisches Interesse anerkennt oder, auf Antrag von Erziehungsberechtigten, wenn sie als Gemeinschaftsschule, als Bekenntnis- oder Weltanschauungsschule errichtet werden soll und eine öffentliche Volksschule dieser Art in der Gemeinde nicht besteht.
(6) Vorschulen bleiben aufgehoben.

Das GG bestätigt, ähnlich wie die Weimarer Verfassung*, daß der Staat das Aufsichtsrecht über das gesamte Schulwesen hat. Dieses Recht findet Grenzen im Erziehungsrecht der Eltern und dem Recht der Religionsgemeinschaften, den *Religionsunterricht* nach ihren Grundsätzen erteilen zu lassen. Trotz des grundsätzlichen Aufsichtsrechtes über alle Schulen soll der Staat kein Monopol* haben. Deshalb „gewährleistet" das GG ausdrücklich die „Errichtung von *privaten Schulen*". Gewährleistung ist mehr als nur Erlaubnis. Der Staat muß daher auch finanzielle Unterstützung geben. Er ist vor allem deshalb verpflichtet, weil ihm durch die Privatschulen finanzielle Lasten abgenommen werden.
Wer dem Staat das Aufsichtsrecht über das Schulwesen zubilligt, der muß ihm auch zugestehen, an diese Schulen Forderungen zu stellen. So sollen private Schulen nicht hinter den öffentlichen Schulen „zurückstehen" und in der Auswahl der Schüler nicht die *wirtschaftlichen Verhältnisse* der Eltern entscheiden lassen. Private Schulen sollen mindestens gleichwertig, nicht etwa gleichartig sein. Und doch sind es oft finanzielle Gründe, weshalb Eltern ihren Kindern keinen Internatsaufenthalt ermöglichen können. Manche *Internate* gelten — obgleich sie einige Freistellen bieten — als Privatschulen für besonders Bemittelte; gerade in solchen Fällen besteht die Aufsichtspflicht des Staates zu Recht. „Staat" ist hier im Sinn des GG das jeweilige Bundesland; lediglich beim Hochschulwesen hat man dem Bund eine Reihe von Zuständigkeiten übertragen, bzw. ihm ein Mitwirkungsrecht zugesprochen (vgl. Art. 75 und 91a). Die „*Kulturhoheit*" der Länder, durch die auch das Schulwesen von den einzelnen Bundesländern geregelt wird, schien in der unmittelbaren Nachkriegszeit richtig, auch als Antwort auf den nationalsozialistischen *Zentralismus**. Man hätte auch kaum eine andere Verfassungsregelung zu jener Zeit verwirklichen können. Die Absichten der *Besatzungsmächte* und die politische Grundeinstellung in den einzelnen Ländern hätten eine andere Lösung nicht zugelassen. Heute spricht manches für größere Mitwirkungsrechte des Bundes.
Unter „Vorschulen" sind im Absatz 6 nicht besondere Kindergärten gemeint, sondern den Gymnasien vorgeschaltete Grundschulen, die es vor 1919 für Kinder der „oberen Stände" gab.

Artikel 8 Versammlungsfreiheit

(1) Alle Deutschen haben das Recht, sich ohne Anmeldung oder Erlaubnis friedlich und ohne Waffen zu versammeln.
(2) Für Versammlungen unter freiem Himmel kann dieses Recht durch Gesetz oder auf Grund eines Gesetzes beschränkt werden.

Eine Versammlung ist schon vorhanden, wenn sich mindestens zwei Personen zusammentun; dies muß keineswegs geplant sein, sondern kann sich auch aus dem Augenblick ergeben. So ist mit der *Versammlungsfreiheit* an sich auch die *Demonstrationsfreiheit** verbunden (mit den nach Abs. 2 möglichen Einschränkungen).

Im Versammlungsgesetz (1953, geändert 1968 und 1978) können zwar Versammlungen unter bestimmten Voraussetzungen anmeldepflichtig sein, dürfen aber nur verboten werden, wenn die öffentliche Sicherheit gefährdet ist. Zwischen dem Demonstrationsrecht und dem Recht des einzelnen, sich z.B. ungehindert durch Kundgebungen bewegen zu können, muß jeweils abgewogen werden. Das GG spricht von einem Recht für Deutsche. Doch ist die Bundesrepublik Deutschland — wie im übrigen nun auch die DDR — der Menschenrechtskonvention der UN von 1966 beigetreten, in der es in Art. 21 ausdrücklich heißt: „Das Recht, sich friedlich zu versammeln, wird anerkannt.“ Damit wird das im GG verankerte Recht für Deutsche als geltendes Völkerrecht für alle Menschen bestimmt. Dieses Recht als Menschenrecht hatte die Bundesrepublik — aber nicht die DDR — bereits in der Europäischen *Menschenrechtskonvention* von 1950 anerkannt. Da heißt es:

„(1) Alle Menschen haben das Recht, sich friedlich zu versammeln und sich frei mit anderen zusammenzuschließen, einschließlich des Rechts, zum Schutz ihrer Interessen Gewerkschaften zu bilden und diesen beizutreten.
(2) Die Ausübung dieser Rechte darf keinen anderen Einschränkungen unterworfen werden als den vom Gesetz vorgesehenen, die in einer demokratischen Gesellschaft im Interesse der äußeren und inneren Sicherheit, zur Aufrechterhaltung der Ordnung und zur Verbrechensverhütung, zum Schutze der Gesundheit und der Moral oder zum Schutze der Rechte und Freiheiten anderer notwendig sind. Dieser Artikel verbietet nicht, daß die Ausübung dieser Rechte für Mitglieder der Streitkräfte, der Polizei oder der Staatsverwaltung gesetzlichen Einschränkungen unterworfen wird.“

Artikel 9 Vereinigungsfreiheit

(1) Alle Deutschen haben das Recht, Vereine und Gesellschaften zu bilden.
(2) Vereinigungen, deren Zwecke oder deren Tätigkeit den Strafgesetzen zuwiderlaufen oder die sich gegen die verfassungsmäßige Ordnung oder gegen den Gedanken der Völkerverständigung richten, sind verboten.
(3) Das Recht, zur Wahrung und Förderung der Arbeits- und Wirt-

schaftsbedingungen Vereinigungen zu bilden, ist für jedermann und für alle Berufe gewährleistet. Abreden, die dieses Recht einschränken oder zu behindern suchen, sind nichtig, hierauf gerichtete Maßnahmen sind rechtswidrig. Maßnahmen nach den Artikeln 12a, 35 Abs. 2 und 3, Artikel 87a Abs. 4 und Artikel 91 dürfen sich nicht gegen Arbeitskämpfe richten, die zur Wahrung und Förderung der Arbeits- und Wirtschaftsbedingungen von Vereinigungen im Sinne des Satzes 1 geführt werden.

Das Recht, sich in *Vereinigungen* aller Art frei zusammenzuschließen, war in früheren Zeiten überwiegend gegen den Staat gerichtet; heute sehen wir im Staat nicht in erster Linie den Gegner der *Freiheit*, sondern eher die politische Organisation der Bürger, die dadurch ihre Grundrechte und Freiheiten sichern. Es handelt sich um ein Freiheitsrecht schlechthin, das sich aus den Grundrechten der Art. 1 und 2 ergibt. Vereinigungen sind also nicht deswegen geschützt, weil es sich um öffentliche Angelegenheiten handelt. Jeder Deutsche hat das Recht, sich, gleich zu welchen Zwecken, mit anderen zu verbinden. Die einzigen Grenzen bilden die Grundsätze der Verfassung und die Strafgesetze. Die *Menschenrechtskonvention** hat dieses Recht allen Menschen zugebilligt; es gilt also auch für Ausländer.
Verfassungsfeindliche Vereinigungen sind verboten. Nach dem Vereinsgesetz vom 5. August 1964 können die obersten Landes- oder Bundesbehörden ein solches Verbot aussprechen, das über die Verwaltungsgerichte — und dann im Wege einer Verfassungsbeschwerde noch über das BVerfG — angefochten werden kann.
Die wichtigste Bestimmung des Art. 9 liegt im dritten Absatz, wo das *Koalitionsrecht** gesichert wird, das gerade im *Arbeitskampf* von großer Bedeutung ist. Gleichzeitig hat man im dritten Satz deutlich gemacht, daß dieses Recht auch im *Notstandsfall* erhalten bleibt — sofern es sich um Auseinandersetzungen im Arbeitskampf handelt. Politische Streiks sind durch Art. 9 nicht gedeckt. Doch wo kann die Grenze bei einem großen Streik gezogen werden? Als im November 1932 *Hitlers* Ernennung zum Reichskanzler bevorstand, da erwog man einen *Generalstreik*, um die „Machtergreifung" des nationalsozialistischen Parteiführers zu verhindern, verzichtete dann aber darauf, weil es auf dem Höhepunkt der *Arbeitslosigkeit* unmöglich schien, eine solche Kampfmaßnahme allgemein durchzusetzen. Ein derartiger Streik wäre in unserer Zeit zwar nicht durch Art. 9 zu begründen, aber mit dem *Widerstandsrecht** (vgl. Art. 20 Abs. 4) zu rechtfertigen.
Wichtig ist, daß im letzten Satz vom „Arbeitskampf" die Rede ist, wodurch ein Grundrecht auf Freiheit des Arbeitskampfes garantiert wird. Die schwerwiegenden wirtschaftlichen Folgen von *Streik* und *Aussperrung* (Lohn-, Produktions- und Steuerausfall) lassen es bedeutsam erscheinen, daß es nach dem GG keine Zwangsschlichtung gibt. Die Sozialpartner* sollen sich selbst einigen (Tarifautonomie*).
Das Koalitionsrecht wird auch für Beamte und Soldaten anerkannt. Das Recht zum Streik wird ihnen nicht zugebilligt. Zu diesem Recht gehört aber auch das Gegenstück, das „negative Koalitionsrecht": niemand darf zu einer Mitgliedschaft, etwa bei den Gewerkschaften, gezwungen werden.

Artikel 10 Brief-, Post- und Fernmeldegeheimnis

(1) Das Briefgeheimnis sowie das Post- und Fernmeldegeheimnis sind unverletzlich.
(2) Beschränkungen dürfen nur auf Grund eines Gesetzes angeordnet werden. Dient die Beschränkung dem Schutze der freiheitlichen demokratischen Grundordnung oder des Bestandes oder der Sicherung des Bundes oder eines Landes, so kann das Gesetz bestimmen, daß sie dem Betroffenen nicht mitgeteilt wird und daß an die Stelle des Rechtsweges die Nachprüfung durch von der Volksvertretung bestellte Organe und Hilfsorgane tritt.

Ursprünglich bestand Art. 10 lediglich aus dem Abs. 1 und dem ersten Satz von Abs. 2. Bundesrat und Bundestag fügten am 24. Juni 1968 in der „Notstandsverfassung“ den schwerwiegenden zweiten Satz an.
Während es bis dahin gesetzmäßig war, Einschränkungen nur nach dem Strafrecht vorzunehmen, in Fällen von Straf- oder Untersuchungshaft oder bei der Verfolgung oder Aufspürung von Verbrechen, ist es nun nach dem GG erlaubt, solche Maßnahmen auch zum Zweck des Staatsschutzes anzuordnen. Mehr noch: Während nach § 101 der Strafprozeßordnung der von einer solchen Überwachung Betroffene benachrichtigt werden muß, „sobald dies ohne Gefährdung des Untersuchungszwecks geschehen kann“, ist dies in Fällen von Verdacht der Staatsgefährdung nicht mehr zwingend vorgeschrieben. Wie kam es zu einer so schwerwiegenden Grundrechtseinschränkung?
In der Zeit nach 1949 hatte sich bei deutschen Behörden die Gewohnheit ausgebildet, die Abhörstellen der *Alliierten**, die aufgrund des *Deutschlandvertrages** ein *Kontrollrecht* beanspruchten, zu benutzen und diese geheime Überwachung zur Kontrolle der politischen Gegner einzusetzen. Dem gesetzlosen Zustand wollte man mit der Verfassungsergänzung vom 24. Juni 1968 und dem darauf gegründeten Gesetz vom 13. August 1968 ein Ende setzen. Es wurden damit auch die alliierten Abhörrechte abgelöst. Seitdem kann nicht nur der Richter Brief- oder Telefonüberwachung anordnen, sondern es ist ebenso den Verfassungsschutzämtern und den Nachrichtendiensten (*Bundesverfassungsschutz**, *Bundesnachrichtendienst** und *Militärischer Abschirmdienst**) möglich, beim Bundesinnenminister, den Innenministern der Länder oder beim Bundesverteidigungsminister eine solche Überwachung zu beantragen. Dabei darf nicht nur der Telefonanschluß des Verdächtigen abgehört werden, sondern jedes Telefon, bei dem die Möglichkeit der Mitbenutzung vermutet wird.
Das Gesetz bestimmt, daß der Betroffene auch nach dem Ende dieser geheimen Überwachungsmaßnahmen dann nicht zu unterrichten ist, wenn eine Gefährdung für die Sicherheit des Staates besteht. Die Entscheidung darüber fällt die vom Bundestag eingerichtete Kommission. Gerichtliche Nachprüfung ist nicht möglich. Denn der ordentliche *Rechtsweg*, der nach Art. 19 Abs. 4 jedem Bürger offenstehen soll, wurde ausgeschlossen. An seine Stelle sollte ein Ausschuß aus fünf Bundestagsabgeordneten treten, der eine Dreierkommission zur Überwachung der Abhörmaßnahmen aufzustellen hat.

Diese Grundgesetzänderung stieß auf heftigen Widerspruch. Das Land Hessen strengte eine *Normenkontrollklage** an, die mit dem Urteil vom 15. Dezember 1970 entschieden wurde. Fünf Bundesverfassungsrichter waren der Ansicht, daß Art. 10 Abs. 2 grundgesetzmäßig sei, drei gaben ein *Minderheitsvotum** ab. In dem Beschluß hieß es:

„Nach 1945 haben zunächst die Besatzungsmächte auf Grund des Besatzungsrechts und nach Gründung der Bundesrepublik die drei Westmächte auf Grund des Besatzungsstatuts den Brief-, Post- und Fernmeldeverkehr* ***überwacht. Auch nach Herstellung der Souveränität* der Bundesrepublik am 5. 5. 1955 behielten sich die drei Mächte die Ausübung dieses Rechtes vor. Allerdings erklärten sie, daß die Vorbehaltsrechte erlöschen sollten, sobald die zuständigen deutschen Stellen entsprechende Vollmachten durch die deutsche Gesetzgebung erhalten haben . . .***
Das Brief-, Post- und Fernmeldegeheimnis war von Anfang an im GG nicht vorbehaltlos geschützt; vielmehr waren immer schon Beschränkungen zulässig. Insofern bringt der neu eingefügte Satz 2 in Art. 10 nichts Neues. ***Der Bestand der Bundesrepublik und ihre freiheitliche Verfassungsordnung sind ein überragendes Rechtsgut, zu dessen wirksamem Schutz Grundrechte, soweit erforderlich, eingeschränkt werden können."***

Das Urteil müssen wir respektieren, auch wenn ein anderer Bundestag später einmal den Art. 10 Abs. 2 korrigieren sollte. Dies könnte deswegen geschehen, weil es neben dem Schutz des Staates in der freiheitlichen Verfassungsordnung gleichrangig den Schutz der Freiheit der Person gibt. Es hieß in dem abweichenden Spruch der drei überstimmten Richter:
- „Es ist ein Widerspruch in sich selbst, wenn man zum Schutze der Verfassung unveräußerliche Grundsätze der Verfassung preisgibt."

Artikel 11 Recht auf Freizügigkeit

(1) Alle Deutschen genießen Freizügigkeit im ganzen Bundesgebiet.
(2) Dieses Recht darf nur durch Gesetz oder auf Grund eines Gesetzes und nur für die Fälle eingeschränkt werden, in denen eine ausreichende Lebensgrundlage nicht vorhanden ist und der Allgemeinheit daraus besondere Lasten entstehen würden oder in denen es zur Abwehr einer drohenden Gefahr für den Bestand oder die freiheitliche demokratische Grundordnung des Bundes oder eines Landes, zur Bekämpfung von Seuchengefahr, Naturkatastrophen oder besonders schweren Unglücksfällen, zum Schutze der Jugend vor Verwahrlosung oder um strafbaren Handlungen vorzubeugen, erforderlich ist.

Das Recht der *Freizügigkeit* ist in einer langen Geschichte erkämpft und immer wieder verletzt worden. Es gilt nach dem GG für Deutsche und zwar nur innerhalb des Bundesgebietes. Die Freizügigkeit ist aber auch ein *Menschenrecht* und steht als solches allen Menschen zu. Innerhalb der EG* hat man für Bürger der EG-Staaten eine sehr weitgehende Freizügigkeit vereinbart, so daß die Einschränkung auf Deutsche nicht so schwer wiegt, wie man zuerst annehmen könnte.

Das Recht auf Freizügigkeit folgt aus der Bestimmung von Art. 2 Abs. 1, wonach jeder das Recht auf freie Entfaltung seiner Persönlichkeit hat. Es ist eine Vorraussetzung für die Freiheit der Berufswahl (Art. 12).
Der Staat kann dieses Grundrecht nicht aufheben, sondern nur unter bestimmten Voraussetzungen, die vom Gesetz festgelegt sein müssen, einschränken. Das gilt besonders, wenn:

- die freiheitliche demokratische Grundordnung gefährdet ist;
- bei Seuchen, Naturkatastrophen und schweren Unglücksfällen;
- zum Schutz der Jugend;
- zur Vorbeugung strafbarer Handlungen;
- unter bestimmten Voraussetzungen, wenn jemand nicht in der Lage ist, für sich zu sorgen und der Allgemeinheit zur Last fallen müßte.

Wird der Vollzug einer *Strafe* auf Bewährung ausgesetzt, so kann während der Bewährungszeit der *Aufenthaltsort* vorgeschrieben werden.
Die Kontrolle aller der im Gesetz vorgesehenen Einschränkungen ist oft schwierig. Es muß möglich sein, auch die Kontrollierenden zu kontrollieren. Richter sind Menschen und können irren; also müssen auch richterliche Einweisungen in *Heilanstalten* überprüfbar sein. Jede richterliche Entscheidung kann durch eine andere Gerichtsinstanz überprüft werden.
Die Freizügigkeit gilt für alle erwachsenen Bürger. Jugendliche unterstehen bis zu ihrer Volljährigkeit noch der *elterlichen Gewalt**, die aber ihrem Wohl dienen muß. Das bedeutet z. B., daß es einem in der Berufsausbildung stehenden Jugendlichen selbstverständlich möglich sein muß, den Studienort oder die Ausbildungsstelle zu wählen, die für ihn notwendig sind. Kommt es zum Konflikt, so kann das Gericht angerufen werden. „Arbeitsscheue" dürfen nur dann in ihrer Freizügigkeit eingeschränkt werden, wenn sie der Allgemeinheit zur Last fallen. Hier hat der Staat nicht nur das Recht einzugreifen, sondern eine Sorgepflicht.

Artikel 12 Freiheit der Berufswahl

(1) Alle Deutschen haben das Recht, Beruf, Arbeitsplatz und Ausbildungsstätte frei zu wählen. Die Berufsausübung kann durch Gesetz oder auf Grund eines Gesetzes geregelt werden.
(2) Niemand darf zu einer bestimmten Arbeit gezwungen werden, außer im Rahmen einer herkömmlichen allgemeinen, für alle gleichen öffentlichen Dienstleistungspflicht.
(3) Zwangsarbeit ist nur bei einer gerichtlich angeordneten Freiheitsentziehung zulässig.

Ebenso wie das Grundrecht der Freizügigkeit ist das Grundrecht der freien *Berufswahl* ein den deutschen Staatsbürgern vorbehaltenes Recht. Als *Beruf* gilt jede Tätigkeit, zu der sich jemand entschließt, in der Absicht, sie nachhaltig und auf Dauer auszuüben. Es muß sich allerdings um eine Tätigkeit handeln, die mit der allgemeinen Wertordnung des GG vereinbar ist. Nicht entscheidend ist es dagegen, ob die Tätigkeit sinnvoll oder erfolgreich erscheint. Der Künstler hat — und zwar durch sein künstlerisches Schaffen — einen Beruf gewählt, auch wenn er kein einziges Bild verkauft; der Schriftsteller darf nach Belieben auch für die Nachwelt schreiben. Solange Rechte

anderer oder der Allgemeinheit nicht beeinträchtigt werden, gilt das Grundrecht der freien Berufswahl.
Auch die Wahl des Arbeitsplatzes und der Ausbildungsstätte soll frei sein. Die Verwirklichung dieses Grundrechtes ist schwierig. Kann man in Krisenzeiten die Freiheit der Arbeitsplatzauswahl noch sichern? Muß dann nicht der Arbeitslose nehmen, was sich ihm als Tätigkeit bietet? Ganz bedenklich aber wird es, wenn z. B. Zulassungsbeschränkungen („numerus clausus"*) für die Berufsbildung bestimmter Berufe (Mediziner, Naturwissenschaftler) in Wirklichkeit die freie Berufswahl aufheben.
In vielen Gerichtsentscheidungen wurde deutlich gemacht, daß eine solche Zulassungsbeschränkung grundgesetzwidrig ist, wenn sie auf Dauer gilt. Der Staat ist verpflichtet, alles finanziell Mögliche zu tun, damit hier allmählich Grundgesetznorm und -wirklichkeit wieder übereinstimmen.
Freie Berufswahl heißt nicht, daß der Staat auch die Berufsausübung garantieren kann. Wer z. B. eine seltene Sprache — etwa Babylonisch oder Altpersisch — studiert oder eine Studienrichtung wählt, in der er auf zahlreiche Konkurrenten stößt, aber wenige Berufsplätze findet, der ist ein *Risiko* eingegangen, das eben auch zur Freiheit gehört.
Die Bestimmung, daß die *Berufsausübung* durch Gesetz geregelt werden kann, dient dem Schutz der Allgemeinheit und schließt das Recht des Staates ein, bei bestimmten Berufen auch die Ausbildung zu regeln. In vielen Fällen ist das leicht einzusehen:
Ärzte, Lehrer, Richter haben ein solches Maß an Verantwortung für die Allgemeinheit, daß kein Staat darauf verzichten kann, hier Normen zu setzen und für die Ausbildung und Berufsausübung gesetzliche Bestimmungen zu erlassen. Ähnlich steht es bei Berufen, die unmittelbar staatliche Hoheitsgewalt ausüben: bei Verwaltungsbeamten, Notaren usw.
Die Berufs*ausübung* kann zum Schutz der Arbeitenden durch staatliche Gesetze näher bestimmt werden. Das Nachtbackverbot z. B. soll den Mißbrauch der Arbeitskraft der Bäcker verhindern. Regelungen über Verkaufszeiten dienen ähnlichen Zwecken.
In Art. 12 wird zweimal von der Zulässigkeit eines *Arbeitszwanges* gesprochen, in Abs. 2 in dem Sinn, daß nur ganz bestimmte, herkömmliche Arbeiten allgemein verpflichtend sein können. Damit ist z. B. die in manchen Städten noch bestehende Feuerwehrpflicht gemeint, die meist durch Geldbeiträge abgelöst werden kann. Arbeiten im Katastrophenfall gehören nicht in diesen Zusammenhang (vgl. Art. 12a).
Etwas ganz anderes ist mit der in Abs. 3 genannten „Zwangsarbeit" gemeint. Sie kann in der *Strafhaft* auferlegt werden, während es in der Untersuchungshaft keinen Arbeitszwang geben darf.
In der Bundesrepublik gibt es zwar das Recht der freien Berufswahl, aber kein staatlich gesichertes „Recht auf Arbeit" und keine Arbeitspflicht.
Anders bestimmt es die DDR-Verfassung. In ihr heißt es in Artikel 24: „(1) Jeder Bürger der Deutschen Demokratischen Republik hat das Recht auf Arbeit ...
(2) Gesellschaftlich nützliche Tätigkeit ist eine ehrenvolle Pflicht für jeden arbeitsfähigen Bürger. Das Recht auf Arbeit und die Pflicht zur Arbeit bilden eine Einheit.
(3) Das Recht auf Arbeit wird gewährleistet ..."

Artikel 12a Einschränkungen für Verteidigungszwecke

(1) Männer können vom vollendeten achtzehnten Lebensjahr an zum Dienst in den Streitkräften, im Bundesgrenzschutz oder in einem Zivilschutzverband verpflichtet werden.

(2) Wer aus Gewissensgründen den Kriegsdienst mit der Waffe verweigert, kann zu einem Ersatzdienst verpflichtet werden. Die Dauer des Ersatzdienstes darf die Dauer des Wehrdienstes nicht übersteigen. Das Nähere regelt ein Gesetz, das die Freiheit der Gewissensentscheidung nicht beeinträchtigen darf und auch eine Möglichkeit des Ersatzdienstes vorsehen muß, die in keinem Zusammenhang mit den Verbänden der Streitkräfte und des Bundesgrenzschutzes steht.

(3) Wehrpflichtige, die nicht zu einem Dienst nach Absatz 1 oder 2 herangezogen sind, können im Verteidigungsfalle durch Gesetz oder auf Grund eines Gesetzes zu zivilen Dienstleistungen für Zwecke der Verteidigung einschließlich des Schutzes der Zivilbevölkerung in Arbeitsverhältnisse verpflichtet werden; Verpflichtungen in öffentlich-rechtliche Dienstverhältnisse sind nur zur Wahrnehmung polizeilicher Aufgaben oder solcher hoheitlichen Aufgaben der öffentlichen Verwaltung, die nur in einem öffentlich-rechtlichen Dienstverhältnis erfüllt werden können, zulässig. Arbeitsverhältnisse nach Satz 1 können bei den Streitkräften, im Bereich ihrer Versorgung sowie bei der öffentlichen Verwaltung begründet werden; Verpflichtungen in Arbeitsverhältnisse im Bereiche der Versorgung der Zivilbevölkerung sind nur zulässig, um ihren lebensnotwendigen Bedarf zu decken oder ihren Schutz sicherzustellen.

(4) Kann im Verteidigungsfalle der Bedarf an zivilen Dienstleistungen im zivilen Sanitäts- und Heilwesen sowie in der ortsfesten militärischen Lazarettorganisation nicht auf freiwilliger Grundlage gedeckt werden, so können Frauen vom vollendeten achtzehnten bis zum vollendeten fünfundfünfzigsten Lebensjahr durch Gesetz oder auf Grund eines Gesetzes zu derartigen Dienstleistungen herangezogen werden. Sie dürfen auf keinen Fall Dienst mit der Waffe leisten.

(5) Für die Zeit vor dem Verteidigungsfalle können Verpflichtungen nach Absatz 3 nur nach Maßgabe des Artikels 80a Abs. 1 begründet werden. Zur Vorbereitung auf Dienstleistungen nach Absatz 3, für die besondere Kenntnisse oder Fertigkeiten erforderlich sind, kann durch Gesetz oder auf Grund eines Gesetzes die Teilnahme an Ausbildungsveranstaltungen zur Pflicht gemacht werden. Satz 1 findet insoweit keine Anwendung.

(6) Kann im Verteidigungsfalle der Bedarf an Arbeitskräften für die in Absatz 3 Satz 2 genannten Bereiche auf freiwilliger Grundlage nicht gedeckt werden, so kann zur Sicherung dieses Bedarfs die Freiheit der Deutschen, die Ausübung eines Berufs oder den Arbeitsplatz aufzugeben, durch Gesetz oder auf Grund eines Gesetzes eingeschränkt werden. Vor Eintritt des Verteidigungsfalles gilt Absatz 5 Satz 1 entsprechend.

Der in Art. 12a gegebene Katalog an Verpflichtungen betrifft im Verteidigungsfall Männer und Frauen, also nicht nur Wehrpflichtige und Ersatz- bzw. Zivildienstpflichtige, sondern alle Bürger vom achtzehnten Lebensjahr an:

	Wehrdienst	*Zivildienst*
Männer	Ja, soweit nicht als Kriegsdienstverweigerer anerkannt	im Notstandsfall möglich. Auch statt des Wehrdienstes (Kriegsdienstverweigerer).
Frauen	kein Wehrdienst	Im Verteidigungsfall Hilfs- und Sanitätsdienst, auch in Lazaretten (nicht im Feld!) möglich.

Wichtig ist der Hinweis in Abs. 5, daß auch „Verpflichtungen vor dem Verteidigungsfall" möglich sind, daß also im „*Spannungsfall*" *Dienstverpflichtungen* verhängt werden können.
Sehr einschneidend ist die Bestimmung in Abs. 6, daß im *Verteidigungsfall* die Freiheit auf *Berufsausübung* und *Arbeitsplatzwechsel* eingeschränkt werden kann.

Artikel 13 Unverletzlichkeit der Wohnung

(1) Die Wohnung ist unverletzlich.
(2) Durchsuchungen dürfen nur durch den Richter, bei Gefahr im Verzuge auch durch die in den Gesetzen vorgesehenen anderen Organe angeordnet und nur in der dort vorgeschriebenen Form durchgeführt werden.
(3) Eingriffe und Beschränkungen dürfen im übrigen nur zur Abwehr einer gemeinen Gefahr oder einer Lebensgefahr für einzelne Personen, auf Grund eines Gesetzes auch zur Verhütung dringender Gefahren für die öffentliche Sicherheit und Ordnung, insbesondere zur Behebung der Raumnot, zur Bekämpfung von Seuchengefahr oder zum Schutze gefährdeter Jugendlicher vorgenommen werden.

Dieses Grundrecht ist ein Abwehrrecht. Es soll den Bürger gegenüber staatlichen Übergriffen schützen. In früheren Zeiten waren Freiheit und körperliche Unversehrtheit vor allem durch die Allgewalt des Staates, der Fürsten und adligen Grundherren bedroht. Erst allmählich, beginnend im „aufgeklärten Absolutismus", wurden auch die Herrscher dem Gesetz verpflichtet und mußten sich nach und nach dem Recht unterwerfen. Der Staat wandelte seine Gestalt, wurde zum Bürgen der Freiheitsrechte und Schützer der Sicherheit. Man wollte im neunzehnten Jahrhundert so wenig Staat als möglich und sprach sogar davon, daß er gleichsam als „Nachtwächterstaat" den Bürger gewähren lassen und sich lediglich um den Schutz des Privatlebens kümmern solle. In unserem Jahrhundert wurde klar, daß es ohne den Staat gar kein freies und sicheres Zusammenleben geben kann. Der Staat

muß immer mehr den einzelnen vor den Übergriffen wirtschaftlich und zahlenmäßig Stärkerer schützen und die Freiheit dadurch sichern, daß er die Gleichheit vor Recht und Gesetz garantiert.
Grundsätzlich ist das Recht auf Unverletzlichkeit der *Wohnung* ein Freiheitsrecht, das nicht aufgehoben, sondern nur in den vom Gesetz festgelegten Fällen eingeschränkt werden kann: auch eine „Studentenbude" ist im Sinn des Gesetzes eine Wohnung. Im Abs. 2 und 3 werden die wichtigsten Vorraussetzungen genannt, unter denen Einschränkungen, Eingriffe und Durchsuchungen möglich sind:

- bei unmittelbarer Gefahr für die Allgemeinheit oder den einzelnen;
- zur Behebung der Raumnot;
- zur Bekämpfung von Seuchen;
- zum Schutze gefährdeter Jugendlicher.
- Nur der *Richter* darf Durchsuchungen anordnen; lediglich bei „Gefahr im Verzuge" darf die Polizei eine Wohnung auch ohne richterlichen *Durchsuchungsbefehl* betreten.

Dies könnte z. B. eintreten, wenn flüchtige Verbrecher sich in eine Wohnung gerettet haben, die Gefahr eines Verbrechens besteht, jemand um Hilfe ruft usw. Auch der Gerichtsvollzieher darf eine Wohnung betreten, wenn er eine Vollstreckungsmaßnahme, z. B. eine Pfändung, vorzunehmen hat. Ein wichtiger Umstand wird bei Art. 13 zuweilen übersehen: Das Grundrecht der Unverletzlichkeit der Wohnung steht jedermann zu, gleich, ob es sich um einen Deutschen oder einen Ausländer handelt. Für *Minderjährige* üben die Eltern dieses Grundrecht aus; sie können es auf ihr Kind übertragen, behalten aber die letzte Verantwortung. Auch Fremde, z. B. eine Zimmervermieterin, müssen die Unverletzlichkeit der Wohnung von Minderjährigen respektieren.

Artikel 14 Eigentum, Erbrecht und Enteignung

(1) Das Eigentum und das Erbrecht werden gewährleistet. Inhalt und Schranken werden durch die Gesetze bestimmt.
(2) Eigentum verpflichtet. Sein Gebrauch soll zugleich dem Wohle der Allgemeinheit dienen.
(3) Eine Enteignung ist nur zum Wohle der Allgemeinheit zulässig. Sie darf nur durch Gesetz oder auf Grund eines Gesetzes erfolgen, das Art und Ausmaß der Entschädigung regelt. Die Entschädigung ist unter gerechter Abwägung der Interessen der Allgemeinheit und der Beteiligten zu bestimmen. Wegen der Höhe der Entschädigung steht im Streitfalle der Rechtsweg vor den ordentlichen Gerichten offen.

Das GG weist dem Recht auf *Eigentum* hohen Rang zu. Es zählt zu den Grundrechten. Deswegen gehört die Garantie des Eigentums wesentlich zur freiheitlich-demokratischen Grundordnung.
Damit ist aber in unserer Verfassung nicht für eine bestimmte Wirtschaftsordnung, etwa den Kapitalismus*, entschieden worden. Auch ein freiheitlicher *Sozialismus** läßt sich mit dem Eigentumsrecht vereinbaren und nicht einzig die nach 1949 verwirklichte „Soziale Marktwirtschaft"*.

Das Eigentumsrecht ist im GG an das *Gemeinwohl* gebunden. Im zweiten Absatz wird unmißverständlich gesagt, daß „Eigentum verpflichtet" und „auch dem Wohl der Allgemeinheit" dienen soll.
Die Überzeugung, daß Eigentum eine Verpflichtung enthält, ist nicht neu. Die *Weimarer Verfassung** kannte eine ganze Reihe von Bestimmungen, die an die Gemeinschaftsbindung des Eigentums anknüpften.
In der unmittelbaren Nachkriegszeit war die allgemeine Überzeugung, daß Eigentumsrecht eine Gemeinschaftspflicht einschließt. Wir finden das in den damaligen Parteiprogrammen der CDU, SPD und FDP bestätigt.
Diese Vorstellungen haben ihren Ausdruck in Art. 14 des GG gefunden. Ihre Verwirklichung ist mit einer Reihe von Gesetzen zur Vermögensbildung, zur Ordnung des Arbeitsplatzes, zur *Mitbestimmung*, mit Steuergesetzen und *Sozialgesetzen* begonnen worden. Man ist sich einig, daß der Paragraph 903 des Bürgerlichen Gesetzbuches (BGB)* nicht ausreicht: „Der Eigentümer einer Sache kann, soweit nicht das Gesetz oder Rechte Dritter entgegenstehen, mit der Sache nach Belieben verfahren und andere von jeder Einwirkung ausschließen." Zahlreiche andere Rechte sind entsprechend zu behandeln: Urheberrechte, Patentrechte, Pfandrechte und Hypotheken, Grundschulden und Mitgliedschaftsrechte gehören dazu.
Größten Schwierigkeiten begegnen wir, wenn wir an die Verwirklichung des zweiten Absatzes denken, in dem die Gemeinschafts-(Sozial-)bindung des Eigentums festgestellt wird. Das BVerfG hat zwar beim Eigentum an Grund und Boden die „*Sozialbindung*" stark hervorgehoben, ja sogar Veräußerungsbeschränkungen, die zugunsten einer „gesunden Bodenordnung" geschehen, für verfassungsgemäß erklärt, darüber hinaus aber der Feststellung des Art. 14 entsprochen, daß „das Nähere die Gesetze regeln".
Hier aber beginnen die Schwierigkeiten und zwar nicht nur beim Eigentum an Grund und Boden. Enteignung darf nämlich nur bei entsprechender Entschädigung erfolgen, denn anders wäre ja das Eigentumsrecht verletzt.
Wie aber soll das „unter gerechter Abwägung der Interessen der Allgemeinheit und der Beteiligten" geschehen? Heißt das etwa, daß Grundstücke nur nach dem „Verkehrswert", dem Preis, der gerade zu erzielen ist, bewertet werden dürfen? So wird es nämlich immer schwieriger und für die Allgemeinheit immer teurer, Plätze für Schulen oder Straßen zu erwerben.
Es geht aber nicht nur um das Eigentum an Grund und Boden. Auch das Eigentum — oder die Verfügung darüber als Beauftragter und Manager — über Verlage, Zeitungen und Zeitschriften kann zum Mißbrauch der Macht führen. Das ist besonders dann möglich, wenn ein Verleger für seine Zeitschriften und Zeitungen eine an ein *Monopol** heranreichende Verbreitung erreicht hat. Es ist schwierig, hier den Wettbewerb wiederherzustellen, ohne das Grundrecht auf Eigentum in seinem Wesensgehalt anzugreifen. Auf der anderen Seite ist die Freiheit der Information gleichfalls (Art. 5) ein Grundrecht und fordert vom Staat Schutz und Gewährleistung.
Mächtige Konzerne* (z. B. der Chemie- oder Mineralölindustrie) können so groß werden, daß sie nahe an die Beherrschung des gesamten Marktes heranreichen und dann die Preise diktieren. Hier muß der Staat ebenso eingreifen und die Gesetze anwenden (z. B. das *Kartellgesetz**). In den ersten Jahren nach 1949 war es vor allem darum gegangen, die Produktion anzukurbeln und die Arbeitslosigkeit zu überwinden. Dabei wurden zweifellos

die Lohn- und Gehaltsempfänger benachteiligt; Industrie, Handel und Gewerbe schienen in der Vermögensbildung bevorzugt.
Man beanstandete vor allem, daß die „Sozialbindung des Eigentums", die Verpflichtung der Eigentümer gegenüber der Gesamtheit und die Mitwirkung der Arbeitnehmer an den Entscheidungen im Betrieb, zu kurz gekommen seien.
Dies hat sich in vieler Hinsicht geändert. Umfangreiche Gesetze zu Vermögensbildung, Lastenausgleich und Mitbestimmung, Ausbau der Renten- und Altersversorgung und des Gesundheitswesens haben gezeigt, daß die Demokratie auch als Sozialstaat ausgebaut werden muß, wie das in Artikel 20 (s. S. 36) festgelegt ist.
Viel ist noch zu leisten. So entspricht die Steuergesetzgebung nur zum Teil der Forderung nach Gerechtigkeit und sozialem Ausgleich, haben es die Sparer in Zeiten der Preissteigerung schwer, ihr Vermögen vor Verlust und Schwund zu bewahren, kann in einer Epoche von Wirtschaftskrise und Arbeitslosigkeit der Sozialstaat gefährdet werden. Es ist klar zu erkennen, daß das Grundrecht auf Eigentum und die Verpflichtung zum Sozialstaat die beständige Bemühung aller Bürger erfordern.

Artikel 15 Überführung in Gemeineigentum (Sozialisierung)

Grund und Boden, Naturschätze und Produktionsmittel können zum Zwecke der Vergesellschaftung durch ein Gesetz, das Art und Ausmaß der Entschädigung regelt, in Gemeineigentum oder in andere Formen der Gemeinwirtschaft überführt werden. Für die Entschädigung gilt Artikel 14 Abs. 3 Satz 3 und 4 entsprechend.

Das BVerfG hat in einem Grundsatzurteil* festgestellt, daß der Art. 15 keinen Verfassungsauftrag* enthält, die *Sozialisierung* durchzuführen, sondern nur eine Ermächtigung an den Gesetzgeber darstellt.
Gerade weil man in den Jahren nach 1949 auf eine Verwirklichung der in Art. 15 gegebenen Möglichkeiten verzichtet hatte, lag es nahe, ihn allmählich zu vergessen. Daher gibt es Verfassungsrechtler, die meinen, Art. 15 sei nur eine Ausnahmevorschrift für Notlagen und Krisenzeiten, oder ihn gar für erledigt, vergessen und überholt („obsolet") erklären.
Andere wiederum behaupten, die Sozialisierung müsse unbedingt — und zwar im Rahmen des Art. 15 — durchgeführt werden, weil das zur Gestaltung der Bundesrepublik Deutschland als demokratischer und sozialer Bundesstaat (Art. 20 Abs. 1) gehöre. Beides ist, wie das BVerfG erklärt hat, falsch.
Man hat sich bei der Beratung des GG nicht auf eine Fassung der Art. 14 und 15 einigen wollen, die eine unabänderliche Entscheidung für die eine oder andere Wirtschaftsform getroffen hätte. Die SPD neigte damals der weitgehenden Sozialisierung zu, während die CDU — die im sog. „Ahlener Programm" von 1947 die begrenzte Sozialisierung noch für wünschenswert erklärt hatte — sich davon entfernte; FDP und DP (Deutsche Partei) waren Gegner der Vergesellschaftung und der Überführung in Gemeineigentum.

In Art. 15 wird bestimmt, was überhaupt sozialisiert, d. h. in Gemeineigentum überführt werden kann:

- Grund und Boden. Dabei ist es gleichgültig, ob es sich um Acker- oder Bauland handelt. Entscheidend bleibt, ob es im Sinn des Gemeinwohls und nach den Bestimmungen des Art. 14 Abs. 3 und 4 geschieht.
- Naturschätze, vor allem Wasserkraft, und Bodenschätze.
- Produktionsmittel. Darunter versteht man Einrichtungen, die der Güterherstellung dienen. Dienstleistungsbetriebe (Versicherungen, Transportunternehmungen usw.) gehören nicht dazu.

Es gibt erhebliche Meinungsverschiedenheiten, ob eine solche Überführung in Gemeineigentum (Sozialisierung) überhaupt notwendig ist. Während der *Marxismus** in ihr ein Mittel zur Lösung der gesellschaftlichen Hauptprobleme sieht, hingegen Vertreter des Liberalismus* sie scharf ablehnen, und in jeder Hinwendung zur *Planwirtschaft** den Verlust der Freiheit fürchten, sind die meisten Wirtschaftswissenschaftler heute nüchterner. Sie suchen einen Mittelweg. Das GG hat es in den Art. 14 und 15 offen gelassen, für welche Wirtschaftsordnung sich der Gesetzgeber entscheidet. Es hat aber den Grundsatz aufgestellt, daß *Eigentumsrecht* und *Gemeinwohl* ausgewogen sein müssen. Es will Reformen ermöglichen und gibt dafür Regierung und Bundestag die notwendigen Vollmachten.

Artikel 16 Ausbürgerung, Auslieferung, Asylrecht

(1) Die deutsche Staatsangehörigkeit darf nicht entzogen werden. Der Verlust der Staatsangehörigkeit darf nur auf Grund eines Gesetzes und gegen den Willen des Betroffenen nur dann eintreten, wenn der Betroffene dadurch nicht staatenlos wird.
(2) Kein Deutscher darf an das Ausland ausgeliefert werden. Politisch Verfolgte genießen Asylrecht.

Nach der brutalen „Ausbürgerung" von Deutschen, die aus politischen Gründen aus dem *„Dritten Reich"* hatten fliehen müssen, zog der Grundgesetzgeber die Schlußfolgerung, nunmehr jegliche Entziehung der deutschen *Staatsangehörigkeit* schlechthin zu verbieten. Jetzt kann ein deutscher Staatsbürger nur dann die deutsche Staatsangehörigkeit gegen seinen Willen verlieren, wenn er eine andere Staatsangehörigkeit erworben hat und somit nicht staatenlos wird, und ein Gesetz den Verlust vorsieht. Dabei ist immer zu bedenken, daß nach dem GG auch die Bürger der DDR als deutsche Staatsangehörige gelten.
Das Verbot, Deutsche an das Ausland auszuliefern, stand schon in der Weimarer Verfassung*, es wurde in das GG übernommen.
Ähnlich steht es mit dem *Asylrecht.* Ist jemand in unser Land geflüchtet und als politischer Flüchtling anerkannt, so hat er Anspruch auf Asyl und darf nicht an das Ausland ausgeliefert werden. Das Asylrecht betrifft Ausländer, die in die Bundesrepublik geflohen sind oder während ihres Aufenthalts durch freimütige Äußerungen über ihr Heimatland etwaige politische Verfolgung nach ihrer Heimkehr zu befürchten haben.
Wir müssen aber unterscheiden: Das Asylrecht betrifft nur ausländische

Staatsbürger. Deutsche, auch Deutsche aus der DDR, bedürfen dieses Schutzes nicht. Für sie zählt das Recht der Freizügigkeit (Art. 11) und das Verbot der Auslieferung an einen fremden Staat.

Artikel 17 Petitionsrecht

Jedermann hat das Recht, sich einzeln oder in Gemeinschaft mit anderen schriftlich mit Bitten oder Beschwerden an die zuständigen Stellen und an die Volksvertretung zu wenden.

Artikel 17a Einschränkung von Grundrechten, besonders bei Wehr- und Ersatzdienst

(1) Gesetze über Wehrdienst und Ersatzdienst können bestimmen, daß für die Angehörigen der Streitkräfte und des Ersatzdienstes während der Zeit des Wehr- oder Ersatzdienstes das Grundrecht, seine Meinung in Wort, Schrift und Bild frei zu äußern und zu verbreiten (Artikel 5 Abs. 1 Satz 1 erster Halbsatz), das Grundrecht der Versammlungsfreiheit (Artikel 8) und das Petitionsrecht (Artikel 17), soweit es das Recht gewährt, Bitten oder Beschwerden in Gemeinschaft mit anderen vorzubringen, eingeschränkt werden.
(2) Gesetze, die der Verteidigung einschließlich des Schutzes der Zivilbevölkerung dienen, können bestimmen, daß die Grundrechte der Freizügigkeit (Artikel 11) und der Unverletzlichkeit der Wohnung (Artikel 13) eingeschränkt werden.

Das *Petitionsrecht* steht allen Bewohnern unseres Staates zu, auch Ausländern. Da es niemandem abgesprochen werden kann, können es auch Strafgefangene und Insassen von Heilanstalten ausüben. Gerade diesen Schwächsten in der Gesellschaft steht das Recht zu, sich an alle Regierungsstellen und an die Parlamente zu wenden.
Soldaten üben dieses Recht auf dem Weg über den *Wehrbeauftragten** aus. Die gemeinsame Beschwerde ist ihnen untersagt.
Eine Petition* muß in sachlicher Form abgegeben werden; erst dann hat der Antragsteller (der Petent) Anspruch auf einen Bescheid. Wenn das Gesuch an das Parlament gerichtet war, muß ihm mitgeteilt werden, wohin sein Gesuch weitergeleitet worden ist.
Die Parlamente haben eigene Petitionsausschüsse, deren Tätigkeit in den letzten Jahren stark zugenommen hat. Deshalb wurde vorgeschlagen, unabhängige Instanzen* einzurichten, die ähnlich dem Wehrbeauftragten einzusetzen wären. Diese Organe des Bundes müßten von allen staatlichen Stellen Information, Amtshilfe und Akteneinsicht erhalten.
Der Art. 17a wurde angeschlossen, weil man darin die Einschränkungen des Petitionsrechtes festlegen wollte. Die Einrichtung des Wehrbeauftragten ist die logische Folge dieser besonderen Regelung für Soldaten und Ersatzdienstpflichtige.
Darüber hinaus hat man Einschränkungen verschiedener Grundrechte ver-

fügt. So haben *Soldaten* zwar die volle Freiheit, sich aus allgemein zugänglichen Quellen zu informieren, können aber in ihren öffentlichen Äußerungen Beschränkungen unterliegen. Das aber darf nicht kleinlich ausgelegt werden. Als ein Soldat disziplinär bestraft wurde, weil er in einem Leserbrief die in der gleichen Zeitung abgedruckte Rede seines Kommandeurs kritisiert hatte, hob das BVerfG diese Strafe mit der Begründung auf, daß das Grundrecht auf jeden Fall Vorrang habe. Ebenso darf die Einschränkung der Versammlungsfreiheit für Soldaten nicht dazu führen, ihnen das Recht zu nehmen, sich zusammenzuschließen (Koalitionsfreiheit). Sie sind bei politischen Versammlungen lediglich gehalten, in Zivilkleidung zu erscheinen. Wer für eine Wahl kandidiert, muß bereits für den Wahlkampf beurlaubt werden. Das Recht der politischen Betätigung bleibt dem Soldaten ebenso wie das der Mitgliedschaft in einer Gewerkschaft oder einer Partei. Im Gegensatz zur Weimarer Republik soll der Soldat in der Bundesrepublik Deutschland die vollen staatsbürgerlichen Rechte haben.
Die Einschränkungen im zweiten Absatz können gegen jedermann verhängt werden; sie gelten nicht nur für den Verteidigungsfall, sind bisher aber noch nicht wirksam geworden.

Artikel 18 Verwirkung von Grundrechten

Wer die Freiheit der Meinungsäußerung, insbesondere die Pressefreiheit (Artikel 5 Abs. 1), die Lehrfreiheit (Artikel 5 Abs. 3), die Versammlungsfreiheit (Artikel 8), die Vereinigungsfreiheit (Artikel 9), das Brief-, Post- und Fernmeldegeheimnis (Artikel 10), das Eigentum (Artikel 14) oder das Asylrecht (Artikel 16 Abs. 2) zum Kampfe gegen die freiheitliche demokratische Grundordnung mißbraucht, verwirkt diese Grundrechte. Die Verwirkung und ihr Ausmaß werden durch das Bundesverfassungsgericht ausgesprochen.

Dieser Grundgesetzartikel ist in der Verfassungsgeschichte neu. Er wäre ohne die Erfahrungen der *Weimarer* und der *NS-Zeit* kaum aufgenommen worden. Man muß ihn im Zusammenhang mit Art. 21 sehen, der die Parteien an die demokratische Grundordnung bindet, und sich vergegenwärtigen, daß in Art. 5 Abs. 3 die Lehrfreiheit ausdrücklich an die Treue zur Verfassung geknüpft ist. Die Einfügung der Verwirkung bei Mißbrauch stellt eine doppelte Sicherung der Grundrechte dar. Wer ein Grundrecht „verwirkt", kann sich nicht mehr auf dieses Recht für seine eigene Person berufen.
In Art. 18 wird genau bestimmt, welche Grundrechte durch diese „*Verwirkung*" betroffen sind: die Freiheit der *Meinungsäußerung*, vor allem die *Pressefreiheit*, nicht aber die Informationsfreiheit, die *Lehrfreiheit* — aber nicht die Freiheit zu forschen; die *Versammlungsfreiheit* — aber nicht die Freiheit, an Versammlungen teilzunehmen; die Vereinigungsfreiheit in dem Sinn, daß der von einem solchen Urteil Betroffene keine Vereinigung gründen darf. Es ist also keine Rede davon, daß derjenige, dem durch Urteil des BVerfG die Berufung auf jene Grundrechte entzogen wurde, die bürgerlichen Rechte verlieren würde. Wichtig ist auch, daß einzig das *BVerfG* ein solches Verwirkungsurteil aussprechen darf.

Ein einziges Mal (gegen den Vorsitzenden der verbotenen rechtsradikalen SRP = Sozialistische Reichspartei) ist überhaupt ein Verfahren nach Art. 18 abgeschlossen worden. Doch hat das BVerfG dabei eine Verwirkung abgelehnt, weil sich der betroffene ehemalige Parteiführer völlig aus dem politischen Leben zurückgezogen hatte.
Manche Kritiker schließen daraus, daß man auf den Art. 18 hätte verzichten können. Sie weisen darauf hin, daß verfassungswidrige Parteien durch Art. 21 aufgelöst und Hochschullehrer, die sich aktiv gegen die Verfassung wenden, nach Art. 5 Abs. 3 und überdies noch nach den Beamtengesetzen zur Rechenschaft gezogen werden könnten. Vor allem aber stehen dem Staat die Strafgesetze zur Verfügung, die in den allermeisten Fällen ohnehin angewendet werden, bevor das schwerfällige und langwierige Verbotsverfahren vor dem BVerfG in Gang kommt.
Die Einwände gegen Art. 18 scheinen in politisch ruhigen Zeiten einleuchtend; die Verfasser des GG aber hatten die letzte Weimarer Zeit in Erinnerung, als Feinde der Demokratie die demokratischen Grundrechte benützten, um jene Demokratie zu zerstören. Das sollte sich nicht wiederholen. Der Art. 18 wirkt daher vorbeugend und hat eine Abwehrfunktion.

Artikel 19 Einschränkung von Grundrechten. Garantie des Rechtsweges

(1) Soweit nach diesem Grundgesetz ein Grundrecht durch Gesetz oder auf Grund eines Gesetzes eingeschränkt werden kann, muß das Gesetz allgemein und nicht nur für den Einzelfall gelten. Außerdem muß das Gesetz das Grundrecht unter Angabe des Artikels nennen.
(2) In keinem Falle darf ein Grundrecht in seinem Wesensgehalt angetastet werden.
(3) Die Grundrechte gelten auch für inländische juristische Personen, soweit sie ihrem Wesen nach auf diese anwendbar sind.
(4) Wird jemand durch die öffentliche Gewalt in seinen Rechten verletzt, so steht ihm der Rechtsweg offen. Soweit eine andere Zuständigkeit nicht begründet ist, ist der ordentliche Rechtsweg gegeben. Artikel 10 Abs. 2 Satz 2 bleibt unberührt.

Art. 19 stellt in den ersten drei Absätzen Regeln über die Geltung der Grundrechte auf. Diese Regeln sind ebenso Bestandteil der Verfassung wie die Grundrechte selber. Danach dürfen Gesetze die Grundrechte nicht für einen Einzelfall einschränken, sondern müssen allgemein gelten. Damit keinerlei Meinungsverschiedenheit möglich ist, muß ein solches Gesetz den zu ändernden Grundgesetzartikel ausdrücklich nennen. Vor allem aber darf, wie Abs. 2 sagt, kein Grundrecht in seinem Wesensgehalt angetastet werden. Das ist besonders wichtig. Damit sind nämlich alle Grundrechte einer Aufhebung oder entscheidenden Abänderung entzogen. Diese Bestimmung muß man auch im Zusammenhang von Art. 79 Abs. 3 sehen, in dem eine Änderung oder gar Aufhebung der in Art. 1 und 20 festgelegten Grundsätze gänzlich ausgeschlossen wird.

Der vierte Absatz hat gleichfalls den Rang eines Grundrechtes. In ihm wird bestimmt, daß jedem, der „sich durch die öffentliche Gewalt* in seinen Rechten verletzt" sieht, der „Rechtsweg offen steht". „Öffentliche Gewalt" im Sinne dieser Bestimmung sind alle Organe der Regierung und der Verwaltung, nicht aber die Gesetzgebung. Wesentlich ist, daß der Bürger das Recht hat, die Gerichte zur Entscheidung anzurufen. Damit ist unser Staat als Rechtsstaat, so wie es in Art. 103 und 104 im einzelnen ausgeführt wird, nachdrücklich und unwiderruflich gekennzeichnet.
Die Entscheidung des Parlaments im Sommer 1968, für die Beschränkung des Brief-, Post- und Fernmeldegeheimnisses auch eine Einschränkung von Art. 19 Abs. 4 vorzusehen, wurde vom BVerfG mit Urteil vom 15. 12. 1970 für verfassungsgemäß erklärt. Der vom Parlament eingerichtete besondere Ausschuß wird als ordnungsgemäße Kontrolleinrichtung angesehen. Lediglich die Formulierung des Gesetzes vom 13. August 1968, wonach der von einer Überwachung Betroffene „nicht zu unterrichten sei", wurde geändert. Jetzt muß er nachträglich verständigt werden, wenn die „Unterrichtung ohne Gefährdung des Zweckes der Beschränkung" möglich ist. In Wirklichkeit werden die überwachenden Nachrichtendienste meist eine solche Gefährdung behaupten. Dann erfährt der Betroffene auch nach Abschluß der Überwachungsmaßnahmen nichts. Er kann infolgedessen auch nicht von seinem Grundrecht Gebrauch machen, gegen staatliche Maßnahmen die Gerichte anzurufen (vgl. Art. 19).
Ein freiheitlicher Rechtsstaat, wie die Bundesrepublik Deutschland, muß Nachteile in Kauf nehmen, die sich aus der Beachtung der Grundrechte und Gesetze ergeben. Wenn es zwischen *Staatsmacht* und *Staatsräson* auf der einen Seite und den Grundrechten auf der anderen Seite zu entscheiden gilt, müssen die Grundrechte Vorrang haben. Das ist auch unumstritten — sieht man einmal von dem problematischen Artikel 10 in der Neufassung ab. Viel schwieriger wird es, wenn verschiedene Grundrechte aufeinander stoßen. Was soll zum Beispiel Vorrang haben: das Grundrecht nach Artikel 8, durch das das Recht auf friedliche Demonstrationen verbrieft ist oder das Recht jedes Bürgers auf „freie Entfaltung seiner Persönlichkeit" — wozu auch das Recht gehört, die Verkehrswege und Straßen zu benützen und nicht durch Kundgebungen blockiert zu werden? Die Verantwortlichen müssen abwägen, was hier Vorrang hat. Eine solche „Güterabwägung" ist nicht leicht; es wird dabei häufig Meinungsverschiedenheiten geben.

Der Katalog der Grundrechte ist mit Art. 19 abgeschlossen. Wir müssen aber eine ganze Reihe von Verfassungsbestimmungen in den Zusammenhang der Grundrechte stellen, auch wenn sie an anderer Stelle des GG erscheinen. Das gilt vor allem für den Art. 20, der deshalb auch zu jenen Bestimmungen gezählt wird, die überhaupt nicht aufgehoben werden dürfen (vgl. Art. 79 Abs. 3). Wir werden auch sehen, daß viele Grundrechte, die wir in Art. 1 bis 19 gefunden haben, in den nun folgenden Grundgesetzartikeln näher ausgeführt werden. Das gilt z. B. für den Abschnitt IX über die Rechtsprechung und die grundlegenden Artikel 97, 101, 102, 103 und 104.

II. Der Bund und die Länder

In Art. 20 bis 37 wird die Bundesrepublik als ein aus Bund und Ländern bestehender Bundesstaat* festgelegt. Dabei ist Art. 20 für diesen Abschnitt ebenso grundlegend wie Art. 1 für die Grundrechte. Aus ihm läßt sich alles ableiten, was in den darauf folgenden Artikeln ausführlich geregelt wird. Deshalb hat das GG in Art. 79 Abs. 3 ganz klar bestimmt, daß die in Art. 1 und 20 enthaltenen Grundsätze unaufhebbar sind.
Parteien sind in der parlamentarischen Demokratie unentbehrlich. Deshalb folgt auf den grundlegenden Art. 20 der „Parteienartikel" 21. Er enthält entscheidend Neues gegenüber früheren deutschen Verfassungen.
Weniger bedeutend ist dagegen Art. 22. Man hat die Bestimmung über die Bundesflagge aufgenommen, weil das zur staatlichen Tradition gehört, hätte dies jedoch auch durch ein einfaches Gesetz regeln können.
Zu jedem Staat gehört ein Gebiet. Für unser Land wird es in Art. 23 festgelegt.
Jeder Staat tritt in Beziehungen zu anderen Staaten und zu zwischenstaatlichen Einrichtungen. Die Grundsätze, die in solchen Fällen für die Bundesrepublik gelten, sind in Art. 24 bis 26 enthalten. In ihnen nimmt das GG auf das Völkerrecht Bezug. In diesen Zusammenhang gehört auch Art. 27.
In Art. 28 bis 37 geht es darum, Bundes- und Länderrechte im ganzen zu bezeichnen. Es war klar zu entscheiden, daß die demokratische Grundordnung in Bund, Ländern und Gemeinden gilt.

Artikel 20 Grundsätze der Verfassung. Widerstandsrecht

(1) Die Bundesrepublik Deutschland ist ein demokratischer und sozialer Bundesstaat.
(2) Alle Staatsgewalt geht vom Volke aus. Sie wird vom Volke in Wahlen und Abstimmungen und durch besondere Organe der Gesetzgebung, der vollziehenden Gewalt und der Rechtsprechung ausgeübt.
(3) Die Gesetzgebung ist an die verfassungsmäßige Ordnung, die vollziehende Gewalt und die Rechtsprechung sind an Gesetz und Recht gebunden.
(4) Gegen jeden, der es unternimmt, diese Ordnung zu beseitigen, haben alle Deutschen das Recht zum Widerstand, wenn andere Abhilfe nicht möglich ist.

In Art. 79 Abs. 3 werden die Grundgesetzartikel 1 und 20 als unaufhebbar bezeichnet. Sie bilden das Fundament unserer Verfassung, die in der Achtung der Menschenwürde und der Ordnung des demokratischen Verfassungsstaates gegründet sein soll.
Die Bundesrepublik ist eine Demokratie. Was das im einzelnen bedeutet, wird in Abs. 2 und 3 näher ausgeführt. Und sie ist ein sozialer Staat. Diese Feststellung, die vor allem als eine Forderung zu verstehen ist, wird an vielen Stellen der Verfassung verdeutlicht. So z. B. dort, wo das Eigentumsrecht ausdrücklich an das Gemeinwohl gebunden wird (Art. 14), aber auch in der Verpflichtung des Staates für Erziehung und Bildung (Art. 7), für die Re-

spektierung der Gleichberechtigung (Art. 3) usw. Die Bundesrepublik ist ein Bundesstaat*. Hier wird es ausdrücklich hervorgehoben und in Art. 79 Abs. 3 als unabänderlich festgestellt.

Der zweite Absatz legt dar, wie die drei Hauptgewalten begründet sind. Ging in früheren Zeiten, in der Monarchie*, die Staatsgewalt vom Fürsten aus, so wird sie jetzt auf das Volk bezogen. Das bedeutet in der Verfassungswirklichkeit* viel, ist aber in die konkrete politische Entscheidung ebenso schwer umzusetzen wie die Forderung nach dem Sozialstaat.

Dann spricht Abs. 2 von „*Wahlen* und *Abstimmungen*"; diese Unterscheidung ist wichtig. Denn damit soll dem Volk auf zweierlei Weise möglich sein, die Staatsgewalt auszuüben:

1. Indem es seine Vertreter wählt und sich durch diese Abgeordneten repräsentieren läßt. — 2. Indem es durch Abstimmungen unmittelbar seinen Willen kundtut und Gesetz werden läßt.

Wir sehen aber am GG selbst, daß die zweite Möglichkeit, die man auch die plebiszitäre nennt, nur in wenigen Fällen vorgesehen ist: bei der Länderneugliederung (Art. 29) und in Gemeinden, wo an die Stelle der Gemeindevertretung, des Stadtrats oder Gemeinderats, auch die Gemeindeversammlung treten kann (Art. 28 Abs. 1). Außerdem erlaubt das GG die Einführung von Volksentscheiden in Landesverfassungen — z. B. in Bayern —, obgleich es selbst auf diese Möglichkeit verzichtet hat.

In diesem Zusammenhang erinnerten sich die Verfasser des GG der schlechten Erfahrungen, die man sowohl mit Volksbegehren und *Volksentscheid* als auch mit der unmittelbaren Wahl des Reichspräsidenten gemacht hatte. Volksbegehren und Volksentscheid waren nämlich als Mittel des politischen Kampfes gegen die Demokratie* mißbraucht worden. Dies sollte nach dem GG nicht mehr möglich sein. Man entschied sich gegen die direkte Demokratie: das Volk sollte die ihm allein zustehende Staatsgewalt durch Repräsentanten (Abgeordnete, Regierende und Richter) ausüben.

Die *Gewaltenteilung** gilt gerade auch in der Bundesrepublik. Deshalb spricht man in Art. 20 Abs. 2 von besonderen „Organen" der Gesetzgebung (Legislative*), vollziehenden Gewalt (Exekutive*) und Rechtsprechung (Judikative*). Sie sind einerseits unabhängig voneinander — soweit das in der heutigen Wirklichkeit überhaupt möglich ist —, doch wirken sie auch zusammen: Die Gesetzgebung gibt der Rechtsprechung die Normen, an die sie grundsätzlich gebunden ist. Nur das Bundesverfassungsgericht hat in gewissem Umfang auch die Aufgabe, das Gesetzesrecht unter verfassungsrechtlichen Gesichtspunkten zu berichtigen.

Die Exekutive ist an Gesetz und Recht gebunden. Doch bedürfen Gesetzgebung und Rechtsprechung zur Umsetzung in die Wirklichkeit der ausführenden Gewalt. Die Rechtsprechung wiederum ist an Gesetz und Recht gebunden. Gesetze, die verfassungswidrig und damit auch rechtswidrig sind, können durch das BVerfG für ungültig erklärt werden. Jedes Gericht hat das Recht, in dieser Sache unmittelbar das BVerfG anzurufen.

Der vierte Absatz enthält eine in der deutschen Verfassungsgeschichte neue Bestimmung: er ermächtigt ausdrücklich alle deutschen Staatsbürger zum *Widerstand* gegen jeden, der die demokratische Grundordnung beseitigen will. Allerdings muß er vorher festgestellt haben, daß es „keine andere Abhilfe" mehr gibt. Die Frage ist nur: Wer stellt dies fest?

Sollte z. B. versucht werden, eine verfassungsfeindliche Minderheit an die Macht zu bringen oder einem Feind der demokratischen Grundordnung die Macht zu übertragen, wie es am 30. Januar 1933 mit der Berufung *Hitlers* zum Reichskanzler geschehen ist, so wäre der Widerstandsfall gegeben. Dann wäre auch ein politischer Streik verfassungsgemäß.
Der Art. 20 ist aber noch in anderer Hinsicht grundlegend: Indem die Schöpfer der Verfassung die Grundordnung dieses Staates im einzelnen festlegen und in Art. 79 Abs. 3 als unaufhebbar bezeichnen, dazu diesen Staat als sozialen Rechtsstaat (oft auch „Sozialstaat"* genannt) kennzeichnen, stellen sie alle Einrichtungen dieses Staates unter diese Grundforderungen. Erst allmählich ist ganz deutlich geworden, wieviel die Grundordnung einschließt und wieviel noch zu leisten ist. Die Verwirklichung dieser Forderungen geht jeden einzelnen an. Wir alle haben miteinander die Folgen zu tragen, wenn der Art. 20 nur auf dem Papier stehen bleibt.

Artikel 21 Parteien

(1) Die Parteien wirken bei der politischen Willensbildung des Volkes mit. Ihre Gründung ist frei. Ihre innere Ordnung muß demokratischen Grundsätzen entsprechen. Sie müssen über die Herkunft ihrer Mittel öffentlich Rechenschaft geben.
(2) Parteien, die nach ihren Zielen oder nach dem Verhalten ihrer Anhänger darauf ausgehen, die freiheitliche demokratische Grundordnung zu beeinträchtigen oder zu beseitigen oder den Bestand der Bundesrepublik Deutschland zu gefährden, sind verfassungswidrig. Über die Frage der Verfassungswidrigkeit entscheidet das Bundesverfassungsgericht. (3) Das Nähere regeln Bundesgesetze.

In den Staaten mit parlamentarischer Demokratie spielen die politischen *Parteien* eine wichtige Rolle. Im Unterschied zu den früheren deutschen Verfassungen bestätigt das GG ausdrücklich den politischen Auftrag der Parteien. Man könnte sie sogar als „*Verfassungsorgane*" bezeichnen. Die Parteien haben so viel Macht erlangt, daß man nicht mehr von einer bloßen „Mitwirkung bei der politischen Willensbildung" sprechen kann. Sie sind jetzt so entscheidend geworden, daß keiner eine Chance hat, außerhalb seiner Partei in den Bundestag oder in ein Landesparlament zu kommen. In dieser Hinsicht ist ein *Abgeordneter* also nicht nur „Vertreter des ganzen Volkes", wie Art. 38 sagt, sondern auch „Vertreter" seiner Partei. Ihr gegenüber erwartet man von ihm Mitarbeit und Loyalität.
Nach den Erfahrungen der Weimarer Zeit soll es nicht mehr möglich sein, antidemokratische Parteien aufzubauen und die demokratischen Freiheiten zur Zerstörung dieser Freiheit zu benützen. Daher werden die Parteien auf die demokratische, freiheitliche Grundordnung verpflichtet. Auch ihre Organisation muß diesen Grundsätzen entsprechen: Von der *Ortsgruppe* über den *Kreisverband*, den *Landesverband* und den *Bundesverband*, müssen die Vertreter (Delegierte) demokratisch gewählt werden.
Die Parteien müssen auch ihre Finanzquellen offenlegen. In der Praxis suchen die Parteien nach Möglichkeiten, diese Bestimmungen zu umgehen.

Man möchte mit dem Gebot der Offenlegung die Unabhängigkeit der Parteien sichern. Diese erhalten für die Finanzierung des *Wahlkampfes* staatliche Gelder. Zur Zeit sind das 2,50 DM für jeden Wähler. Andere staatliche Mittel gibt es nicht. Die Parteien müssen sich die notwendigen Summen aus Beiträgen und Spenden sichern, diese aber in ihrer jährlichen Abrechnung nennen. Die Parteien werden außerdem von Fördervereinen und Gesellschaften unterstützt; welche *Interessengruppen* hinter diesen Organisationen stehen, bleibt meist verborgen. Es besteht daher zu Recht die Frage, ob hier das Gesetz unterlaufen wird.
Es gehört auch zur Unabhängigkeit der Parteien, daß die Abgeordneten frei von wirtschaftlichen Bindungen entscheiden können. Diesen Zweck sollten entsprechende *Diäten* und Aufwandsentschädigungen (vgl. Art. 38) haben. Der Parlamentarische Rat konnte sich nicht dazu entschließen, auch den Abgeordneten des Bundes die Ausübung eines Berufes oder die Annahme eines Industrie- oder Verbandspostens zu untersagen, wie das für den *Bundespräsidenten* (vgl. Art. 55), den *Bundeskanzler* und die *Bundesminister* (vgl. Art. 66) geschehen ist. So kommt es häufig zu Vereinbarungen zwischen Abgeordneten und einzelnen Firmen (sog. „Berater-Verträge"*), bei denen zu prüfen wäre, ob dies nicht zum Mißbrauch des Mandats* führt.
Der *Abgeordnete* ist von Anfang an von seiner Partei abhängig und in der politischen Arbeit mit ihr verbunden. Die Parteien bilden im Bundestag *Fraktionen**, haben Fraktionsvorstände, eine Fraktionsgeschäftsordnung und stimmen über Entschließungen der Fraktion ab. Jede Partei hat Ziele (danach wird sie vom Volk gewählt), die sie durchsetzen will. Dies geschieht im Parlament mit Hilfe von Abstimmungen, für die eine Mehrheit gefunden werden muß. Die Parteien müssen sich daher bemühen, die notwendigen Mehrheiten zu finden. Daher ist *Fraktionsdisziplin* notwendig.
Nach Art. 38 erhält der Abgeordnete seinen Auftrag (*Mandat*) vom ganzen Volk und ist „an Aufträge und Weisungen nicht gebunden", sondern nur seinem „Gewissen" unterworfen. Daher ist Fraktionszwang grundgesetzwidrig und ausdrücklich verboten. Ein Abgeordneter kann sein Mandat nach seinem Ermessen verwalten. Er kann aus der Fraktion austreten (fraktionslos werden), kann zu einer anderen Partei gehen und dort als Gast (Hospitant) in der Fraktion sein. Natürlich kann er auch die Mitgliedschaft dieser Partei erwerben. Dann kommt sein Mandat dieser Partei zu und geht der anderen Partei verloren. Seit 1949 sind in über 130 Fällen solche Parteiaustritte und Parteiübertritte erfolgt. Sie hatten manchmal starke politische Auswirkungen. So z. B. 1972, als die SPD/FDP-Regierungskoalition durch den Übertritt von FDP-Abgeordneten zur CDU und den Austritt von zwei SPD-Abgeordneten die Mehrheit vom Wahljahr 1969 verlor.
Die große Wirkung, die bei knappen Mehrheiten der Übertritt auch nur eines einzigen Abgeordneten haben kann, veranlaßte manche Kritiker der Grundgesetzregelung, nach einer anderen Lösung zu suchen. Man schlug z. B. vor, beim Übertritt oder Austritt eines Abgeordneten der betroffenen Partei ein *Ersatzmandat* zu geben oder aber dem Abgeordneten das Mandat einfach abzusprechen. Beides ist jedoch ohne Grundgesetzänderung nicht möglich.
Im zweiten Absatz von Art. 21 werden die Parteien auf die „demokratische Grundordnung" verpflichtet und antidemokratische Parteien ausdrücklich

als „verfassungswidrig“ bezeichnet. Auch hier ist — wie bei der Anklage nach Art. 18 — das BVerfG zuständig. Erst müssen der Bundestag, der Bundesrat, die Bundesregierung oder eine Landesregierung den Antrag auf Verfassungswidrigkeit stellen, dann kann das BVerfG über ihn entscheiden.
Zweimal wurde bisher ein Parteiverbot ausgesprochen:
Am 23. Oktober 1952 gegen die „Sozialistische Reichspartei“ (SRP) und am 17. August 1956 gegen die „*Kommunistische Partei Deutschlands*“ (*KPD*). Das Verbot bezieht sich auch auf alle Nachfolgeparteien. Allerdings ist auch dazu die Feststellung notwendig, daß es sich nicht um eine neue Partei, sondern um eine Ersatzorganisation handelt.
Solange eine Partei nicht verboten ist, darf es keinerlei Maßnahmen gegen ihre Mitglieder oder Funktionäre geben. Denn damit würde man der Entscheidung des BVerfG vorgreifen.
Das BVerfG hat in seinem Urteil gegen die KPD die Gründe angegeben, weshalb man sich im GG, entgegen den Bestimmungen der Weimarer Verfassung*, für die Möglichkeit eines Parteiverbots entschieden hat. Die *Weimarer Republik* war dem Angriff der totalitären Parteien ausgesetzt und ist dadurch gescheitert. Daraus hat man gelernt und sich im GG zur „streitbaren Demokratie“ bekannt.

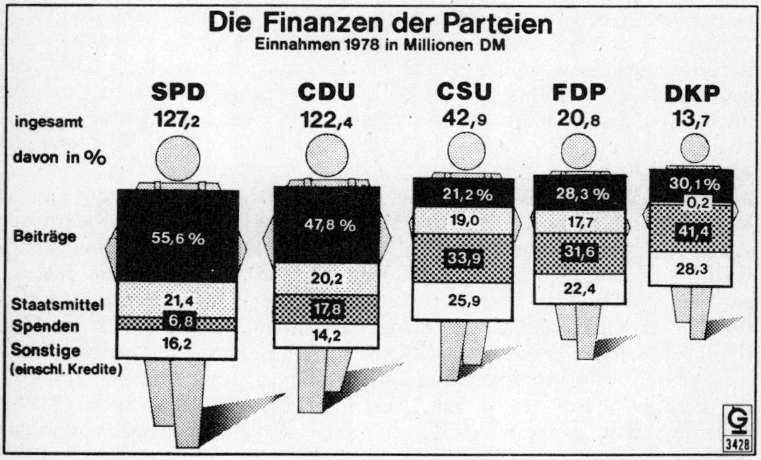

Das Parteiengesetz sieht vor, daß die Parteifinanzen offengelegt und dabei auch die Spenden veröffentlicht werden. Diese heilsame Bestimmung wird von den Parteien jedoch dadurch unterlaufen, daß man z. B. „Fördergesellschaften“, „staatsbürgerliche Erziehungs- und Informationsstellen“ schafft, an die viele Spenden gehen. Hierbei muß der Spender selbst nicht genannt werden. Bei der DKP kommt noch hinzu, daß Gelder aus der DDR in die Parteikassen fließen. Verfassungsschutzbehörden nehmen an, daß es sich dabei um Beträge von über 100 Millionen DM im Jahr handelt. Solange die Partei nicht verboten ist, kann man gegen eine solche Unterstützung nur politisch, nicht jedoch rechtlich vorgehen.

Artikel 22 Die Bundesflagge

Die Bundesflagge ist schwarz-rot-gold.

Ein Staat muß, wie es heißt, „Flagge zeigen" können. Das ist eine alte Überlieferung, die auch heute noch gilt. Der *Bundespräsident*, der *Bundeskanzler*, die *Bundesminister*, die *Regierungschefs* der Länder, die *Präsidenten* der Obersten Gerichte und Behörden, sie alle führen die *Bundesflagge* und zeigen damit, daß sie ein Stück der *Staatshoheit** des Staates zu verkörpern haben. An den Grenzen zeigt die Bundesflagge an, wie weit das Staatsgebiet reicht. Auf den Schiffen der Bundesmarine und der Handelsflotte (vgl. Art. 27) weht die Bundesflagge, weil das Seerecht fordert, sichtbar zu zeigen, unter welcher Flagge das Schiff fährt.
Aus diesen Gründen hat man die Bestimmung über die Bundesflagge in das GG aufgenommen und sie in den Zusammenhang jener Bestimmungen gefügt, die von der völkerrechtlichen Lage der Bundesrepublik sprechen.
In der Weimarer Republik war die Flaggenfrage heftig umstritten. Sowohl die Anhänger der früheren Monarchie*, als auch die Kommunisten und die Nationalsozialisten bekämpften die Reichsflagge Schwarz-Rot-Gold.
In unserer Zeit verursacht die Flaggenfrage keinen Streit. Es wird höchstens ab und zu einmal diskutiert, ob bei bestimmten Anlässen die Landesflagge daneben stehen sollte oder gar an erster Stelle. Für den Gesamtstaat gilt: Schwarz-Rot-Gold ist als Bundesflagge das Zeichen (Symbol) der Bundesrepublik Deutschland und hat ersten Rang.
Die Landesfarben bezeichnen die Länder als Staaten und haben innerhalb des einzelnen Bundeslandes Geltung. Im übrigen darf jedermann die Flagge zeigen.

Artikel 23 Geltungsbereich des Grundgesetzes

Dieses Grundgesetz gilt zunächst im Gebiete der Länder Baden, Bayern, Bremen, Groß-Berlin, Hamburg, Hessen, Niedersachsen, Nordrhein-Westfalen, Rheinland-Pfalz, Schleswig-Holstein, Württemberg-Baden und Württemberg-Hohenzollern. In anderen Teilen Deutschlands ist es nach deren Beitritt in Kraft zu setzen.

Mit diesem Artikel wird bezeichnet, in welchen Ländern das GG bei seiner Verkündung zu gelten hat. Gleichzeitig ist gesagt, daß es in anderen Teilen Deutschlands — damit ist das Gebiet des ehemaligen Deutschen Reiches gemeint — in Kraft tritt, wenn sie der Bundesrepublik beigetreten sind. Dies geschah z. B. nach der Rückgliederung des Saargebietes am 1. 1. 1957. Eine weitere Änderung brachte die Bildung des „Südweststaates" Baden-Württemberg 1952, die 1971 durch Volksabstimmung bestätigt wurde.
Das Wort „*Groß-Berlin*" in Art. 23 könnte zu Mißverständnissen führen. Gemeint war West-Berlin. Die *Westsektoren* allein hatten die Möglichkeit, sich der westlichen Währungsreform am 20. Juni 1948 anzuschließen und 1949 das Grundgesetz anzunehmen. Der Ostsektor lag im Machtbereich

der Sowjetzone und wird heute der DDR zugezählt, obwohl auch die Sowjetunion ihm einen Sonderstatus gab.
Die westlichen Besatzungsmächte hatten in ihrem Genehmigungsschreiben vom 12. Mai 1949 die Geltung des GG im Hinblick auf Berlin für eingeschränkt erklärt. Sie forderten, daß Berlin „keine abstimmungsberechtigte Mitgliedschaft in Bundestag und Bundesrat erhält und auch nicht durch den Bund regiert wird".
Die Bundesrepublik hat dem Verlangen der ehemaligen Siegermächte entsprochen. Man stellte in Art. 144 fest, daß das GG in einem Land Beschränkungen unterliegen kann — gemeint war Berlin.
Die Alliierten* betrachteten *West-Berlin* nicht als einen Teil der Bundesrepublik, anerkannten aber die vielfältigen Bindungen Berlins an den Bund. Sie stimmten daher zu, daß West-Berlin Abgeordnete ohne Stimmrecht in den Bundestag entsendet und daß es die Gesetzgebung der Bundesrepublik übernimmt.
Das BVerfG hat im Gegensatz dazu festgestellt, daß zwar gewisse Rechte des Landes Berlin im Bund ruhen, die Stadt aber Teil des Bundes ist. Die Bundesgesetze sind also nach Meinung des obersten Gerichtes Bundesrecht, nach Meinung der Alliierten nur Berliner Recht.
Die Westmächte haben in ihrem Abkommen mit der Sowjetunion vom Dezember 1971, das im Juni 1972 in Kraft trat, einerseits ihren Standpunkt bekräftigt, daß West-Berlin nicht Teil der Bundesrepublik sei, auf der anderen Seite aber mit Zustimmung der UdSSR die Bindungen zwischen der Bundesrepublik Deutschland und West-Berlin bestätigt:

„Die Regierungen Frankreichs, Großbritanniens und der USA erklären, daß die Bindungen zwischen den Westsektoren Berlins und der Bundesrepublik aufrechterhalten und entwickelt werden, wobei sie berücksichtigen, daß diese Sektoren so wie bisher kein Bestandteil (konstitutiver Teil) der Bundesrepublik Deutschland sind und auch weiterhin nicht von ihr regiert werden."

Artikel 24 Zwischenstaatliche Einrichtungen

(1) Der Bund kann durch Gesetz Hoheitsrechte auf zwischenstaatliche Einrichtungen übertragen.
(2) Der Bund kann sich zur Wahrung des Friedens einem System gegenseitiger kollektiver Sicherheit einordnen; er wird hierbei in die Beschränkungen seiner Hoheitsrechte einwilligen, die eine friedliche und dauerhafte Ordnung in Europa und zwischen den Völkern der Welt herbeiführen und sichern.
(3) Zur Regelung zwischenstaatlicher Streitigkeiten wird der Bund Vereinbarungen über eine allgemeine, umfassende, obligatorische, internationale Schiedsgerichtsbarkeit beitreten.

Die Bundesrepublik ist ein Staat. Sie kann nicht auf die Entscheidungsgewalt im eigenen Raum verzichten. Die *Staatshoheit** (*Souveränität**) soll aber nicht uneinschränkbar sein. Unser Staat soll vielmehr in der Lage sein, Hoheitsrechte an zwischenstaatliche Einrichtungen abzugeben, wenn dies dem Frie-

den, der Verbindung mit anderen Staaten und ihrem eigenen Interesse dient. Dies ist seit 1949 in zahlreichen Verträgen und Bündnissen geschehen: zum Beispiel durch Verträge über den Europarat, die Montanunion (Gemeinschaft für Kohle und Stahl), die Euratom (Europäische Atomgemeinschaft) und die EWG (Europäische Wirtschaftsgemeinschaft*). 1955 wurde die Bundesrepublik Deutschland Mitglied des Nordatlantikpakts (NATO*). Sie verzichtete im militärischen Bereich vollständig auf eigene Souveränität. Alle Einheiten der Bundeswehr gehören in dieses Militärbündnis. Es darf nur dem Frieden dienen und muß ausschließlich als Verteidigungsbündnis aufgebaut sein. Seit dem 18. 9. 1973 sind beide deutsche Staaten Mitglieder der UN.*
Der dritte Absatz ist seit 1949 vielfältig verwirklicht worden: Die Bundesrepublik ist Mitglied des Ständigen Schiedsgerichtshofes und des Internationalen Gerichtshofes, beide in Den Haag. Als Mitglied der EG* (EGKS, EWG, Euratom) untersteht sie auch den Entscheidungen des Gerichtshofes der Europäischen Gemeinschaften. Als Mitglied der UN hat die Bundesrepublik Deutschland die sich daraus ergebenden Rechte und Pflichten.

Artikel 25 Vorrang des Völkerrechts vor Bundesgesetzen

Die allgemeinen Regeln des Völkerrechts sind Bestandteil des Bundesrechtes. Sie gehen den Gesetzen vor und erzeugen Rechte und Pflichten unmittelbar für die Bewohner des Bundesgebietes.

Als Art. 25 entworfen wurde, wollte man bestätigen, daß die Bundesrepublik ein Staat ist, fest im *Völkerrecht* verankert und bereit sei, auf eigene Souveränitätsrechte im Interesse des Friedens und der internationalen Zusammenarbeit zu verzichten.
Später haben Urteile der Obersten Gerichte den Begriff der „allgemeinen Regeln des Völkerrechts" näher bestimmt und eingeschränkt. Das BVerfG hat ebenfalls einige Regeln eines international gültigen Völkerrechts festgestellt. Dazu gehören vor allem:
- die Respektierung fremden Staatsgebietes;
- das Verbot, Kriegsgefangene zu töten oder zu mißhandeln.

In Streitfragen über die Geltung allgemeiner Regeln des Völkerrechts entscheidet das BVerfG (Art. 100 Abs. 2). Im übrigen wird das Völkerrecht in einzelnen Verträgen festgelegt, die der Zustimmung der gesetzgebenden Körperschaften bedürfen (Art. 59 Abs. 2).

Artikel 26 Verbot eines Angriffskrieges

(1) Handlungen, die geeignet sind und in der Absicht vorgenommen werden, das friedliche Zusammenleben der Völker zu stören, insbesondere die Führung eines Angriffskrieges vorzubereiten, sind verfassungswidrig. Sie sind unter Strafe zu stellen.
(2) Zur Kriegsführung bestimmte Waffen dürfen nur mit Genehmigung der Bundesregierung hergestellt, befördert und in Verkehr gebracht werden. Das Nähere regelt ein Bundesgesetz.

Der Zweite Weltkrieg war nur vier Jahre vergangen, als das GG beschlossen wurde. Das erklärt, weshalb man in der Präambel und in Art. 26 die Verpflichtung für den Frieden so nachdrücklich betont hat.
Die Verfasser des Grundgesetzes bestimmten in Abs. 1 des Art. 26 sogar, daß die Vorbereitung eines *Angriffskrieges* „unter Strafe zu stellen" sei und forderten mit dem letzten Satz im Abs. 2 ein entsprechendes Gesetz.
Ein solches Gesetz ist der 1968 geschaffene § 80 des Strafgesetzbuches*:

§ 80 Vorbereitung eines Angriffskrieges
Wer einen Angriffskrieg (Art. 26 Abs. 1 des Grundgesetzes), an dem die Bundesrepublik Deutschland beteiligt sein soll, vorbereitet und dadurch die Gefahr eines Krieges für die Bundesrepublik Deutschland herbeiführt, wird mit lebenslanger Freiheitsstrafe oder mit Freiheitsstrafen nicht unter zehn Jahren bestraft.

§ 80a Aufstachelung zum Angriffskrieg
Wer im räumlichen Geltungsbereich dieses Gesetzes öffentlich, in einer Versammlung oder durch Verbreiten von Schriften, Tonträgern, Abbildungen oder Darstellungen zum Angriffskrieg (§ 80) aufstachelt, wird mit Freiheitsstrafe von drei Monaten bis zu fünf Jahren bestraft.

Unklar bleibt, was ein Angriffskrieg ist und wie eine Vorbereitung dazu aussieht. Noch weniger klar ist, welche Handlungen geeignet sind, „das friedliche Zusammenleben der Völker zu stören". Beginnen sie etwa schon mit dem Entfachen von Gefühlen, die gegen friedliches Zusammenleben gerichtet sind, z. B. in Zeitungen, Reden und Fernsehsendungen?
Immerhin hat man mit den Bestimmungen des zweiten Absatzes, wonach Herstellung und Transport von Kriegswaffen der Genehmigung durch die Bundesregierung bedürfen, eine gewisse Sicherheit eingebaut. Während die Bundesrepublik 1965/66 für 64,1 Mill. DM Waffen ausführte, gab der Verteidigungsminister 1971 bekannt, daß die Bundesrepublik heute darauf verzichte, Waffenwünsche der Entwicklungsländer zu befriedigen. Art. 27 bedeutet eine Absage an den Imperialismus*. Sie verpflichtet sich außerdem, keine Atomwaffen (A), keine Biologischen (B) und keine Chemischen Waffen (C) zu produzieren und zu verwenden; sie hat auch den Atomwaffensperrvertrag unterzeichnet.

Artikel 27 Die Handelsflotte

Alle deutschen Kauffahrteischiffe bilden eine einheitliche Handelsflotte.

Mit dieser Bestimmung hat das GG eine alte Überlieferung fortgesetzt. Man wollte schon im Parlament der Paulskirche zu Frankfurt a. M. als Zeichen der erstrebten deutschen Einheit alle deutschen Handelsschiffe in einer gemeinsamen *Handelsflotte* zusammenfassen und damit verhindern, daß es eine bayerische, württembergische usw. Handelsflotte gebe.
Heute besteht diese Gefahr kaum. Doch hat man die alte Verfassungsregelung beibehalten und auf die Seeschiffe beschränkt. In diesem Zusammenhang besteht auch die Vorschrift, daß alle Seeschiffe, deren Eigentümer

Deutsche sind, die deutsche Handelsflagge führen müssen. Mit der Bezeichnung „Kauffahrteischiffe“ knüpfte man an die früheren Bestimmungen an.

Artikel 28 Die Demokratische Grundordnung in Ländern und Gemeinden

(1) Die verfassungsmäßige Ordnung in den Ländern muß den Grundsätzen des republikanischen, demokratischen und sozialen Rechtsstaates im Sinne dieses Grundgesetzes entsprechen. In den Ländern, Kreisen und Gemeinden muß das Volk eine Vertretung haben, die aus allgemeinen, unmittelbaren, freien, gleichen und geheimen Wahlen hervorgegangen ist. In Gemeinden kann an die Stelle einer gewählten Körperschaft die Gemeindeversammlung treten.
(2) Den Gemeinden muß das Recht gewährleistet sein, alle Angelegenheiten der örtlichen Gemeinschaft im Rahmen der Gesetze in eigener Verantwortung zu regeln. Auch die Gemeindeverbände haben im Rahmen ihres gesetzlichen Aufgabenbereiches nach Maßgabe der Gesetze das Recht der Selbstverwaltung.
(3) Der Bund gewährleistet, daß die verfassungsmäßige Ordnung der Länder den Grundrechten und den Bestimmungen der Absätze 1 und 2 entspricht.

Die demokratische Grundordnung soll nicht nur im Bund gelten, sondern ebenso in den *Ländern, Gemeindeverbänden* und *Gemeinden.* Dabei fordert das GG aber nicht, daß die Bestimmungen der Bundesverfassung einfach übernommen werden. Es besteht vielmehr die Möglichkeit, für die bindend geforderten Wahlen ein anderes Wahlrecht festzulegen als im Bund. So kann in den einzelnen Bundesländern anstelle des Verhältniswahlrechtes* auch das Mehrheitswahlrecht* eingeführt werden. Ebenso würde es dem GG keineswegs widersprechen, wenn die Länder — wie das z. B. in Bayern geschehen ist — Volksabstimmungen bzw. Volksentscheide über die in Art. 29 GG geforderten Fälle hinaus vorsehen. Gleichfalls dürfen die Länder neben die Landtage auch zweite Kammern (Senate*) stellen. Bayern hat von dieser Möglichkeit Gebrauch gemacht, dem Bayerischen Senat allerdings nur beratende Stimme gegeben.
Die Forderung, den sozialen Rechtsstaat zu verwirklichen, gilt auch für Länder, Kreise und Gemeinden. Die Bereitstellung von Krankenhäusern, Altenheimen, Schulen, Jugendzentren, Theatern, Konzerträumen und Museen ist ihr besonderes Aufgabengebiet.
Den Gemeinden wird auch die direkte Demokratie* ermöglicht, denn an die Stelle der gewählten Körperschaft kann die Gemeindeversammlung treten. Dabei ist nicht die grundsätzliche Ersetzung gemeint, sondern die Möglichkeit, bei bestimmten Entscheidungen alle Gemeindebürger unmittelbar anzurufen.

Wichtig ist das den Gemeinden und Gemeindeverbänden zugestandene Recht der *Selbstverwaltung* „nach Maßgabe der Gesetze“: sie dürfen ihre eigenen Angelegenheiten selber regeln.

Insgesamt haben wir es im demokratischen Aufbau der Bundesrepublik mit abgestuften Zuständigkeiten zu tun. Bund, Länder, Gemeinden und Kreise sollen diejenigen Angelegenheiten selber lösen, die allein in ihre Bereiche fallen, die übrigen in Gemeinsamkeit mit den Partnern.
Der Abs. 3 bedeutet Schutz und notfalls auch Eingriffsrecht des Bundes. Im Streitfall entscheidet das BVerfG über die Berechtigung zu einem solchen Eingriff des Bundes in einem Land bzw. eines Landes in einer Gemeinde (vgl. Art. 93 Abs. 1 Nr. 4b).

Artikel 29 Neugliederung des Bundesgebietes

(1) Das Bundesgebiet kann neu gegliedert werden, um zu gewährleisten, daß die Länder nach Größe und Leistungsfähigkeit die ihnen obliegenden Aufgaben wirksam erfüllen können. Dabei sind die landsmannschaftliche Verbundenheit, die geschichtlichen und kulturellen Zusammenhänge, die wirtschaftliche Zweckmäßigkeit sowie die Erfordernisse der Raumordnung und der Landesplanung zu berücksichtigen.
(2) Maßnahmen zur Neugliederung des Bundesgebietes ergehen durch Bundesgesetz, das der Bestätigung durch Volksentscheid bedarf. Die betroffenen Länder sind zu hören.
(3) Der Volksentscheid findet in den Ländern statt, aus deren Gebieten oder Gebietsteilen ein neues oder neu umgrenztes Land gebildet werden soll (betroffene Länder). Abzustimmen ist über die Frage, ob die betroffenen Länder wie bisher bestehen bleiben sollen oder ob das neue oder neu umgrenzte Land gebildet werden soll. Der Volksentscheid für die Bildung eines neuen oder neu umgrenzten Landes kommt zustande, wenn in dessen künftigem Gebiet und insgesamt in den Gebieten oder Gebietsteilen eines betroffenen Landes, deren Landeszugehörigkeit im gleichen Sinne geändert werden soll, jeweils eine Mehrheit der Änderung zustimmt. Er kommt nicht zustande, wenn im Gebiet eines der betroffenen Länder eine Mehrheit die Änderung ablehnt; die Ablehnung ist jedoch unbeachtlich, wenn in einem Gebietsteil, dessen Zugehörigkeit zu dem betroffenen Land geändert werden soll, eine Mehrheit von zwei Dritteln der Änderung zustimmt, es sei denn, daß im Gesamtgebiet des betroffenen Landes eine Mehrheit von zwei Dritteln die Änderung ablehnt.
(4) Wird in einem zusammenhängenden, abgegrenzten Siedlungs- und Wirtschaftsraum, dessen Teile in mehreren Ländern liegen und der mindestens eine Million Einwohner hat, von einem Zehntel der in ihm zum Bundestag Wahlberechtigten durch Volksbegehren gefordert, daß für diesen Raum eine einheitliche Landeszugehörigkeit herbeigeführt werde, so ist durch Bundesgesetz innerhalb von zwei Jahren entweder zu bestimmen, ob die Landeszugehörigkeit gemäß Absatz 2 geändert wird, oder daß in den betroffenen Ländern eine Volksbefragung stattfindet.
(5) Die Volksbefragung ist darauf gerichtet festzustellen, ob eine in dem Gesetz vorzuschlagende Änderung der Landeszugehörigkeit Zu-

stimmung findet. Das Gesetz kann verschiedene, jedoch nicht mehr als zwei Vorschläge der Volksbefragung vorlegen. Stimmt eine Mehrheit einer vorgeschlagenen Änderung der Landeszugehörigkeit zu, so ist durch Bundesgesetz innerhalb von zwei Jahren zu bestimmen, ob die Landeszugehörigkeit gemäß Absatz 2 geändert wird. Findet ein der Volksbefragung vorgelegter Vorschlag eine den Maßgaben des Absatzes 3 Satz 3 und 4 entsprechende Zustimmung, so ist innerhalb von zwei Jahren nach der Durchführung der Volksbefragung ein Bundesgesetz zur Bildung des vorgeschlagenen Landes zu erlassen, das der Bestätigung durch Volksentscheid nicht mehr bedarf.

(6) Mehrheit im Volksentscheid und in der Volksbefragung ist die Mehrheit der abgegebenen Stimmen, wenn sie mindestens ein Viertel der zum Bundestag Wahlberechtigten umfaßt. Im übrigen wird das Nähere über Volksentscheid, Volksbegehren und Volksbefragung durch ein Bundesgesetz geregelt; dieses kann auch vorsehen, daß Volksbegehren innerhalb eines Zeitraumes von fünf Jahren nicht wiederholt werden können.

(7) Sonstige Änderungen des Gebietsbestandes der Länder können durch Staatsverträge der beteiligten Länder oder durch Bundesgesetz mit Zustimmung des Bundesrates erfolgen, wenn das Gebiet, dessen Landeszugehörigkeit geändert werden soll, nicht mehr als 10 000 Einwohner hat. Das Nähere regelt ein Bundesgesetz, das der Zustimmung des Bundesrates und der Mehrheit der Mitglieder des Bundestages bedarf. Es muß die Anhörung der betroffenen Gemeinden und Kreise vorsehen.

Die Grundgesetzforderung blieb uneingelöst. Daran hatte auch der Bericht einer 1969 eingerichteten Verfassungskommission nichts ändern können. Der Bundestag zog die Folgerungen und änderte den Artikel 29. Entscheidend ist, daß aus der Forderung: ... „ist neu zu gliedern", die bloße Ermächtigung wurde: „kann neu gegliedert werden" ... Man wollte wenigstens die Möglichkeit offen lassen, gab aber die Grundsatzforderung auf.
Es bleibt der Tatbestand, daß die Bundesrepublik Deutschland sich aus sehr ungleichgroßen und ungleichstarken Ländern zusammensetzt: neben Nordrhein-Westfalen und Baden-Württemberg das kleine Rheinland-Pfalz, das Saarland und so finanzschwache Länder wie Niedersachsen oder die Stadtstaaten. Im übrigen ist auch in der Neufassung vorgesehen, daß in einem „Volksbegehren" eine Neugliederung beantragt werden kann. Wird sie durch eine „Volksbefragung" bestätigt, so kann die Neugliederung durch ein Bundesgesetz beschlossen werden. Geblieben ist, daß ein solches Gesetz durch einen Volksentscheid bestätigt werden muß. Auch das ist demokratisch zu nennen: die Entscheidung bleibt beim Bürger.

Artikel 30 Zuständigkeit der Länder

Die Ausübung der staatlichen Befugnisse und die Erfüllung der staatlichen Aufgaben ist Sache der Länder, soweit dieses Grundgesetz keine andere Regelung trifft oder zuläßt.

Artikel 31 Vorrang des Bundesrechts

Bundesrecht bricht Landesrecht.

Artikel 30 und 31 müssen im Zusammenhang gesehen werden. In Art. 30 wird festgestellt, daß die *Länder* dort zuständig sind, wo der Bund nach dem GG keine Zuständigkeit (Kompetenz*) besitzt. Diese Regelung ist vor allem bei der Gesetzgebung und der Verwaltung wichtig. Hier wird im einzelnen festgelegt, in welcher Weise die Kompetenzen verteilt sind.
In Art. 31 wird die notwendige Ergänzung gegeben: wo Zuständigkeit des Bundes und der Länder zusammenstoßen, hat das *Bundesrecht* Vorrang. Das meint die hart klingende Formel „Bundesrecht bricht Landesrecht".
Das BVerfG hat ausdrücklich festgestellt, daß der Art. 31 nur für die Fälle von Bedeutung ist, in denen Bund und Länder nebeneinander Gesetzes- und Verfassungsbefugnisse besitzen. So werden Verfassungsartikel von Ländern, die mit dem GG in Widerspruch stehen, ungültig. Ein Beispiel: Nach der hessischen Verfassung sollte die *Aussperrung** verboten sein und lediglich das Streikrecht als Grundrecht gelten. Das BVerfG hat diesen hessischen Verfassungsartikel aufgehoben und damit dem *Streikrecht* der Arbeitnehmer das Recht der Arbeitgeber auf Aussperrung entgegengestellt.

Artikel 32 Auswärtige Beziehungen

(1) Die Pflege der Beziehungen zu auswärtigen Staaten ist Sache des Bundes.
(2) Vor dem Abschluß eines Vertrages, der die besonderen Verhältnisse eines Landes berührt, ist das Land rechtzeitig zu hören.
(3) Soweit die Länder für die Gesetzgebung zuständig sind, können sie mit Zustimmung der Bundesregierung mit auswärtigen Staaten Verträge abschließen.

Die Bundesrepublik Deutschland ist ein Bundesstaat*. Deshalb ist die Führung der Außenpolitik, die „Pflege der Beziehungen zu auswärtigen Staaten", Sache des *Bundes.* Es gibt nur ein Bundesaußenministerium und keine „Außenministerien" der Länder, ebenso nur Botschaften und Gesandtschaften des Bundes im Ausland und nicht auch, wie noch vor 1918, der einzelnen Teilstaaten (Länder). Ausländische Staaten können darum in den einzelnen Bundesländern nur *Generalkonsulate* und *Konsulate* errichten, nicht aber *Gesandtschaften* oder *Botschaften.*
Schließt der Bund einen Vertrag mit einer auswärtigen Macht, der auch die Belange eines Landes betrifft, so muß er das *Land* „rechtzeitig hören", d. h. um Stellungnahme bitten. Außerdem können die Länder dort, wo sie für die Gesetzgebung zuständig sind, mit „Zustimmung der Bundesregierung" Verträge mit auswärtigen Staaten schließen. Das betrifft vor allem den Bereich der Schul- und Kulturpolitik.
Eine schwierige Frage hatte das BVerfG bei den *Konkordaten** (Verträge der katholischen Kirche mit den Staaten) mit dem *Heiligen Stuhl** zu entscheiden. Würde es sich beim Heiligen Stuhl um einen Staat handeln, kämen die

Bestimmungen von Art. 32 Abs. 1 zur Geltung. Im anderen Fall hätten die Länder allein Konkordate abschließen können. Das BVerfG hat entschieden, daß der Heilige Stuhl in diesem Sinne kein Staat ist, gleichzeitig aber auch gesagt, daß das 1933 mit *Hitler* abgeschlossene Reichskonkordat, das Hitler damals „salonfähig" machen half, weitergelte. Allerdings hat in diesem Fall das BVerfG angefügt, daß seine Durchführung in den Ländern nicht erzwungen werden könne, weil nach Art. 7 die Regelung der Kultur- und Schulpolitik Ländersache sei.

Artikel 33 Staatsbürgerliche Rechte und Pflichten. Berufsbeamtentum

(1) Jeder Deutsche hat in jedem Lande die gleichen staatsbürgerlichen Rechte und Pflichten.
(2) Jeder Deutsche hat nach seiner Eignung, Befähigung und fachlichen Leistung gleichen Zugang zu jedem öffentlichen Amte.
(3) Der Genuß bürgerlicher und staatsbürgerlicher Rechte, die Zulassung zu öffentlichen Ämtern sowie die im öffentlichen Dienste erworbenen Rechte sind unabhängig von dem religiösen Bekenntnis. Niemandem darf aus seiner Zugehörigkeit oder Nichtzugehörigkeit zu einem Bekenntnisse oder einer Weltanschauung ein Nachteil erwachsen.
(4) Die Ausübung hoheitsrechtlicher Befugnisse ist als ständige Aufgabe in der Regel Angehörigen des öffentlichen Dienstes zu übertragen, die in einem öffentlich-rechtlichen Dienst- und Treueverhältnis stehen.
(5) Das Recht des öffentlichen Dienstes ist unter Berücksichtigung der hergebrachten Grundsätze des Berufsbeamtentums zu regeln.

Art. 33 gliedert sich in drei Teile: Absatz 1; Absatz 2 und 3; Absatz 4 und 5. Die *Gleichheit* aller Deutschen (vgl. Art. 3) betrifft auch die staatsbürgerlichen Rechte und Pflichten. Aus ihr folgt, daß kein Deutscher innerhalb eines Bundeslandes Vorteile oder Nachteile gegenüber einem anderen Deutschen erfahren darf. So hat z. B. jeder in einem Bundesland Wohnende das Wahlrecht für Landtag oder Gemeinde, auch wenn er nicht in dem betreffenden Land geboren ist. Es wird von „staatsbürgerlichen Rechten und Pflichten" gesprochen, nicht von Leistungen oder Vergünstigungen.

Der zweite Absatz ergibt sich aus dem Gleichheitsgebot von Art. 3. Hier ist es auf den öffentlichen Dienst bezogen. Jedermann soll bei gleicher Eignung gleiche Chancen* haben. Natürlich hat er damit nicht etwa automatisch einen Anspruch, *Beamter* zu werden. Was aber heißt gleiche Eignung und Befähigung und gleiche fachliche Leistung? Wer bestimmt das?
Das GG kann nur die Forderung aufstellen und damit den Staat verpflichten, alles ihm Mögliche zu ihrer Erfüllung zu tun. Wie weit dies dann in die Verfassungswirklichkeit* umgesetzt wird, hängt von der Qualität der Gesetze, der Zuverlässigkeit der Durchführung und der Kontrolle ab. Ämterpatronage*, „Vetternwirtschaft", Vergabe von Ämtern nach Parteizugehörigkeit, Beförderung nach Gunst und nicht nach Leistung: all das widerspricht dem Verfassungsgebot. Hier hat nicht nur die öffentliche Meinung* eine Aufgabe, hier ist jeder Bürger auf die Probe gestellt.
Zu den „hergebrachten Grundsätzen des Berufsbeamtentums" gehören u. a.:

• Anstellung und Verpflichtung auf Lebenszeit • Treueverpflichtung gegenüber dem Staat („Dienstherrn“); Verschwiegenheitspflicht • Verzicht auf einen nicht bewilligten Nebenberuf • Gehorsamspflicht innerhalb der Gesetze und Bestimmungen, jedoch nicht auf Kosten der Grundrechte • Streikverbot • Berechtigung, „Hoheitsaufgaben“ zu übernehmen • Anspruch auf „Fürsorge“ des Staates.
Manche Bezeichnungen („Dienstherr“: der Staat; „Fürsorgepflicht“: der Beamte bekommt keinen Lohn, vielmehr muß der Staat für einen angemessenen Lebensstandard sorgen, weshalb der Beamte auch „Beihilfe“ in Krankheitsfällen usw. erhält) beweisen jene Tradition. Das Bundesverfassungsgericht hat 1977 in einer viel beachteten und auch kritisierten Entscheidung diese Grundsätze der Verfassung noch einmal betont.

Artikel 34 Verletzungen der Amtspflicht, Haftung des Staates und des Beamten

Verletzt jemand in Ausübung eines ihm anvertrauten öffentlichen Amtes die ihm einem Dritten gegenüber obliegende Amtspflicht, so trifft die Verantwortlichkeit grundsätzlich den Staat oder die Körperschaft, in deren Dienst er steht. Bei Vorsatz oder grober Fahrlässigkeit bleibt der Rückgriff vorbehalten. Für den Anspruch auf Schadenersatz und für den Rückgriff darf der ordentliche Rechtsweg nicht ausgeschlossen werden.

Art. 34 ist die notwendige Folgerung aus dem vorhergehenden. Wenn der Beamte dem Staat besonders verpflichtet ist, wenn der Staat als Dienstherr Gehorsam fordern kann, dann muß er andererseits für seine Beamten einstehen und für sie haften. Er ist vor allem deswegen zu dieser Haftung verpflichtet, damit der Bürger nicht durch staatliche Fehlentscheidungen geschädigt wird. Die Haftung des Staates aber gilt nur, wenn der *Beamte* seine „*Amtspflicht* verletzt“ hat. Selbstverständlich darf ein vom Staat Geschädigter vor Gericht gehen und auf Schadenersatz klagen. Greift in einem solchen Fall der Staat auf den Beamten zurück („Rückgriff“), so muß dem betroffenen Beamten gleichfalls der Rechtsweg offenstehen. Dieser „Rückgriff“ des Staates ist aber nur möglich, wenn der Beamte mit Vorsatz oder grober Fahrlässigkeit seine Amtspflicht verletzt hat.
Im Schulleben gibt es manche kritischen Vorfälle, in denen die Lehrer als Beamte zur Rechenschaft gezogen werden, aber auch den Schutz des Staates beanspruchen können. Der Schulausflug z. B. ist eine „dienstliche Veranstaltung“. Kommt es dabei zu einem Unfall, so muß zuerst der Staat haften, auch wenn man annehmen kann, daß der betroffene Lehrer seine „Amtspflicht“ nicht voll erfüllt und vielleicht nicht gut genug aufgepaßt hat. Gehen die Eltern vor Gericht, so muß der „Dienstherr“ für seinen Beamten den Prozeß führen und Schadenersatz leisten. Das gilt natürlich nur für zivilrechtliche Verfahren, bei denen es um Geld geht. Besteht der Verdacht, daß der Lehrer gegen ein Strafgesetz verstoßen hat, so wird eine Entscheidung durch das Strafverfahren herbeigeführt.

Artikel 35 Rechts- und Amtshilfe, Katastrophenhilfe

(1) Alle Behörden des Bundes und der Länder leisten sich gegenseitig Rechts- und Amtshilfe.

(2) Zur Aufrechterhaltung oder Wiederherstellung der öffentlichen Sicherheit oder Ordnung kann ein Land in Fällen von besonderer Bedeutung Kräfte und Einrichtungen des Bundesgrenzschutzes zur Unterstützung seiner Polizei anfordern, wenn die Polizei ohne diese Unterstützung eine Aufgabe nicht oder nur unter erheblichen Schwierigkeiten erfüllen könnte. Zur Hilfe bei einer Naturkatastrophe oder bei einem besonders schweren Unglücksfall kann ein Land Polizeikräfte anderer Länder, Kräfte und Einrichtungen anderer Verwaltungen sowie des Bundesgrenzschutzes und der Streitkräfte anfordern.

(3) Gefährdet die Naturkatastrophe oder der Unglücksfall das Gebiet mehr als eines Landes, so kann die Bundesregierung, soweit es zur wirksamen Bekämpfung erforderlich ist, den Landesregierungen die Weisung erteilen, Polizeikräfte anderen Ländern zur Verfügung zu stellen, sowie Einheiten des Bundesgrenzschutzes und der Streitkräfte zur Unterstützung der Polizeikräfte einsetzen. Maßnahmen der Bundesregierung nach Satz 1 sind jederzeit auf Verlangen des Bundesrates, im übrigen unverzüglich nach Beseitigung der Gefahr aufzuheben.

Art. 35 enthielt ursprünglich nur den ersten Absatz. Man war überzeugt, daß er genüge. Im Zusammenhang mit der Notstandsgesetzgebung* und der Hamburger Flutkatastrophe von 1962 hat man dann die in Abs. 2 und 3 zusammengefaßte Ergänzung beschlossen. Jetzt sind Länder und Bund zu gegenseitiger Hilfeleistung verpflichtet, wobei auch *Bundesgrenzschutz* und *Bundeswehr* angefordert werden können. Darüberhinaus ist die Bundesregierung im Katastrophenfall berechtigt, den Landesregierungen Weisungen zu erteilen und Bundesgrenzschutz und „Streitkräfte“ einzusetzen.

Wegen der weitgehenden Vollmachten hat man in Abs. 3 Sicherungen eingebaut: die Maßnahmen sind jederzeit auf „Verlangen des Bundesrates“ aufzuheben, im übrigen aber „unverzüglich nach Beseitigung der Gefahr“. Nicht immer wird leicht festzustellen sein, wann dieser Notstand beseitigt ist. Seit 1969 ist es mehrfach zu schweren Unglücksfällen und zu Anschlägen verbrecherischer Gruppen gekommen, ohne daß zu jenen Ausnahmeregelungen gegriffen werden mußte. Eine Verfassung aber muß vorsorgen; dies ist der Sinn auch des Art. 35.

Artikel 36 Personal der Bundesbehörden

(1) Bei den obersten Bundesbehörden sind Beamte aus allen Ländern in angemessenem Verhältnis zu verwenden. Die bei den übrigen Bundesbehörden beschäftigten Personen sollen in der Regel aus dem Lande genommen werden, in dem sie tätig sind.

(2) Die Wehrgesetze haben auch die Gliederung des Bundes in Länder und ihre besonderen landsmannschaftlichen Verhältnisse zu berücksichtigen.

Da unser Staat ein Bundesstaat ist, bedingt das Prinzip des *Föderalismus**, daß man auch auf die landsmannschaftliche Zugehörigkeit des Bundesbeamten Rücksicht nimmt. Die Belange der *Länder* werden auch dadurch berücksichtigt, daß man Beamte „aus allen Ländern in angemessenem Verhältnis" verwendet.
Diese Grundgesetzforderung gilt nur für die Obersten Bundesbehörden, zu denen (vgl. Art. 95) auch die „Obersten Gerichtshöfe" zählen. Selbstverständlich dürfen damit nicht andere Grundgesetzforderungen zu kurz kommen, wie z. B. der Grundsatz der Gleichberechtigung und die Forderungen des Beamtenrechtes (vgl. Art. 33).
Der letzte Absatz betrifft die Bundeswehr und ist in der Praxis besonders wichtig. Es sollte versucht werden, *Soldaten* und Offiziere unter Berücksichtigung ihrer „landsmannschaftlichen Verhältnisse" einzusetzen und sie nicht rücksichtslos zu versetzen, nur weil es bürokratisch einfacher scheint.
Es gehört auch zum Recht auf „Entfaltung der Persönlichkeit", daß nicht ohne Notwendigkeit und nicht gegen den Willen des Betroffenen die Ableistung der Wehrpflicht in einer fremden Umgebung zugemutet wird.
Aufgabe des einzelnen wie der Öffentlichkeit ist es, auf die Einhaltung dieser Grundsätze zu achten und auf Verstöße aufmerksam zu machen.

Artikel 37 Bundeszwang

(1) Wenn ein Land die ihm nach dem Grundgesetz oder einem anderen Bundesgesetze obliegenden Bundespflichten nicht erfüllt, kann die Bundesregierung mit Zustimmung des Bundesrates die notwendigen Maßnahmen treffen, um das Land im Wege des Bundeszwanges zur Erfüllung seiner Pflichten anzuhalten.
(2) Zur Durchführung des Bundeszwanges hat die Bundesregierung oder ihr Beauftragter das Weisungsrecht gegenüber allen Ländern und ihren Behörden.

Die Bundesrepublik kann nur funktionsfähig sein, wenn Bund und Länder zusammenwirken und die Bundesregierung den staatlichen Zusammenhang zu sichern vermag. Bereits aus Art. 31 geht der Vorrang des Bundes hervor.
In Abs. 1 wird von Nichterfüllung von Bundespflichten gesprochen; die unzulängliche Erfüllung ist dem gleichzustellen. Die Bundesregierung kann die „notwendigen Maßnahmen treffen", aber „mit Zustimmung des Bundesrates" So ist verhindert, daß der *Bundeszwang* gegen die Mehrheit der im Bundesrat vertretenen Bundesländer verhängt wird.
Welches die notwendigen Maßnahmen sind, wird in Art. 37 nicht ausgeführt. Hier werden andere gesetzliche Grundlagen oder auch Regelungen des GG (Notstandsfall) herangezogen werden müssen. Dabei geht es auch um die Frage, wie weit das Weisungsrecht der Bundesregierung reicht.
Bisher brauchte man den Bundeszwang noch nicht anzuwenden. Man muß aber bedenken, daß eine Verfassung auch Situationen zu berücksichtigen hat, die oft gerade dadurch, daß man über Maßnahmen verfügt, abgewehrt werden können (vgl. dazu auch Art. 18 und 21).

III. Der Bundestag

Artikel 38 Wahl und Stellung der Abgeordneten

(1) Die Abgeordneten des Deutschen Bundestages werden in allgemeiner, unmittelbarer, freier, gleicher und geheimer Wahl gewählt. Sie sind Vertreter des ganzen Volkes, an Aufträge und Weisungen nicht gebunden und nur ihrem Gewissen unterworfen.
(2) Wahlberechtigt ist, wer das achtzehnte Lebensjahr vollendet hat; wählbar ist, wer das Alter erreicht hat, mit dem die Volljährigkeit eintritt.
(3) Das Nähere bestimmt ein Bundesgesetz.

Artikel 39 Zusammentritt und Wahlperiode des Bundestags

(1) Der Bundestag wird auf vier Jahre gewählt. Seine Wahlperiode endet mit dem Zusammentritt eines neuen Bundestages. Die Neuwahl findet frühestens fünfundvierzig, spätestens siebenundvierzig Monate nach Beginn der Wahlperiode statt. Im Falle einer Auflösung des Bundestages findet die Neuwahl innerhalb von sechzig Tagen statt.
(2) Der Bundestag tritt spätestens am dreißigsten Tage nach der Wahl zusammen.
(3) Der Bundestag bestimmt den Schluß und den Wiederbeginn seiner Sitzungen. Der Präsident des Bundestages kann ihn früher einberufen. Er ist hierzu verpflichtet, wenn ein Drittel der Mitglieder, der Bundespräsident oder der Bundeskanzler es verlangen.

Artikel 40 Wahl und Befugnisse des Bundestagspräsidenten

(1) Der Bundestag wählt seinen Präsidenten, dessen Stellvertreter und die Schriftführer. Er gibt sich eine Geschäftsordnung.
(2) Der Präsident übt das Hausrecht und die Polizeigewalt im Gebäude des Bundestages aus. Ohne seine Genehmigung darf in den Räumen des Bundestages keine Durchsuchung oder Beschlagnahme stattfinden.

Artikel 41 Wahlprüfung

(1) Die Wahlprüfung ist Sache des Bundestages. Er entscheidet auch, ob ein Abgeordneter des Bundestages die Mitgliedschaft verloren hat.
(2) Gegen die Entscheidung des Bundestages ist die Beschwerde an das Bundesverfassungsgericht zulässig.
(3) Das Nähere regelt ein Bundesgesetz.

Artikel 42 Verhandlungen und Beschlüsse

(1) Der Bundestag verhandelt öffentlich. Auf Antrag eines Zehntels seiner Mitglieder oder auf Antrag der Bundesregierung kann mit Zweidrittelmehrheit die Öffentlichkeit ausgeschlossen werden. Über den Antrag wird in nichtöffentlicher Sitzung entschieden.
(2) Zu einem Beschlusse des Bundestages ist die Mehrheit der abgegebenen Stimmen erforderlich, soweit dieses Grundgesetz nichts anderes bestimmt. Für die vom Bundestage vorzunehmenden Wahlen kann die Geschäftsordnung Ausnahmen zulassen.
(3) Wahrheitsgetreue Berichte über die öffentlichen Sitzungen des Bundestages und seiner Ausschüsse bleiben von jeder Verantwortlichkeit frei.

Artikel 43 Anwesenheit der Bundesregierung

(1) Der Bundestag und seine Ausschüsse können die Anwesenheit jedes Mitgliedes der Bundesregierung verlangen.
(2) Die Mitglieder des Bundesrates und der Bundesregierung sowie ihre Beauftragten haben zu allen Sitzungen des Bundestages und seiner Ausschüsse Zutritt. Sie müssen jederzeit gehört werden.

Artikel 44 Untersuchungsausschüsse

(1) Der Bundestag hat das Recht und auf Antrag eines Viertels seiner Mitglieder die Pflicht, einen Untersuchungsausschuß einzusetzen, der in öffentlicher Verhandlung die erforderlichen Beweise erhebt. Die Öffentlichkeit kann ausgeschlossen werden.
(2) Auf Beweiserhebungen finden die Vorschriften über den Strafprozeß sinngemäß Anwendung. Das Brief-, Post- und Fernmeldegeheimnis bleibt unberührt.
(3) Gerichte und Verwaltungsbehörden sind zur Rechts- und Amtshilfe verpflichtet.
(4) Die Beschlüsse der Untersuchungsausschüsse sind der richterlichen Erörterung entzogen. In der Würdigung und Beurteilung des der Untersuchung zugrunde liegenden Sachverhalts sind die Gerichte frei.

Artikel 45 *aufgehoben*

Artikel 45a Ausschüsse für Auswärtiges und Verteidigung

(1) Der Bundestag bestellt einen Ausschuß für auswärtige Angelegenheiten und einen Ausschuß für Verteidigung.
(2) Der Ausschuß für Verteidigung hat auch die Rechte eines Untersuchungsausschusses. Auf Antrag eines Viertels seiner Mitglieder hat er

die Pflicht, eine Angelegenheit zum Gegenstand seiner Untersuchung zu machen.
(3) Artikel 44 Abs. 1 findet auf dem Gebiet der Verteidigung keine Anwendung.

Artikel 45 b Wehrbeauftragter

Zum Schutz der Grundrechte und als Hilfsorgan des Bundestages bei der Ausübung der parlamentarischen Kontrolle wird ein Wehrbeauftragter des Bundestages berufen. Das Nähere regelt ein Bundesgesetz.

Artikel 45 c Petitionsausschuß

(1) Der Bundestag bestellt einen Petitionsausschuß, dem die Behandlung der nach Artikel 17 an den Bundestag gerichteten Bitten und Beschwerden obliegt.
(2) Die Befugnisse des Ausschusses zur Überprüfung von Beschwerden regelt ein Bundesgesetz.

Artikel 46 Indemnität und Immunität der Abgeordneten

(1) Ein Abgeordneter darf zu keiner Zeit wegen seiner Abstimmung oder wegen einer Äußerung, die er im Bundestage oder in einem seiner Ausschüsse getan hat, gerichtlich oder dienstlich verfolgt oder sonst außerhalb des Bundestages zur Verantwortung gezogen werden. Dies gilt nicht für verleumderische Beleidigungen.
(2) Wegen einer mit Strafe bedrohten Handlung darf ein Abgeordneter nur mit Genehmigung des Bundestages zur Verantwortung gezogen oder verhaftet werden, es sei denn, daß er bei Begehung der Tat oder im Laufe des folgenden Tages festgenommen wird.
(3) Die Genehmigung des Bundestages ist ferner bei jeder anderen Beschränkung der persönlichen Freiheit eines Abgeordneten oder zur Einleitung eines Verfahrens gegen einen Abgeordneten gemäß Artikel 18 erforderlich.
(4) Jedes Strafverfahren und jedes Verfahren gemäß Artikel 18 gegen einen Abgeordneten, jede Haft und jede sonstige Beschränkung seiner persönlichen Freiheit sind auf Verlangen des Bundestages auszusetzen.

Artikel 47 Zeugnisverweigerungsrecht der Abgeordneten

Die Abgeordneten sind berechtigt, über Personen, die ihnen in ihrer Eigenschaft als Abgeordnete oder denen sie in dieser Eigenschaft Tatsachen anvertraut haben, sowie über diese Tatsachen selbst das Zeugnis zu verweigern. Soweit dieses Zeugnisverweigerungsrecht reicht, ist die Beschlagnahme von Schriftstücken unzulässig.

Artikel 48 Ansprüche der Abgeordneten

(1) Wer sich um einen Sitz im Bundestage bewirbt, hat Anspruch auf den zur Vorbereitung seiner Wahl erforderlichen Urlaub.
(2) Niemand darf gehindert werden, das Amt eines Abgeordneten zu übernehmen und auszuüben. Eine Kündigung oder Entlassung aus diesem Grunde ist unzulässig.
(3) Die Abgeordneten haben Anspruch auf eine angemessene, ihre Unabhängigkeit sichernde Entschädigung. Sie haben das Recht der freien Benutzung aller staatlichen Verkehrsmittel. Das Nähere regelt ein Bundesgesetz.

Artikel 49 *aufgehoben*

In Art. 38 bis 45b sind die wichtigsten Bestimmungen über den Bundestag zusammengefaßt. Nachdem in Art. 38 die Stellung der Abgeordneten geklärt ist, werden in Art. 39 und 41 Regeln über die Wahl, in Art. 40 über Bundestagspräsident und Geschäftsordnung, in Art. 42 und 43 die Vorschriften über die Verhandlungen und in Art. 44 bis 45b Grundsätze über die Ausschüsse sowie den Wehrbeauftragten formuliert. Die Art. 46 bis 49 enthalten die Bestimmungen über wichtige Rechte der Abgeordneten. Da Art. 38 von besonderer Bedeutung ist, wird er ausführlicher dargelegt.

Wahl und Wahlperiode

Die Zeit, in der ein *Bundestag* wirken kann, wurde auf vier Jahre festgelegt. Man entschied sich für einen Mittelweg, ähnlich wie schon die Weimarer Verfassung*. Da man ein Jahr für den Wahlkampf und mindestens ein halbes Jahr für die Einarbeitung der Abgeordneten rechnen muß, steht dem Bundestag etwas mehr als die Hälfte der Zeit zur eigentlichen Arbeit zur Verfügung. Das ist so wenig, daß man mehrfach vorgeschlagen hat, die Wahlperiode auf fünf Jahre zu verlängern. Dies aber müßte bedeuten, daß der Wähler noch länger zu warten hätte, bis er Bilanz ziehen und mit Hilfe des Stimmzettels über Parlament und Regierung urteilen könnte. Man hat also, wie oft in solchen politischen Entscheidungen, zwischen zwei Übeln das kleinere gewählt und wird daher bei der *Vierjahresfrist* bleiben.
Das GG sagt in Art. 39 über Neuwahlen nur in bezug auf die Fristen etwas aus; in Art. 38 hatte man bereits ausgeführt, daß die Wahl nach den Grundsätzen der Demokratie zu erfolgen hat, wie sie in Art. 20 Abs. 1 als unabänderlich (vgl. Art. 79 Abs. 3) bezeichnet sind.

Der Bundestagspräsident

Der *Bundestagspräsident* wird aus der Mitte des Bundestages gewählt, im allgemeinen von der stärksten Fraktion*. Seit 1972 ist zum ersten Mal eine Frau mit dem Amt des Bundestagspräsidenten betraut. Die Stellvertreter des Bundestagspräsidenten, die Vizepräsidenten, werden von allen Fraktionen gestellt. Innerhalb des Bundestags ist der Bundestagspräsident der „Hausherr“, ohne dessen Genehmigung die Polizei im Sperrgebiet des Bundestags nicht tätig werden darf. Der Bundestagspräsident hat eine wichtige Stellung in der Öffentlichkeit und gilt — nach dem Bundespräsidenten — als zweiter Mann im Staat.

Öffentliche Verhandlungen

Der Grundgesetzgeber hat für *Bundestag* und *Bundesrat* die Öffentlichkeit der Verhandlungen angeordnet. Die Öffentlichkeit kann aber mit Zweidrittelmehrheit ausgeschlossen werden.
Beschlüsse bedürfen der Mehrheit; welche Mehrheit im Einzelfall notwendig ist, bestimmt das GG (vgl. Art. 70ff.).
Eine auf den ersten Blick merkwürdige Bestimmung erscheint im dritten Absatz von Art. 42: „Wahrheitsgetreue Berichte über die öffentlichen Sitzungen ... bleiben von jeder Verantwortlichkeit frei“.
Diese Vorschrift stammt aus dem englischen Parlamentsrecht. Man wollte die Öffentlichkeit der Bundestagssitzungen besonders schützen und betonen, daß man die „erweiterte Öffentlichkeit“ in der freien Berichterstattung durch Presse und vor allem durch Fernsehen und Rundfunk herstellte. Damit hängt diese Bestimmung auch eng mit Art. 5 zusammen. Der Berichterstatter genießt den ausdrücklichen Schutz des GG.

Ausschüsse des Bundestages und des Bundesrates

Das *Plenum** des Bundestages besteht nach der Wahl vom 19. 11. 1973 (so auch 1965 und 1969) aus 496 Abgeordneten; hinzu kommen 22 Berliner Abgeordnete. Im Bundesrat sind die *Länder* nach ihrer Einwohnerzahl vertreten. Das Bundesratsplenum besteht aus Regierungsmitgliedern der Länder mit insgesamt 41 Stimmen.
Die vier *Berliner* Mitglieder sind nur in den Ausschüssen stimmberechtigt, nicht aber im Plenum.
Während viele Angelegenheiten im Bundesratsplenum erledigt werden können, weil hier nur die elf Länder vertreten sind, ist dies im Bundestag nicht möglich. Das verbietet nicht nur die Anzahl an Abgeordneten, sondern vor allem die Vielfalt der Sachbereiche, über die zu beraten und zu entscheiden ist. Dazu stehen den Abgeordneten auch längst nicht alle jene Hilfsmittel zur Verfügung, die ein Bundesratsmitglied besitzt, das von einer Landesregierung beauftragt und in den meisten Fällen der Regierungschef oder ein Landesminister ist.
Daher bestimmt das GG, daß für das Auswärtige und für die Verteidigung besondere *Ausschüsse** zu bestellen sind (Art. 45a). Im übrigen ist dem Parlament überlassen, weitere Ausschüsse einzusetzen. Die Zahl liegt nicht für jede Wahlperiode fest. Man kann festhalten, daß es für jeden wichtigen Zweck Ausschüsse gibt, die im allgemeinen nichtöffentlich tagen, aber jederzeit Fachleute fragen und hören können.
In Art. 44 wird vorgesehen, daß der Bundestag Untersuchungsausschüsse einsetzen kann. Wenn ein Viertel der Mitglieder des Parlaments es verlangt, so muß ein solcher Untersuchungsausschuß gebildet werden. Meist ist das der Fall, wenn schwerwiegende Vorwürfe gegen einzelne Abgeordnete oder

Minister erhoben werden. Ein solcher Ausschuß hat wichtige Befugnisse: er darf Personen vorladen und kann von Gerichten und Behörden „Amtshilfe" verlangen. Er kann außerdem Zeugen vereidigen. Dennoch war bisher die Wirksamkeit solcher Untersuchungsausschüsse gering: denn in der Regel besteht in der zu verhandelnden Sache Streit zwischen den Parteien. Da Anträge zur Beweiserhebung die Mehrheit im Untersuchungsausschuß erreichen müssen, kann eine Minderheit keine wirksamen Anträge durchsetzen. Der *Ständige Ausschuß** (Art. 45) tritt zwischen zwei Wahlperioden in Tätigkeit. Damit soll erreicht werden, daß auch in dieser Zwischenzeit die „Rechte des Bundestages gegenüber der Bundesregierung" gewahrt bleiben. Er kann gleichzeitig auch als Untersuchungsausschuß tätig sein. Seine Befugnisse werden in Abs. 3 ausdrücklich eingeschränkt. Er soll nicht zu einer Art Bundestagsersatz werden.
Eine besondere Einrichtung, die in der deutschen Verfassungsgeschichte neu ist, und in mancher Hinsicht im schwedischen „Ombudsman"* (Beauftragter, auch „Obmann") ihr Vorbild hat, stellt der *Wehrbeauftragte* des Bundestages (Art. 45b) dar. Das im letzten Satz geforderte Bundesgesetz wurde am 26. Juni 1957 erlassen. Der Wehrbeauftragte ist ein Hilfsorgan des Bundestages und hat die Aufgabe, gegenüber der Regierung, dem Bundesverteidigungsministerium und den Wehrbehörden ein Kontrollrecht auszuüben. Dabei geht es darum, den Schutz der Soldaten vor Übergriffen und die Wahrung der Grundrechte zu gewährleisten. Jeder *Soldat* hat das Recht, sich unmittelbar an den Wehrbeauftragten zu wenden. Dieser kann Truppenbesuche machen, darf aber keine förmlichen Inspektionen vornehmen.

Parlamentsreform

Der Bundestagsabgeordnete ist zwar meist Parteimitglied, jedoch Abgeordneter des „ganzen Volkes". Er hat in der Partei und im Parlament Verpflichtungen. Sein Arbeitsrahmen ist so groß, daß er in Gefahr gerät, die Wahrnehmung seines politischen Mandates zu vernachlässigen. Man erwägt, ihn von den Routineangelegenheiten zu entlasten und denkt an eine Bundestagsreform. Die Initiative für die *Gesetzgebung* möchte man wieder mehr dem Parlament geben und somit den starken Einfluß der Experten in Regierung und Verwaltung ausgleichen. Man will das Parlament dadurch entlasten, daß die Gesetze in geringerem Maß Einzelregelungen enthalten.
Der Beruf des *Parlamentariers* wird jetzt besser als bisher bezahlt (so wird der Reiz, Beraterverträge* abzuschließen, erheblich vermindert); begabte, jüngere Politiker sollen früher als bisher in den Bundestag kommen. Parteiübertritt und Parteiaustritt sollen mit dem Verlust des *Mandats** verknüpft sein, damit Mehrheitsverschiebung im Parlament, die nicht vom Wähler gewollt sind, unmöglich werden. Eine Wahlrechtsänderung, z. B. die Einführung der *Mehrheitswahl**, könnte bewirken, daß der Abgeordnete stärker im Wahlkreis verankert und damit von der Parteileitung unabhängiger ist.
Die Tätigkeit des Bundestages soll für die Öffentlichkeit „durchsichtiger" und glaubwürdiger werden, indem man die großen politischen Auseinandersetzungen wieder stärker in das Bundestagsplenum verlegen will. Einige Änderungen sind bereits erfolgt. So wurde mit der Wahl jüngerer

Abgeordneter der Bundestag auch für junge Bürger interessanter und die politische Laufbahn anziehender. Durch die Einführung von „aktuellen Fragestunden" bekam das Parlament die Möglichkeit, schneller auf Maßnahmen der Regierung zu antworten, Rechenschaft zu erhalten und sich zu äußern.

Immunität und Indemnität

Beide Begriffe entstammen der Parlamentstradition des 18. und 19. Jahrhunderts. Nach Art. 46 wird gesichert, daß kein Abgeordneter gerichtlich oder dienstlich (disziplinär) wegen einer Abstimmungsentscheidung oder einer Äußerung im Parlament belangt werden darf (*Indemnität*), es sei denn, es handle sich um eine „verleumderische Beleidigung".
Die *Immunität* schützt den *Abgeordneten* (ähnlich wie den Diplomaten) vor Strafverfolgungen während seiner Tätigkeit in der Bundestagssitzungsperiode. Man hat dies aber nicht etwa in das Verfassungsrecht aufgenommen, weil man den Volksvertreter — wie früher absolute Herrscher — außerhalb der Rechtsordnung stellen wollte, sondern um das Parlament aktionsfähig zu halten. Deshalb wird vom Bundestag die Immunität grundsätzlich dort aufgehoben, wo es sich um Verbrechen handelt und ebenso dort, wo die Strafverfolgung die Arbeit des Parlaments nicht gefährden könnte, z. B. bei Verkehrsdelikten. Im Gegensatz zur Indemnität gilt der Schutz auch nur im strafrechtlichen Bereich. Zivilrechtlich kann jederzeit gegen einen Abgeordneten vorgegangen werden.
Die Statistik beweist, daß der Bundestag die Immunität sachgerecht angewendet und nicht etwa zugunsten der Abgeordneten ausgedehnt hat. Es wurde die Immunität aufgehoben: von 1949 bis 1969 in 371 Fällen (von den Justizbehörden beantragt: in 494 Fällen); von 1969 bis 1972 in 26 Fällen, zumeist wegen Verkehrsdelikten oder „verleumderischen Beleidigungen".

Wahl und Stellung des Abgeordneten

Der erste Absatz von Art. 38 regelt die Wahl des Bundestagsabgeordneten und stellt seine Unabhängigkeit als „Vertreter des ganzen Volkes" fest.
In Abs. 2 wird als Altersgrenze für das aktive *Wahlrecht* das Alter von achtzehn Jahren festgelegt, während das passive Wahlrecht — d. h. die Wählbarkeit zum Bundestag — mit der Volljährigkeit zusammenfällt. Diese Grenze liegt jetzt auch bei 18 Jahren. Der Unterschied bei dem Wahlrecht: aktives Wahlrecht haben heißt, einen Abgeordneten, einen Bürgermeister, eine Partei wählen zu dürfen; das passive Wahlrecht gibt das Recht, sich wählen zu lassen, „kandidieren" zu dürfen.
Die für den *Bundestag* geltenden Gesetze zum Wahlrecht stimmen mit den für die *Landtage* geltenden nicht völlig überein. Dies ist aber auch nach dem GG nicht notwendig. Es wäre durchaus möglich, daß nach der Neuregelung im Bund in einzelnen Bundesländern auch künftig andere Bestimmungen über die Einzelheiten des Wahlrechtes in Kraft bleiben.
Nach Art. 20 und 38 ist die allgemeine, unmittelbare, freie, gleiche und geheime Wahl eine Bedingung des demokratisch-parlamentarischen Staates. Dabei bedeutet „allgemein", daß jeder Wahlberechtigte wählen darf;

„unmittelbar", daß man die Abgeordneten direkt und nicht auf dem Umweg über Mittelsmänner wählt; „frei", daß keinerlei Lockung oder Druck bei der Wahlentscheidung erlaubt ist; „gleich", daß jedermann dieselbe Stimme hat und nicht eine Minderheit ein größeres Stimmgewicht besitzt (wie dies beim alten preußischen *Dreiklassenwahlrecht** der Fall war); „geheim" muß eine Wahl sein, sonst wäre ihre Freiheit nicht gesichert.
Darüber hinaus aber ließ das GG die Entscheidung über das Wahlsystem offen: Im Jahr 1949 hätte man jedes Wahlrecht, das mit dieser Grundforderung übereinstimmte, einführen können, die *Verhältniswahl** (wie in der Weimarer Republik) ebenso wie die *Mehrheitswahl**, die z. B. in Großbritannien in Kraft ist. Man entschied sich für einen Mittelweg: ein Verhältniswahlrecht, das auch Elemente der Persönlichkeitswahl enthält. Jeder Wahlberechtigte hat zwei Stimmen: mit der ersten wählt er im Wahlkreis einen Kandidaten, mit der zweiten entscheidet er sich für die Liste einer *Partei*. Die „*Fünfprozentklausel*" setzt kleinen Parteien eine Grenze. Erreicht eine Partei diese Grenze nicht oder erhält sie nicht wenigstens in drei Wahlkreisen ein *Direktmandat* über die Erststimmen, so kann sie nicht ins Parlament einziehen.
Dieses Wahlgesetz ist nicht Bestandteil des GG. Es kann durch ein anderes ersetzt werden, z. B. durch die Mehrheitswahl, wie sie 1966 durch die seinerzeitige „Große Koalition" erwogen wurde.

Urlaubs- und Kündigungsschutz

Die Wahl ins Parlament und die Ausübung des Mandats stellt für viele *Abgeordnete* ein berufliches Risiko dar. Sie unterbrechen ihre Berufstätigkeit für Jahre und investieren viel Kraft in die politische Arbeit, so daß für sie bestimmte Schutzvorschriften nötig sind.
Es darf niemand unter Druck gesetzt oder gar daran gehindert werden, ein Bundestagsmandat zu übernehmen. Der Bewerber bzw. Abgeordnete muß in seinem Beruf vor Kündigung oder Entlassung geschützt werden. Als Bewerber um einen Abgeordnetensitz hat er Anspruch auf den dafür notwendigen Urlaub, der Arbeitgeber muß ihn während dieser Zeit freistellen. Allerdings ist nur der Staat als Arbeitgeber verpflichtet, Lohn oder Gehalt weiterzuzahlen, dem privaten Arbeitgeber ist es freigestellt. Für die Bewerbung um ein Mandat* bedeutet dies zweifellos eine Bevorzugung der *Beamten*; ein Ausgleich anderen Abgeordneten gegenüber wäre notwendig.
Der Abgeordnete selbst erhält (durch *Diäten*, Pensionsregelung usw.) eine materielle Sicherstellung, die seine Unabhängigkeit gewährleisten soll.

Abgeordnete sind Vertreter des ganzen Volkes

Nach dem GG geht „alle Staatsgewalt vom Volke aus" (Art. 20 Abs. 2).
Als Volksvertreter ist der *Abgeordnete* daher allein dem Wähler Rechenschaft schuldig, dem er sich alle vier Jahre zur Wahl stellen muß. Seiner Fraktion* gegenüber ist er zur Loyalität (Redlichkeit) verpflichtet. Es kann also der Fall eintreten, daß eine Partei die Unabhängigkeit ihrer Abgeordneten zwar respektiert, jedoch bei Abstimmungen sog. *Fraktionszwang* ausüben wird, um parlamentarisch-politischen Notwendigkeiten Rechnung

zu tragen. Der Abgeordnete ist nicht verpflichtet, sich ihm zu beugen. Die Konsequenzen seiner Partei gegenüber hat er zu tragen.
Nach dem Wortlaut des GG müßte man annehmen, daß im Parlament alle sozialen Schichten und Gruppen und alle Berufe, Frauen genau wie Männer, vertreten wären. Die Wirklichkeit aber sieht anders aus.
Die Statistiken zeigen, daß wir es nicht mehr wie im Deutschen Reichstag des 19. Jahrhunderts mit wirtschaftlich unabhängigen Abgeordneten zu tun haben, für die die Politik kein Hauptberuf war. Heute sind es Männer und (weniger) Frauen, die zwar noch von einem anderen Beruf herkommen, durch ihre parlamentarische Tätigkeit aber so in Anspruch genommen sind, daß sie ihn faktisch als Hauptberuf ausüben. Daher ist jetzt auch das Einkommen des Abgeordneten als Gehalt anzusehen, obwohl es noch als Ausgleich für Ausgaben (als „Diät") angesehen wird und steuerfrei ist.
Auffallend groß ist die Zahl der *Beamten* im *Bundestag* (etwa 32%). Bei ihnen, wie auch bei den Angehörigen anderer Gruppen (Angestellten von großen Firmen, von Verbänden und Gewerkschaften), besteht die Gefahr, daß die *Interessen* ihrer Gruppe denjenigen der Gemeinschaft — als deren Vertreter sie nach dem GG gewählt sind — vorangestellt werden. Dies um so mehr, als oft die Vertreter der einzelnen Gruppen entscheidende Stellen, manchmal auch den Vorsitz in den Ausschüssen*, haben: Gewerkschaftler im Arbeits- und Sozialausschuß — Landwirte und Funktionäre der Bauernverbände im Agrarausschuß — Industrielle und Manager im Wirtschaftsausschuß — Angehörige des öffentlichen Dienstes im Innenausschuß, usw.
Auch Beraterverträge* gefährden die Unabhängigkeit eines Abgeordneten.

Die Arbeit in den Ausschüssen

Wer den Bundestag in Bonn besucht, der wundert sich zuweilen über die Leere bei Plenarsitzungen*. Im allgemeinen sind nur bei ganz wichtigen Debatten* und bei Abstimmungen die Abgeordneten vollzählig im großen Parlamentssaal. Das könnte zu dem Fehlurteil führen, ein MdB (Mitglied des Bundestages) habe ein behagliches Dasein und werde dafür auch noch gut bezahlt. In Wirklichkeit muß der *Abgeordnete* sehr viel Zeit für die Tätigkeit in den Ausschüssen aufwenden. Die große Zahl an regelmäßig tagenden Bundestagsausschüssen zeigt schon, wieviel hier an Arbeit zu leisten ist. Außerdem ist ein Abgeordneter meist in mehreren Ausschüssen tätig (manche in mehr als vier); zur Zeit gibt es die in den Art. 45, 53a 77, 95 genannten, sowie neunzehn ständige Ausschüsse. Hinzu kommen die nach Art. 44 eingesetzten Untersuchungsausschüsse.
In diesen Ausschüssen werden die Regierungs- oder Bundestags- und Bundesrats*vorlagen* beraten, abgestimmt und die Ergebnisse für die Beratungen im Plenum* vorbereitet. Oft ist mit der Ausschußentscheidung schon die Abstimmung im Bundestag selbst festgelegt. Es haben sich also wichtige Entscheidungen in die Ausschüsse hinein verlagert. Dadurch ist die Gefahr, daß die Plenarsitzungen entwertet werden, noch vergrößert. Die seit einigen Jahren übliche Übertragung wichtiger Debatten durch das Fernsehen hat den großen Nachteil, daß jetzt erst recht die Parteiprominenz redet — und daß man mehr „zum Fenster hinaus" als zur Sache spricht.

IV. Der Bundesrat

Artikel 50 Aufgaben des Bundesrats

Durch den Bundesrat wirken die Länder bei der Gesetzgebung und Verwaltung des Bundes mit.

Artikel 51 Zusammensetzung

(1) Der Bundesrat besteht aus Mitgliedern der Regierungen der Länder, die sie bestellen und abberufen. Sie können durch andere Mitglieder ihrer Regierungen vertreten werden.
(2) Jedes Land hat mindestens drei Stimmen, Länder mit mehr als zwei Millionen Einwohner haben vier, Länder mit mehr als sechs Millionen Einwohner fünf Stimmen.
(3) Jedes Land kann so viele Mitglieder entsenden, wie es Stimmen hat. Die Stimmen eines Landes können nur einheitlich und nur durch anwesende Mitglieder oder deren Vertreter abgegeben werden.

Artikel 52 Präsident, Geschäftsordnung

(1) Der Bundesrat wählt seinen Präsidenten auf ein Jahr.
(2) Der Präsident beruft den Bundesrat ein. Er hat ihn einzuberufen, wenn die Vertreter von mindestens zwei Ländern oder die Bundesregierung es verlangen.
(3) Der Bundesrat faßt seine Beschlüsse mit mindestens der Mehrheit seiner Stimmen. Er gibt sich eine Geschäftsordnung. Er verhandelt öffentlich. Die Öffentlichkeit kann ausgeschlossen werden.
(4) Den Ausschüssen des Bundesrates können andere Mitglieder oder Beauftragte der Regierungen der Länder angehören.

Artikel 53 Teilnahme der Bundesregierung

Die Mitglieder der Bundesregierung haben das Recht und auf Verlangen die Pflicht, an den Verhandlungen des Bundesrates und seiner Ausschüsse teilzunehmen. Sie müssen jederzeit gehört werden. Der Bundesrat ist von der Bundesregierung über die Führung der Geschäfte auf dem laufenden zu halten.

Der *Bundesrat* ist kein Parlament, sondern ein Bundesorgan. In ihm wirken die Bundesländer zusammen, um vor allem in der Gesetzgebung die Interessen der Länder zu vertreten. Daher hat der Bundesrat in allen Fällen, in denen die Länder betroffen sind, ein unbedingtes Mitwirkungsrecht, in anderen muß er gehört werden. Im einzelnen ist das im Abschnitt Gesetzgebung (Art. 70 bis 82) zusammengefaßt.

Die Länder werden im allgemeinen durch ihre Ministerpräsidenten oder durch einen ihrer Minister im Bundesrat vertreten. Ein mögliches Votum* dieser Regierungsvertreter wird zuvor in den Kabinetten* der einzelnen Länder festgelegt. Der betreffende Minister — auch der Ministerpräsident — ist daran gebunden. Man nennt eine solche Beauftragung ein imperatives *Mandat**, das man scharf von dem Mandat eines Bundestags- oder Landtagsabgeordneten unterscheiden muß, die frei und nach ihrem Gewissen abstimmen sollen (vgl. Art. 38).

Die Bestimmung in Art. 51 Abs. 2 soll verhindern, daß kleinere Länder allzu sehr benachteiligt werden; auf der anderen Seite möchte man den größeren entsprechendes Gewicht geben. Es haben je

5 Stimmen: Baden-Württemberg, Bayern, Niedersachsen und Nordrhein-Westfalen;

4 Stimmen: Hessen, Rheinland-Pfalz, Schleswig-Holstein und Berlin;

3 Stimmen: Saarland, Hamburg und Bremen.

Die vier *Berliner* Mitglieder sind nur in den Ausschüssen stimmberechtigt, nicht aber im Plenum.

Die große Bedeutung des Bundesrates liegt vor allem darin, daß er in allen Stufen des *Gesetzgebungsverfahrens* beteiligt wird. Er hat das Recht, eigene Gesetzesentwürfe einzubringen und besitzt bei allen Gesetzen, die nach dem GG seiner Zustimmung bedürfen, ein volles Veto*-Recht (vgl. Art. 83ff.). Zweimal wird der Bundesrat mit Gesetzesvorlagen des Bundestages oder der Bundesregierung befaßt: zuerst, bevor eine *Vorlage* dem Bundestag zugeht (vgl. Art. 76 Abs. 2), und dann, wenn der Bundestag das Gesetz beschlossen hat. Hat der Bundesrat seine Zustimmung verweigert, so geht das Gesetz zum *Vermittlungsausschuß** (vgl. Art. 77 Abs. 2), wenn der Bundesrat dies fordert. Der Bundestag kann mit der Mehrheit aller Mitglieder aber auch den Einspruch des Bundesrates überstimmen.

Als z. B. im Mai 1972 die *Ostverträge* (Vertrag mit Moskau und Warschau) zur Beratung kamen, ließ die Mehrheit der CDU-Länder im Bundesrat (21 Stimmen gegen 20 Stimmen) einen Einspruch erwarten. Man mußte also damit rechnen, daß der Bundestag mindestens 249 Ja-Stimmen (Gesamtzahl 496) benötigen würde. Schließlich fand man eine Lösung darin, daß sich die CDU/CSU zur Stimmenthaltung entschloß, während SPD/FDP mit 248 Stimmen ihre Zustimmung gaben. Der Bundesrat ließ am 19. Mai die Verträge ohne Einspruch durchgehen und der Bundespräsident hat sie am 23. Mai unterschrieben. Mit der Veröffentlichung im Bundesanzeiger sind sie als Bundesgesetz in Kraft getreten. Verfassungsändernde Gesetze bedürfen im Bundesrat und Bundestag der *Zweidrittelmehrheit* (vgl Art. 79).

Man unterschätzt oft die Bedeutung des Bundesrates, weil man in der Öffentlichkeit selten von ihm hört und auch weniger Fernseh- oder Rundfunkübertragungen von Bundesratssitzungen gesendet werden. Der Bundesrat ist für die Sachlichkeit und das hohe Niveau seiner Beratungen bekannt. Durch ihn ist die bundesstaatliche Ordnung der Bundesrepublik gerade in der Gesetzgebung gesichert.

IVa. Gemeinsamer Ausschuß

Artikel 53a Gemeinsamer Ausschuß

(1) Der Gemeinsame Ausschuß besteht zu zwei Dritteln aus Abgeordneten des Bundestages, zu einem Drittel aus Mitgliedern des Bundesrates. Die Abgeordneten werden vom Bundestage entsprechend dem Stärkeverhältnis der Fraktionen bestimmt; sie dürfen nicht der Bundesregierung angehören. Jedes Land wird durch ein von ihm bestelltes Mitglied des Bundesrates vertreten; diese Mitglieder sind nicht an Weisungen gebunden. Die Bildung des Gemeinsamen Ausschusses und sein Verfahren werden durch eine Geschäftsordnung geregelt, die vom Bundestage zu beschließen ist und der Zustimmung des Bundesrates bedarf.
(2) Die Bundesregierung hat den Gemeinsamen Ausschuß über ihre Planungen für den Verteidigungsfall zu unterrichten. Die Rechte des Bundestages und seiner Ausschüsse nach Artikel 43 Abs. 1 bleiben unberührt.

Der *Gemeinsame Ausschuß** wurde am 24. Juni 1968 eingerichtet. Er soll im „Verteidigungsfall" (vgl. Art. 115a bis 115l) die Aufgaben von Bundestag und Bundesrat gemeinsam übernehmen. 22 Bundestagsabgeordnete und 11 Bundesratsvertreter wirken in ihm zusammen. Im Gemeinsamen Ausschuß sind die Ländervertreter nicht weisungsgebunden.
Der Gemeinsame Ausschuß soll seine Funktionen sofort wieder abgeben, wenn der *Verteidigungs-* oder der *Notstandsfall* nicht mehr gegeben ist; da diese Probe glücklicherweise noch nicht erforderlich war, kann man nur hoffen, daß die große Macht, die dieser Ausschuß im Verteidigungsfall besitzt, nicht mißbraucht wird.

V. Der Bundespräsident

Artikel 54 Wahl durch die Bundesversammlung

(1) Der Bundespräsident wird ohne Aussprache von der Bundesversammlung gewählt. Wählbar ist jeder Deutsche, der das Wahlrecht zum Bundestage besitzt und das vierzigste Lebensjahr vollendet hat.
(2) Das Amt des Bundespräsidenten dauert fünf Jahre. Anschließende Wiederwahl ist nur einmal zulässig.
(3) Die Bundesversammlung besteht aus den Mitgliedern des Bundestages und einer gleichen Anzahl von Mitgliedern, die von den Volksvertretungen der Länder nach den Grundsätzen der Verhältniswahl gewählt werden.
(4) Die Bundesversammlung tritt spätestens dreißig Tage vor Ablauf der Amtszeit des Bundespräsidenten, bei vorzeitiger Beendigung spätestens dreißig Tage nach diesem Zeitpunkt zusammen. Sie wird von dem Präsidenten des Bundestages einberufen.
(5) Nach Ablauf der Wahlperiode beginnt die Frist des Absatzes 4 Satz 1 mit dem ersten Zusammentritt des Bundestages.
(6) Gewählt ist, wer die Stimmen der Mehrheit der Mitglieder der Bundesversammlung erhält. Wird diese Mehrheit in zwei Wahlgängen von keinem Bewerber erreicht, so ist gewählt, wer in einem weiteren Wahlgang die meisten Stimmen auf sich vereinigt.
(7) Das Nähere regelt ein Bundesgesetz.

Artikel 55 Sicherung der Unabhängigkeit durch Berufsverbot

(1) Der Bundespräsident darf weder der Regierung noch einer gesetzgebenden Körperschaft des Bundes oder eines Landes angehören.
(2) Der Bundespräsident darf kein anderes besoldetes Amt, kein Gewerbe und keinen Beruf ausüben und weder der Leitung noch dem Aufsichtsrate eines auf Erwerb gerichteten Unternehmens angehören.

Artikel 56 Amtseid

Der Bundespräsident leistet bei seinem Amtsantritt vor den versammelten Mitgliedern des Bundestages und des Bundesrates folgenden Eid: „Ich schwöre, daß ich meine Kraft dem Wohle des deutschen Volkes widmen, seinen Nutzen mehren, Schaden von ihm wenden, das Grundgesetz und die Gesetze des Bundes wahren und verteidigen, meine Pflichten gewissenhaft erfüllen und Gerechtigkeit gegen jedermann üben werde. So wahr mir Gott helfe." Der Eid kann auch ohne religiöse Beteuerung geleistet werden.

Artikel 57 Stellvertretung

Die Befugnisse des Bundespräsidenten werden im Falle seiner Verhinderung oder bei vorzeitiger Erledigung des Amtes durch den Präsidenten des Bundesrates wahrgenommen.

Artikel 58 Gegenzeichnung der Regierung

Anordnungen und Verfügungen des Bundespräsidenten bedürfen zu ihrer Gültigkeit der Gegenzeichnung durch den Bundeskanzler oder durch den zuständigen Bundesminister. Dies gilt nicht für die Ernennung und Entlassung des Bundeskanzlers, die Auflösung des Bundestages gemäß Artikel 63 und das Ersuchen gemäß Artikel 69 Abs. 3.

Artikel 59 Völkerrechtliche Vertretungsmacht

(1) Der Bundespräsident vertritt den Bund völkerrechtlich. Er schließt im Namen des Bundes die Verträge mit auswärtigen Staaten. Er beglaubigt und empfängt die Gesandten.
(2) Verträge, welche die politischen Beziehungen des Bundes regeln oder sich auf Gegenstände der Bundesgesetzgebung beziehen, bedürfen der Zustimmung oder der Mitwirkung der jeweils für die Bundesgesetzgebung zuständigen Körperschaften in der Form eines Bundesgesetzes. Für Verwaltungsabkommen gelten die Vorschriften über die Bundesverwaltung entsprechend.

Artikel 60 Ernennungsrecht der Beamten und Offiziere, Begnadigungsrecht

(1) Der Bundespräsident ernennt und entläßt die Bundesrichter, die Bundesbeamten, die Offiziere und Unteroffiziere, soweit gesetzlich nichts anderes bestimmt ist.
(2) Er übt im Einzelfalle für den Bund das Begnadigungsrecht aus.
(3) Er kann diese Befugnisse auf andere Behörden übertragen.
(4) Die Absätze 2 bis 4 des Artikels 46 finden auf den Bundespräsidenten entsprechende Anwendung.

Artikel 61 Anklage gegen den Bundespräsidenten vor dem BVerfG

(1) Der Bundestag oder der Bundesrat können den Bundespräsidenten wegen vorsätzlicher Verletzung des Grundgesetzes oder eines anderen Bundesgesetzes vor dem Bundesverfassungsgericht anklagen. Der Antrag auf Erhebung der Anklage muß von mindestens einem Viertel der Mitglieder des Bundestages oder einem Viertel der Stimmen des Bun-

desrates gestellt werden. Der Beschluß auf Erhebung der Anklage bedarf der Mehrheit von zwei Dritteln der Mitglieder des Bundestages oder von zwei Dritteln der Stimmen des Bundesrates. Die Anklage wird von einem Beauftragten der anklagenden Körperschaft vertreten.
(2) Stellt das Bundesverfassungsgericht fest, daß der Bundespräsident einer vorsätzlichen Verletzung des Grundgesetzes oder eines anderen Bundesgesetzes schuldig ist, so kann es ihn des Amtes für verlustig erklären. Durch einstweilige Anordnung kann es nach der Erhebung der Anklage bestimmen, daß er an der Ausübung seines Amtes verhindert ist.

Das Staatsoberhaupt

Der *Bundespräsident* ist das Staatsoberhaupt, der höchste *Repräsentant* unseres Staates. Im Gegensatz zum Reichspräsidenten der *Weimarer Republik* hat er wenig Machtbefugnisse. Er besitzt nicht den Oberbefehl für die Streitkräfte (den hat in normalen Zeiten der Verteidigungsminister, Art. 65a), er verfügt nicht über das Notstandsrecht und kann nur in wenigen, genau bezeichneten Fällen (vgl. Art. 63) den Bundestag auflösen.
Im übrigen bedürfen alle Maßnahmen des Bundespräsidenten, die in den Bereich des Bundeskanzlers oder eines Bundesministers hineinreichen, der Gegenzeichnung der betreffenden Regierungsmitglieder.
Eine schwierige Aufgabe ist dem Bundespräsidenten durch das *Ordensgesetz* übertragen worden: er hat zu entscheiden, wem das Bundesverdienstkreuz zukommen soll. Bei der großen Wertschätzung, die viele Bürger einer Auszeichnung entgegenbringen, kann es nicht ausbleiben, daß das Staatsoberhaupt oft vor unangenehme Entscheidungen gestellt wird.

Prüfungs- und Ernennungsrecht

Der Bundespräsident wirkt bei der *Gesetzgebung* mit, denn ohne seine Unterschrift ist kein Gesetz gültig. Er hat den Bundeskanzler, die Bundesminister und neben den Bundesrichtern auch die Bundesbeamten sowie die Offiziere und Unteroffiziere der Bundeswehr zu ernennen.
Der Bundespräsident darf nach herrschender Meinung auch prüfen, wie weit ein Gesetz mit der Verfassung übereinstimmt oder ob es verfassungsmäßig zustande kam.
Darf der Bundespräsident die Ernennung eines Bundesministers verweigern, auch wenn er lediglich politische, nicht aber in der Verfassung begründete Bedenken hat? Die bisher aufgetretenen Spannungen zwischen Bundespräsidenten und Bundeskanzler wurden ohne Anrufung des BVerfG gelöst.
Eine wichtige politische Rolle hat der Bundespräsident bei der *Regierungsbildung*. Ihm steht nach Art. 63 Abs. 1 das erste Vorschlagsrecht für das Amt des Bundeskanzlers zu. Er hat außerdem das Recht, den *Bundestag* aufzulösen und *Neuwahlen* ausschreiben zu lassen, wenn der Bundeskanzler vom Bundestag keine Zustimmung zu einem Vertrauensantrag erreichte (vgl. Art. 68).
Im ganzen aber ist der Bundespräsident auf die Rolle des Repräsentanten der Republik beschränkt und darauf, wichtige Staatsakte (Berufung des

Bundeskanzlers und der Bundesminister sowie deren Entlassung, Unterschrift unter Bundesgesetze) zu vollziehen. Er ist dabei mehr oder minder der „oberste Notar“ und muß unterschreiben. Es gibt jedoch eine Einschränkung:

Wenn der Bundespräsident der Überzeugung ist, daß seine Unterschrift die Bestätigung einer verfassungswidrigen Handlung bedeutet, kann er die Zustimmung verweigern und überdies noch das BVerfG anrufen. Als der Bundestag z. B. ein Gesetz gegen den Betriebshandel (Verkaufsstellen in Fabriken usw.) verabschiedete, verweigerte Bundespräsident Lübke die Unterschrift. Die Bundestagsfraktionen verzichteten darauf, das BVerfG anzurufen. Das zweifelhafte Gesetz verschwand in den Schubladen.

Auch Bundespräsident Walter Scheel, der vierte Bundespräsident der Bundesrepublik Deutschland, suchte die verfassungsrechtlichen Möglichkeiten seines Amtes auszuschöpfen. So fertigte er das Wehrpflichtänderungsgesetz (in der ersten Fassung) nicht aus, weil seine verfassungsrechtlichen Bedenken noch nicht ausgeräumt waren und sagte dazu am 18. November 1976:

„Ich werde mein Amt als Bundespräsident so führen, daß von mir kein Jota unseres Grundgesetzes verletzt wird ... Jedes Verfassungsorgan hat — das muß man auch bedenken — die Pflicht, die ihm zustehenden Kompetenzen voll auszuschöpfen. Das ist gut so ...“.

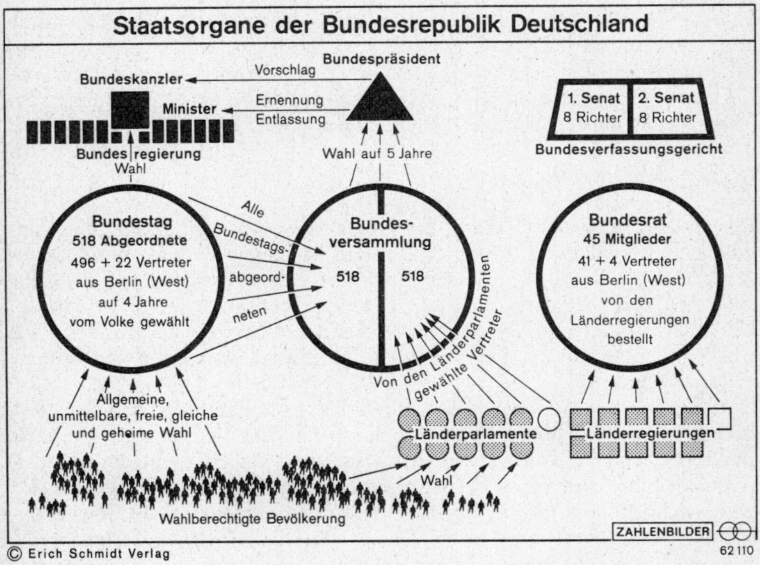

62 110

VI. Die Bundesregierung

Artikel 62 Zusammensetzung

Die Bundesregierung besteht aus dem Bundeskanzler und aus den Bundesministern.

Artikel 63 Wahl und Ernennung des Bundeskanzlers

(1) Der Bundeskanzler wird auf Vorschlag des Bundespräsidenten vom Bundestage ohne Aussprache gewählt.
(2) Gewählt ist, wer die Stimmen der Mehrheit der Mitglieder des Bundestages auf sich vereinigt. Der Gewählte ist vom Bundespräsidenten zu ernennen.
(3) Wird der Vorgeschlagene nicht gewählt, so kann der Bundestag binnen vierzehn Tagen nach dem Wahlgange mit mehr als der Hälfte seiner Mitglieder einen Bundeskanzler wählen.
(4) Kommt eine Wahl innerhalb dieser Frist nicht zustande, so findet unverzüglich ein neuer Wahlgang statt, in dem gewählt ist, wer die meisten Stimmen erhält. Vereinigt der Gewählte die Stimmen der Mehrheit der Mitglieder des Bundestages auf sich, so muß der Bundespräsident ihn binnen sieben Tagen nach der Wahl ernennen. Erreicht der Gewählte diese Mehrheit nicht, so hat der Bundespräsident binnen sieben Tagen entweder ihn zu ernennen oder den Bundestag aufzulösen.

Artikel 64 Ernennung der Bundesminister

(1) Die Bundesminister werden auf Vorschlag des Bundeskanzlers vom Bundespräsidenten ernannt und entlassen.
(2) Der Bundeskanzler und die Bundesminister leisten bei der Amtsübernahme vor dem Bundestage den in Artikel 56 vorgesehenen Eid.

Artikel 65 Verteilung der Verantwortung in der Regierung

Der Bundeskanzler bestimmt die Richtlinien der Politik und trägt dafür die Verantwortung. Innerhalb dieser Richtlinien leitet jeder Bundesminister seinen Geschäftsbereich selbständig und unter eigener Verantwortung. Über Meinungsverschiedenheiten zwischen den Bundesministern entscheidet die Bundesregierung. Der Bundeskanzler leitet ihre Geschäfte nach einer von der Bundesregierung beschlossenen und vom Bundespräsidenten genehmigten Geschäftsordnung.

Artikel 65a Befehlsgewalt über die Streitkräfte

Der Bundesminister für die Verteidigung hat die Befehls- und Kommandogewalt über die Streitkräfte.

Artikel 66 Verbot anderer bezahlter Tätigkeiten

Der Bundeskanzler und die Bundesminister dürfen kein anderes besoldetes Amt, kein Gewerbe und keinen Beruf ausüben und weder der Leitung noch ohne Zustimmung des Bundestages dem Aufsichtsrate eines auf Erwerb gerichteten Unternehmens angehören.

Artikel 67 Konstruktives Mißtrauensvotum

(1) Der Bundestag kann dem Bundeskanzler das Mißtrauen nur dadurch aussprechen, daß er mit der Mehrheit seiner Mitglieder einen Nachfolger wählt und den Bundespräsidenten ersucht, den Bundeskanzler zu entlassen. Der Bundespräsident muß dem Ersuchen entsprechen und den Gewählten ernennen.
(2) Zwischen dem Antrage und der Wahl müssen achtundvierzig Stunden liegen.

Artikel 68 Auflösung des Bundestages

(1) Findet ein Antrag des Bundeskanzlers, ihm das Vertrauen auszusprechen, nicht die Zustimmung der Mehrheit der Mitglieder des Bundestages, so kann der Bundespräsident auf Vorschlag des Bundeskanzlers binnen einundzwanzig Tagen den Bundestag auflösen. Das Recht zur Auflösung erlischt, sobald der Bundestag mit der Mehrheit seiner Mitglieder einen anderen Bundeskanzler wählt.
(2) Zwischen dem Antrage und der Abstimmung müssen achtundvierzig Stunden liegen.

Artikel 69 Amtszeit der Bundesregierung

(1) Der Bundeskanzler ernennt einen Bundesminister zu seinem Stellvertreter.
(2) Das Amt des Bundeskanzlers oder eines Bundesministers endigt in jedem Falle mit dem Zusammentritt eines neuen Bundestages, das Amt eines Bundesministers auch mit jeder anderen Erledigung des Amtes des Bundeskanzlers.
(3) Auf Ersuchen des Bundespräsidenten ist der Bundeskanzler, auf Ersuchen des Bundeskanzlers oder des Bundespräsidenten ein Bundesminister verpflichtet, die Geschäfte bis zur Ernennung seines Nachfolgers weiterzuführen.

Die starke Stellung des Bundeskanzlers

Die Stellung des *Bundeskanzlers* als Chef der Bundesregierung sowie die Funktion und Befugnisse der Bundesminister sind in vieler Hinsicht anders als die des Reichskanzlers und der Reichsminister in der Weimarer Republik. Der Bundeskanzler hat eine mächtigere Stellung als der Reichskanzler in der Weimarer Republik, weil er:

- allein vom Bundestag — auf Vorschlag des Bundespräsidenten — gewählt wird und sein Kabinett zusammenstellen kann, ohne dafür die ausdrückliche Bestätigung des Parlaments zu benötigen;
- das Recht hat, die Richtlinien der Politik zu bestimmen;
- befugt ist, die Aufgabenbereiche der einzelnen Bundesminister zu erweitern oder einzuschränken;
- berechtigt ist, dem Bundespräsidenten die Entlassung eines Bundesministers vorzuschlagen. Der Präsident hat dem „Ersuchen" zu entsprechen.

Der Kanzler kann vor Ablauf der Sitzungsperiode des Bundestages (vier Jahre) nur gestürzt werden, wenn der Bundestag mit der Mehrheit aller Mitglieder einen neuen Bundeskanzler gewählt hat (konstruktives *Mißtrauensvotum*).

Außerdem verfügt der Bundeskanzler über das seit 1949 stark ausgebaute *Bundeskanzleramt*. Das gibt ihm in vieler Hinsicht einen Informationsvorsprung und erlaubt ihm, über alle wichtigen Vorhaben der einzelnen Bundesministerien von Anfang an informiert zu sein und die Arbeit dieser Ministerien zu koordinieren.

Der *Bundesnachrichtendienst** (BND) untersteht dem Bundeskanzler unmittelbar; das Bundesamt für *Verfassungsschutz** — das dem Bundesinnenminister unterstellt ist — und der zum Verteidigungsministerium gehörende *Militärische Abschirmdienst** (MAD) müssen dem Bundeskanzler alle gewünschten Informationen liefern.

Man hat oft gemeint — besonders wegen der langen Amtszeit *Adenauers* (1949 bis 1963) — die Bundesrepublik sei eine „Kanzlerdemokratie".

Das ist einseitig gesehen. Denn das GG legt ausdrücklich fest, daß die Bundesregierung aus dem Bundeskanzler und den Bundesministern, dem Bundeskabinett, besteht. Der Bundeskanzler kann einen Beschluß der Bundesregierung nur erwirken, wenn er in der Abstimmung eine Mehrheit erreicht.

Die Stellung des *Bundesministers* ist dem Reichsminister der Weimarer Republik gegenüber dadurch stärker, als das Parlament nur dem Kanzler, nicht aber dem Minister das Mißtrauen aussprechen kann. Hält der Bundeskanzler seinen Bundesminister, so kann der Bundestag dem Betreffenden nur sein Mißfallen aussprechen; Folgen hat das nicht. Dies bedeutet, daß die Unabhängigkeit vom Parlament jedoch eine größere Abhängigkeit vom Regierungschef mit sich bringt.

Das konstruktive Mißtrauensvotum

Das *konstruktive Mißtrauensvotum* stellt eine ganz entscheidende Neuerung der deutschen Verfassungsgeschichte dar und wird als ein wirksames Mittel angesehen, häufigen Regierungswechsel und damit gefährliche Unstetigkeit

der Regierung zu verhindern. Es gab seit Bestehen der Bundesrepublik keinen einzigen Fall, in dem Art. 67 mit Erfolg angewendet wurde.
Erinnern wir uns: Der Bundeskanzler muß entlassen werden, wenn der Bundestag mit der Mehrheit seiner Mitglieder durch ein Mißtrauensvotum einen Nachfolger wählt.

Die „klassischen" Ministerien

Die Notwendigkeit, Koalitionen* zu bilden und innerhalb einer Koalition alle wichtigen Gruppen und Interessen zu berücksichtigen, führte dazu, daß die Bundeskabinette immer größer wurden. Durch die Funktion des Bundeskanzlers, hier zu vermitteln und zu entscheiden, wurde dessen Stellung gestärkt, die Macht der einzelnen Bundesminister jedoch verringert. Man sprach bald von einem „inneren Kabinett*" und meinte damit den kleineren Kreis der Inhaber besonders wichtiger *Bundesministerien* (Ressorts). Dies sind: Bundesaußenministerium, Bundesinnenministerium, Bundesjustizministerium, Bundeswirtschafts- und Bundesfinanzministerium, daneben als größte Behörde das Bundesverteidigungsministerium.

Wahlperioden und Bundesregierungen

1. Wahlperiode 1949—1953
Kanzler: Adenauer (CDU). Koalition: CDU/CSU, FDP, DP (Deutsche Partei).

2. Wahlperiode 1953—1957
Kanzler: Adenauer (CDU). Koalition: CDU/CSU, FDP und DP. Februar 1956 Umbildung der Regierung nach Austritt der FDP.

3. Wahlperiode 1957—1961
Kanzler: Adenauer (CDU). Koalition: CDU/CSU und DP.

4. Wahlperiode 1961—1965
Kanzler: Adenauer (CDU). Koalition: CDU/CSU und FDP. Regierungsumbildung im Dezember 1962. Am 17. 10. 1963 löst L. Erhard (CDU) K. Adenauer als Bundeskanzler ab.

5. Wahlperiode 1965—1969
Kanzler: Erhard (CDU). Koalition: CDU/CSU und FDP. November 1966 Austritt der FDP aus der Regierung. Ab 1. 12. 1966 Große Koalition von CDU/CSU und SPD unter Bundeskanzler Kiesinger (CDU).

6. Wahlperiode 1969—1972
Kanzler: Brandt (SPD). Koalition: SPD/FDP. Neuwahlen am 19. 11. 1972.

7. Wahlperiode 1972—1976
Kanzler: Brandt (SPD). Koalition: SPD und FDP. Am 16. 5. 1974 löst H. Schmidt (SPD) Brandt als Bundeskanzler ab.

8. Wahlperiode 1976—
Kanzler: Schmidt (SPD). Koalition SPD und FDP.

VII. Die Gesetzgebung des Bundes

Artikel 70 Gesetzgebung des Bundes und der Länder

(1) Die Länder haben das Recht der Gesetzgebung, soweit dieses Grundgesetz nicht dem Bunde Gesetzgebungsbefugnisse verleiht.
(2) Die Abgrenzung der Zuständigkeit zwischen Bund und Ländern bemißt sich nach den Vorschriften dieses Grundgesetzes über die ausschließliche und die konkurrierende Gesetzgebung.

Artikel 71 Ausschließliche Gesetzgebung

Im Bereiche der ausschließlichen Gesetzgebung des Bundes haben die Länder die Befugnis zur Gesetzgebung nur, wenn und soweit sie hierzu in einem Bundesgesetze ausdrücklich ermächtigt werden.

Artikel 72 Konkurrierende Gesetzgebung

(1) Im Bereiche der konkurrierenden Gesetzgebung haben die Länder die Befugnis zur Gesetzgebung, solange und soweit der Bund von seinem Gesetzgebungsrechte keinen Gebrauch macht.
(2) Der Bund hat in diesem Bereiche das Gesetzgebungsrecht, soweit ein Bedürfnis nach bundesgesetzlicher Regelung besteht, weil

1. eine Angelegenheit durch die Gesetzgebung einzelner Länder nicht wirksam geregelt werden kann oder
2. die Regelung einer Angelegenheit durch ein Landesgesetz die Interessen anderer Länder oder der Gesamtheit beeinträchtigen könnte oder
3. die Wahrung der Rechts- oder Wirtschaftseinheit, insbesondere die Wahrung der Einheitlichkeit der Lebensverhältnisse über das Gebiet eines Landes hinaus sie erfordert.

Artikel 73 Gegenstände der ausschließlichen Gesetzgebung

Der Bund hat die ausschließliche Gesetzgebung über:

1. die auswärtigen Angelegenheiten sowie die Verteidigung einschließlich des Schutzes der Zivilbevölkerung;
2. die Staatsangehörigkeit im Bunde;
3. die Freizügigkeit, das Paßwesen, die Ein- und Auswanderung und die Auslieferung;
4. das Währungs-, Geld- und Münzwesen, Maße und Gewichte sowie die Zeitbestimmung;
5. die Einheit des Zoll- und Handelsgebietes, die Handels- und

Schiffahrtsverträge, die Freizügigkeit des Warenverkehrs und den Waren- und Zahlungsverkehr mit dem Auslande einschließlich des Zoll- und Grenzschutzes;

6. die Bundeseisenbahnen und den Luftverkehr;

7. das Post- und Fernmeldewesen;

8. die Rechtsverhältnisse der im Dienste des Bundes und der bundesunmittelbaren Körperschaften des öffentlichen Rechtes stehenden Personen;

9. den gewerblichen Rechtsschutz, das Urheberrecht und das Verlagsrecht;

10. die Zusammenarbeit des Bundes und der Länder

a) in der Kriminalpolizei,

b) zum Schutze der freiheitlichen demokratischen Grundordnung, des Bestandes und der Sicherheit des Bundes oder eines Landes (Verfassungsschutz) und

c) zum Schutze gegen Bestrebungen im Bundesgebiet, die durch Anwendung von Gewalt oder darauf gerichtete Vorbereitungshandlungen auswärtige Belange der Bundesrepublik Deutschland gefährden,

sowie die Einrichtung eines Bundeskriminalpolizeiamtes und die internationale Verbrechensbekämpfung;

11. die Statistik für Bundeszwecke.

Artikel 74 Gegenstände der konkurrierenden Gesetzgebung

Die konkurrierende Gesetzgebung erstreckt sich auf folgende Gebiete:

1. das bürgerliche Recht, das Strafrecht und den Strafvollzug, die Gerichtsverfassung, das gerichtliche Verfahren, die Rechtsanwaltschaft, das Notariat und die Rechtsberatung;

2. das Personenstandswesen;

3. das Vereins- und Versammlungsrecht;

4. das Aufenthalts- und Niederlassungsrecht der Ausländer;

4a. das Waffen- und das Sprengstoffrecht;

5. den Schutz deutschen Kulturgutes gegen Abwanderung in das Ausland;

6. die Angelegenheiten der Flüchtlinge und Vertriebenen;

7. die öffentliche Fürsorge;

8. die Staatsangehörigkeit in den Ländern;

9. die Kriegsschäden und die Wiedergutmachung;

10. die Versorgung der Kriegsbeschädigten und Kriegshinterbliebenen und die Fürsorge für die ehemaligen Kriegsgefangenen;

10a. die Kriegsgräber und Gräber anderer Opfer des Krieges und Opfer von Gewaltherrschaft;

11. das Recht der Wirtschaft (Bergbau, Industrie, Energiewirtschaft, Handwerk, Gewerbe, Handel, Bank- und Börsenwesen, privatrechtliches Versicherungswesen);

11a. die Erzeugung und Nutzung der Kernenergie zu friedlichen

Zwecken, die Errichtung und den Betrieb von Anlagen, die diesen Zwecken dienen, den Schutz gegen Gefahren, die bei Freiwerden von Kernenergie oder durch ionisierende Strahlen entstehen, und die Beseitigung radioaktiver Stoffe;

12. das Arbeitsrecht einschließlich der Betriebsverfassung, des Arbeitsschutzes und der Arbeitsvermittlung sowie die Sozialversicherung einschließlich der Arbeitslosenversicherung;

13. die Regelung der Ausbildungsbeihilfen und die Förderung der wissenschaftlichen Forschung;

14. das Recht der Enteignung, soweit sie auf den Sachgebieten der Artikel 73 und 74 in Betracht kommt;

15. die Überführung von Grund und Boden, von Naturschätzen und Produktionsmitteln in Gemeineigentum oder in andere Formen der Gemeinwirtschaft;

16. die Verhütung des Mißbrauchs wirtschaftlicher Machtstellung;

17. die Förderung der land- und forstwirtschaftlichen Erzeugung, die Sicherung der Ernährung, die Ein- und Ausfuhr land- und forstwirtschaftlicher Erzeugnisse, die Hochsee- und Küstenfischerei und den Küstenschutz;

18. den Grundstücksverkehr, das Bodenrecht und das landwirtschaftliche Pachtwesen, das Wohnungswesen, das Siedlungs- und Heimstättenwesen;

19. die Maßnahmen gegen gemeingefährliche und übertragbare Krankheiten bei Menschen und Tieren, die Zulassung zu ärztlichen und anderen Heilberufen und zum Heilgewerbe, den Verkehr mit Arzneien, Heil- und Betäubungsmitteln und Giften;

19a. die wirtschaftliche Sicherung der Krankenhäuser und die Regelung der Krankenhauspflegesätze;

20. den Schutz beim Verkehr mit Lebens- und Genußmitteln sowie Bedarfsgegenständen, Futtermitteln und land- und forstwirtschaftlichem Saat- und Pflanzgut, den Schutz der Pflanzen gegen Krankheiten und Schädlinge sowie den Tierschutz;

21. die Hochsee- und Küstenschiffahrt sowie die Seezeichen, die Binnenschiffahrt, den Wetterdienst, die Seewasserstraßen und die dem allgemeinen Verkehr dienenden Binnenwasserstraßen;

22. den Straßenverkehr, das Kraftfahrwesen, den Bau und die Unterhaltung von Landstraßen für den Fernverkehr sowie die Erhebung und Verteilung von Gebühren für die Benutzung öffentlicher Straßen mit Fahrzeugen;

23. die Schienenbahnen, die nicht Bundeseisenbahnen sind, mit Ausnahme der Bergbahnen;

24. die Abfallbeseitigung, die Luftreinhaltung und die Lärmbekämpfung.

Artikel 74a Konkurrierende Gesetzgebung für Besoldung und Versorgung

(1) Die konkurrierende Gesetzgebung erstreckt sich ferner auf die Besoldung und Versorgung der Angehörigen des öffentlichen Dienstes, die in einem öffentlich-rechtlichen Dienst- und Treueverhältnis stehen, soweit dem Bund nicht nach Artikel 73 Nr. 8 die ausschließliche Gesetzgebung zusteht.
(2) Bundesgesetze nach Absatz 1 bedürfen der Zustimmung des Bundesrates.
(3) Der Zustimmung des Bundesrates bedürfen auch Bundesgesetze nach Artikel 73 Nr. 8, soweit sie andere Maßstäbe für den Aufbau oder die Bemessung der Besoldung und Versorgung einschließlich der Bewertung der Ämter oder andere Mindest- oder Höchstbeträge vorsehen als Bundesgesetze nach Absatz 1.
(4) Die Absätze 1 und 2 gelten entsprechend für die Besoldung und Versorgung der Landesrichter. Für Gesetze nach Artikel 98 Abs. 1 gilt Absatz 3 entsprechend.

Artikel 75 Rahmenvorschriften

Der Bund hat das Recht, unter den Voraussetzungen des Artikels 72 Rahmenvorschriften zu erlassen über:

1. die Rechtsverhältnisse der im öffentlichen Dienste der Länder, Gemeinden und anderen Körperschaften des öffentlichen Rechtes stehenden Personen, soweit Artikel 74a nichts anderes bestimmt;

1a. die allgemeinen Grundsätze des Hochschulwesens;

2. die allgemeinen Rechtsverhältnisse der Presse und des Films;
3. das Jagdwesen, den Naturschutz und die Landschaftspflege;
4. die Bodenverteilung, die Raumordnung und den Wasserhaushalt;
5. das Melde- und Ausweiswesen.

Artikel 76 Gesetzesvorlagen

(1) Gesetzesvorlagen werden beim Bundestage durch die Bundesregierung, aus der Mitte des Bundestages oder durch den Bundesrat eingebracht.
(2) Vorlagen der Bundesregierung sind zunächst dem Bundesrate zuzuleiten. Der Bundesrat ist berechtigt, innerhalb von sechs Wochen zu diesen Vorlagen Stellung zu nehmen. Die Bundesregierung kann eine Vorlage, die sie bei der Zuleitung an den Bundesrat ausnahmsweise als besonders eilbedürftig bezeichnet hat, nach drei Wochen dem Bundestage zuleiten, auch wenn die Stellungnahme des Bundesrates noch nicht bei ihr eingegangen ist; sie hat die Stellungnahme des Bundesrates unverzüglich nach Eingang dem Bundestage nachzureichen.

(3) Vorlagen des Bundesrates sind dem Bundestage durch die Bundesregierung innerhalb von drei Monaten zuzuleiten. Sie hat hierbei ihre Auffassung darzulegen.

Artikel 77 Verfahren bei Gesetzesbeschlüssen

(1) Die Bundesgesetze werden vom Bundestage beschlossen. Sie sind nach ihrer Annahme durch den Präsidenten des Bundestages unverzüglich dem Bundesrate zuzuleiten.

(2) Der Bundesrat kann binnen drei Wochen nach Eingang des Gesetzesbeschlusses verlangen, daß ein aus Mitgliedern des Bundestages und des Bundesrates für die gemeinsame Beratung von Vorlagen gebildeter Ausschuß einberufen wird. Die Zusammensetzung und das Verfahren dieses Ausschusses regelt eine Geschäftsordnung, die vom Bundestag beschlossen wird und der Zustimmung des Bundesrates bedarf. Die in diesen Ausschuß entsandten Mitglieder des Bundesrates sind nicht an Weisungen gebunden. Ist zu einem Gesetze die Zustimmung des Bundesrates erforderlich, so können auch der Bundestag und die Bundesregierung die Einberufung verlangen. Schlägt der Ausschuß eine Änderung des Gesetzesbeschlusses vor, so hat der Bundestag erneut Beschluß zu fassen.

(3) Soweit zu einem Gesetze die Zustimmung des Bundesrates nicht erforderlich ist, kann der Bundesrat, wenn das Verfahren nach Absatz 2 beendigt ist, gegen ein vom Bundestage beschlossenes Gesetz binnen zwei Wochen Einspruch einlegen. Die Einspruchsfrist beginnt im Falle des Absatzes 2 letzter Satz mit dem Eingange des vom Bundestage erneut gefaßten Beschlusses, in allen anderen Fällen mit dem Eingange der Mitteilung des Vorsitzenden des in Absatz 2 vorgesehenen Ausschusses, daß das Verfahren vor dem Ausschusse abgeschlossen ist.

(4) Wird der Einspruch mit der Mehrheit der Stimmen des Bundesrates beschlossen, so kann er durch Beschluß der Mehrheit der Mitglieder des Bundestages zurückgewiesen werden. Hat der Bundesrat den Einspruch mit einer Mehrheit von mindestens zwei Dritteln seiner Stimmen beschlossen, so bedarf die Zurückweisung durch den Bundestag einer Mehrheit von zwei Dritteln, mindestens der Mehrheit der Mitglieder des Bundestages.

Artikel 78 Zustandekommen von Bundesgesetzen

Ein vom Bundestage beschlossenes Gesetz kommt zustande, wenn der Bundesrat zustimmt, den Antrag gemäß Artikel 77 Abs. 2 nicht stellt, innerhalb der Frist des Artikel 77 Abs. 3 keinen Einspruch einlegt oder ihn zurücknimmt oder wenn der Einspruch vom Bundestage überstimmt wird.

Artikel 79 Änderung des Grundgesetzes

(1) Das Grundgesetz kann nur durch ein Gesetz geändert werden, das den Wortlaut des Grundgesetzes ausdrücklich ändert oder ergänzt. Bei völkerrechtlichen Verträgen, die eine Friedensregelung, die Vorbereitung einer Friedensregelung oder den Abbau einer besatzungsrechtlichen Ordnung zum Gegenstand haben oder der Verteidigung der Bundesrepublik zu dienen bestimmt sind, genügt zur Klarstellung, daß die Bestimmungen des Grundgesetzes dem Abschluß und dem Inkraftsetzen der Verträge nicht entgegenstehen, eine Ergänzung des Wortlautes des Grundgesetzes, die sich auf diese Klarstellung beschränkt.
(2) Ein solches Gesetz bedarf der Zustimmung von zwei Dritteln der Mitglieder des Bundestages und zwei Dritteln der Stimmen des Bundesrates.
(3) Eine Änderung dieses Grundgesetzes, durch welche die Gliederung des Bundes in Länder, die grundsätzliche Mitwirkung der Länder bei der Gesetzgebung oder die in den Artikeln 1 und 20 niedergelegten Grundsätze berührt werden, ist unzulässig.

Artikel 80 Erlaß von Rechtsverordnungen

(1) Durch Gesetz können die Bundesregierung, ein Bundesminister oder die Landesregierungen ermächtigt werden, Rechtsverordnungen zu erlassen. Dabei müssen Inhalt, Zweck und Ausmaß der erteilten Ermächtigung im Gesetze bestimmt werden. Die Rechtsgrundlage ist in der Verordnung anzugeben. Ist durch Gesetz vorgesehen, daß eine Ermächtigung weiter übertragen werden kann, so bedarf es zur Übertragung der Ermächtigung einer Rechtsverordnung.
(2) Der Zustimmung des Bundesrates bedürfen, vorbehaltlich anderweitiger bundesgesetzlicher Regelung, Rechtsverordnungen der Bundesregierung oder eines Bundesministers über Grundsätze und Gebühren für die Benutzung der Einrichtungen der Bundeseisenbahnen und des Post- und Fernmeldewesens, über den Bau und Betrieb der Eisenbahnen, sowie Rechtsverordnungen auf Grund von Bundesgesetzen, die der Zustimmung des Bundesrates bedürfen oder die von den Ländern im Auftrage des Bundes oder als eigene Angelegenheit ausgeführt werden.

Artikel 80a Anwendung von Normen im Spannungsfall

(1) Ist in diesem Grundgesetz oder in einem Bundesgesetz über die Verteidigung einschließlich des Schutzes der Zivilbevölkerung bestimmt, daß Rechtsvorschriften nur nach Maßgabe dieses Artikels angewandt werden dürfen, so ist die Anwendung außer im Verteidigungsfalle nur zulässig, wenn der Bundestag den Eintritt des Spannungsfalles festgestellt oder wenn er der Anwendung besonders zugestimmt hat. Die Feststellung des Spannungsfalles und die besondere Zustimmung in den

Fällen des Artikels 12a Abs. 5 Satz 1 und Abs. 6 Satz 2 bedürfen einer Mehrheit von zwei Dritteln der abgegebenen Stimmen.
(2) Maßnahmen auf Grund von Rechtsvorschriften nach Absatz 1 sind aufzuheben, wenn der Bundestag es verlangt.
(3) Abweichend von Absatz 1 ist die Anwendung solcher Rechtsvorschriften auch auf der Grundlage und nach Maßgabe eines Beschlusses zulässig, der von einem internationalen Organ im Rahmen eines Bündnisvertrages mit Zustimmung der Bundesregierung gefaßt wird. Maßnahmen nach diesem Absatz sind aufzuheben, wenn der Bundestag es mit der Mehrheit seiner Mitglieder verlangt.

Artikel 81 Gesetzgebungsnotstand

(1) Wird im Falle des Artikels 68 der Bundestag nicht aufgelöst, so kann der Bundespräsident auf Antrag der Bundesregierung mit Zustimmung des Bundesrates für eine Gesetzesvorlage den Gesetzgebungsnotstand erklären, wenn der Bundestag sie ablehnt, obwohl die Bundesregierung sie als dringlich bezeichnet hat. Das gleiche gilt, wenn eine Gesetzesvorlage abgelehnt worden ist, obwohl der Bundeskanzler mit ihr den Antrag des Artikels 68 verbunden hatte.
(2) Lehnt der Bundestag die Gesetzesvorlage nach Erklärung des Gesetzgebungsnotstandes erneut ab oder nimmt er sie in einer für die Bundesregierung als unannehmbar bezeichneten Fassung an, so gilt das Gesetz als zustande gekommen, soweit der Bundesrat ihm zustimmt. Das gleiche gilt, wenn die Vorlage vom Bundestage nicht innerhalb von vier Wochen nach der erneuten Einbringung verabschiedet wird.
(3) Während der Amtszeit eines Bundeskanzlers kann auch jede andere vom Bundestage abgelehnte Gesetzesvorlage innerhalb einer Frist von sechs Monaten nach der ersten Erklärung des Gesetzgebungsnotstandes gemäß Absatz 1 und 2 verabschiedet werden. Nach Ablauf der Frist ist während der Amtszeit des gleichen Bundeskanzlers eine weitere Erklärung des Gesetzgebungsnotstandes unzulässig.
(4) Das Grundgesetz darf durch ein Gesetz, das nach Absatz 2 zustande kommt, weder geändert noch ganz oder teilweise außer Kraft oder außer Anwendung gesetzt werden.

Artikel 82 Verkündung und Inkrafttreten der Gesetze

(1) Die nach den Vorschriften dieses Grundgesetzes zustande gekommenen Gesetze werden vom Bundespräsidenten nach Gegenzeichnung ausgefertigt und im Bundesgesetzblatte verkündet. Rechtsverordnungen werden von der Stelle, die sie erläßt, ausgefertigt und vorbehaltlich anderweitiger gesetzlicher Regelung im Bundesgesetzblatte verkündet.
(2) Jedes Gesetz und jede Rechtsverordnung soll den Tag des Inkrafttretens bestimmen. Fehlt eine solche Bestimmung, so treten sie mit dem vierzehnten Tage nach Ablauf des Tages in Kraft, an dem das Bundesgesetzblatt ausgegeben worden ist.

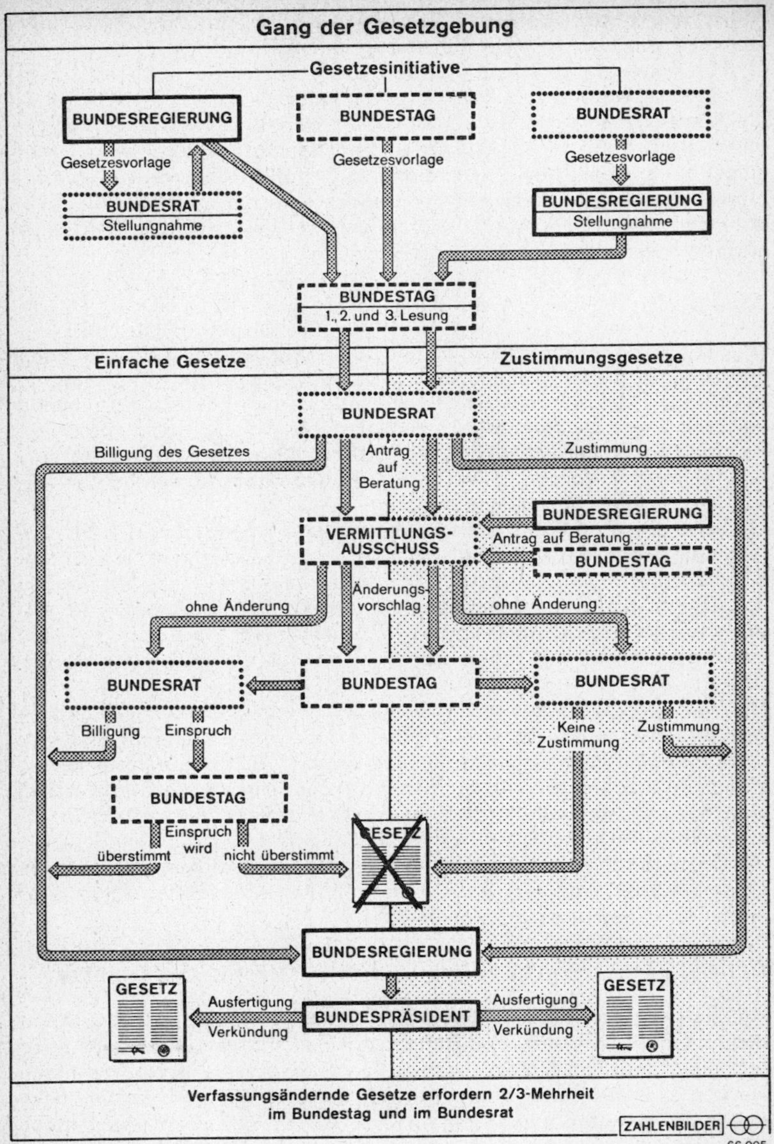
Gang der Gesetzgebung
Gesetzesinitiative
BUNDESREGIERUNG
BUNDESTAG
BUNDESRAT
Gesetzesvorlage
Gesetzesvorlage
Gesetzesvorlage
BUNDESRAT
Stellungnahme
BUNDESREGIERUNG
Stellungnahme
BUNDESTAG
1., 2. und 3. Lesung
Einfache Gesetze
Zustimmungsgesetze
BUNDESRAT
Billigung des Gesetzes
Antrag auf Beratung
Zustimmung
BUNDESREGIERUNG
VERMITTLUNGS-AUSSCHUSS
Antrag auf Beratung
BUNDESTAG
ohne Änderung
Änderungs-vorschlag
ohne Änderung
BUNDESRAT
BUNDESTAG
BUNDESRAT
Billigung
Einspruch
Keine Zustimmung
Zustimmung
BUNDESTAG
Einspruch wird
überstimmt
nicht überstimmt
GESETZ
BUNDESREGIERUNG
GESETZ
Ausfertigung
Verkündung
BUNDESPRÄSIDENT
Ausfertigung
Verkündung
GESETZ
Verfassungsändernde Gesetze erfordern 2/3-Mehrheit
im Bundestag und im Bundesrat
ZAHLENBILDER
66 005

Das Gesetzgebungsverfahren

Der Abschnitt über die Gesetzgebung enthält eine sorgfältig überlegte und genaue Ordnung über das Gesetzgebungsverfahren. Damit sollte gesichert werden, daß die Bundesgesetze im Sinn des Bundesstaates und unter gerechter Abwägung der Interessen von Bund und Ländern erlassen werden.
Es gibt drei Arten der *Gesetzgebungskompetenz* (= Zuständigkeit):
1. Gesetze, bei denen der Bund die ausschließliche Gesetzgebung besitzt (Art. 73). Hier kann nur durch ein Bundesgesetz ausnahmsweise auch ein Land zur Gesetzgebung beauftragt werden.
2. „Konkurrierende" Gesetzgebung. Hier laufen gleichsam Bund und Länder im Wettstreit. Solange der Bund von seinem Gesetzgebungsrecht keinen Gebrauch macht, bleibt es bei den Ländern. Erläßt er jedoch ein Gesetz, so ist dieses auch für die Länder verbindlich. Dabei muß man bedenken, daß der Bundesrat als Bundesorgan und Vertretung der Länder bei der ausschließlichen Gesetzgebung vom Bund ein Mitwirkungs- und Einspruchsrecht besitzt (vgl. Art. 77).
3. Rahmengesetzgebung. Hier gibt der Bund die allgemeinen Richtlinien — den „Rahmen" — und überläßt den Ländern das Recht, ihn auszufüllen, d. h. die Einzelheiten festzulegen.
Es heißt zwar in Art. 70, daß die Länder „das Recht der Gesetzgebung" haben, „soweit dieses Grundgesetz nicht dem Bunde Gesetzgebungsbefugnisse verleiht", aber durch die große Anzahl der zur ausschließlichen und zur konkurrierenden Gesetzgebung rechnenden Bereiche hat in Wahrheit heute der Bund die entscheidenden Rechte, allerdings nicht auf dem Gebiet der Kulturhoheit.

Kulturhoheit der Länder

Die Schul- und Kulturpolitik ist Sache der *Länder*. Diese „*Kulturhoheit*" der Länder (vgl. Art. 7) ist in ihrer Zweckmäßigkeit umstritten, denn es gibt immer wieder Schwierigkeiten, notwendige Regelungen gemeinsam zu treffen.
In der Erkenntnis, daß zwar die grundsätzliche Zuständigkeit der Länder erhalten werden muß, durch die Entwicklung im Schul- und Hochschulbereich Korrekturen jedoch notwendig sind, hat der Bundestag eine Reihe von Grundgesetzänderungen und Ergänzungen beschlossen. So hat der Bund jetzt im Hochschulwesen das Recht der *Rahmengesetzgebung* (vgl. Art. 75), sowie das Recht, die Besoldung und Versorgung der Angehörigen des öffentlichen Dienstes für das ganze Bundesgebiet einheitlich zu regeln: dieser Bereich gehört jetzt zur konkurrierenden Gesetzgebung.
Die Kulturhoheit der Länder ist ein Teil der bundesstaatlichen Ordnung des Staates. Insofern gehört sie zu den Grundbestandteilen der Verfassung. Auf der anderen Seite aber besteht die Gefahr der Zersplitterung und der Vergeudung der Kräfte. Man muß versuchen, Regelungen zu treffen, die der Initiative der einzelnen Länder und ihrer Eigenart genug Raum geben, gleichzeitig aber dafür sorgen, daß grundsätzliche Übereinstimmung besteht. In vielen Fällen greifen Länder- und Bundeszuständigkeiten ineinander. Daraus ergeben sich Konflikte.

Rundfunk, Fernsehen, Presse und Film

Nach Nr. 73 Abs. 7 steht dem *Bund* die ausschließliche Zuständigkeit im Post- und Fernmeldewesen zu. Daraus darf man aber nicht schließen, daß der Bund über die Sendungen des Rundfunks zu bestimmen hat. Ihm steht — auf dem Weg über die Post — nur die Ordnung der technischen Sendemittel zu.

Der Bund besitzt nach Art. 75 Nr. 2 die Kompetenz*, Rahmengesetze über „die allgemeinen Rechtsverhältnisse der Presse und des Films" zu erlassen: er wird wahrscheinlich mit einem Bundespressegesetz die *Pressegesetze* der einzelnen Länder koordinieren und damit die bereits geltenden Bestimmungen des Straf- und Zivilrechts ergänzen.

Änderungen des GG

Sehr wichtig ist der erste und zweite Absatz von Art. 79. Hier wird gesagt, daß *Grundgesetzänderungen* nur dann möglich sind, wenn ein Gesetz diese Änderung und Ergänzung ausdrücklich formuliert. Mehr noch: Bei völkerrechtlichen Verträgen und Friedensregelungen — auch die Vorbereitung gehört dazu — sowie bei Verteidigungsbestimmungen schreibt das GG ein besonderes Verfahren vor.

Noch wichtiger ist der dritte Absatz von Art. 79. Hier baut das GG eine unübersteigbare Sperre auf; es ist grundsätzlich verboten:

- die Gliederung des Bundes in Länder zu beseitigen;
- den Ländern die Mitwirkung bei der Gesetzgebung zu nehmen;
- die Grundsätze von Art. 1 zu beseitigen;
- die Bundesrepublik als parlamentarische Republik, als Sozial- und Rechtsstaat zu beseitigen (Art. 20).

Man wollte auf jeden Fall verhindern, daß in einem Sondergesetz die Demokratie* beseitigt und scheinbar gesetzmäßig die Diktatur* errichtet würde, wie dies nach 1933 mit dem „Ermächtigungsgesetz" vom 23. März geschehen war.

Rechtsverordnungen

Allen Maßnahmen der Regierung und der Verwaltung müssen Gesetze zugrunde liegen; das bestimmt Art. 20 Abs. 3. Man kann jedoch nicht alles durch Gesetze im einzelnen regeln.

Um den Regierungen in Bund und Ländern einen Spielraum zu geben, Gesetze auszufüllen und näher auszuführen, bestimmt Art. 80, daß sie *Rechtsverordnungen* erlassen können — immer unter der Voraussetzung, daß es aufgrund gesetzlicher Ermächtigung geschieht und daß in der Rechtsverordnung dies ausdrücklich angegeben wird. Damit wollte man einerseits den Spielraum der Regierung so weit halten, daß die notwendigen Verordnungen erlassen werden können, andererseits aber Übergriffe abwehren.

Vorschriften im Spannungsfall

Die Bestimmungen von Art. 80a enthalten Vorschriften darüber, was nach der Verfassung zur „Verteidigung“ und zum „Schutz der Bevölkerung“ verordnet werden kann, auch wenn der Verteidigungsfall noch nicht gegeben ist. Man hat als erste Stufe einen „*Spannungsfall*“ festgelegt, den der Bundestag feststellen muß. In diesem Fall dürfen gewisse Rechtsvorschriften in Kraft gesetzt werden. Diese Entscheidung kann jederzeit auf Verlangen des Bundestages aufgehoben werden.
Im dritten Absatz steht eine wichtige und unter Umständen auch weitreichende Ausnahme:
Wenn nämlich „ein internationales Organ im Rahmen eines Bündnisvertrages“ den Einsatz solcher Rechtsvorschriften beschließt — die Zustimmung der Bundesregierung ist immerhin notwendig —, dann braucht der Bundestag nicht gefragt zu werden. Er kann solche Maßnahmen allerdings mit der Mehrheit der Mitglieder aufheben. Das bedeutet, daß ein Beschluß der NATO* über Maßnahmen in einem Spannungsfall oder zur Vorbereitung von Verteidigungshandlungen unmittelbare Gültigkeit hat.
Im GG hat man darauf verzichtet anzugeben, was ein „Spannungsfall“ ist. Hier muß die Bundesregierung zusammen mit dem Bundestag entscheiden.

Der Gesetzgebungsnotstand

Art. 81 betrifft nicht den Notstand im Verteidigungsfall, sondern diejenige Situation, die entsteht, wenn der Bundeskanzler im Parlament keine Mehrheit für die Vertrauensfrage findet, der Bundestag aber trotzdem nicht aufgelöst wird. (Der Bundespräsident kann ihn nach Art. 68 auflösen, ist aber nicht dazu verpflichtet.) Die Konflikte, die dann zwischen Regierung und Parlament bei Gesetzesvorlagen entstehen, müssen auf dem Weg des *Gesetzgebungsnotstandes* überbrückt werden.
In Art. 81 Abs. 4 ist eine notwendige Sicherung eingebaut: *Grundgesetzänderungen* oder die Außerkraftsetzung von Grundgesetzbestimmungen sind auf dem Weg des Gesetzgebungsnotstandes nicht möglich. Man wollte verhindern, daß dem Bundestag das Recht der Grundgesetzänderung genommen oder daß dabei die Bundesregierung überspielt wird. Man erinnerte sich auch an die Weimarer Republik, wo die Reichsverfassung es dem Reichspräsidenten mit dem Artikel 48 erlaubte, Notverordnungen mit Gesetzeskraft zu erlassen und unter Umständen sogar — wie in der Zeit nach 1930 — ohne den Reichstag zu regieren.

VIII. Die Ausführung der Bundesgesetze und die Bundesverwaltung

Artikel 83 Grundsatz der Länderexekutive

Die Länder führen die Bundesgesetze als eigene Angelegenheit aus, soweit dieses Grundgesetz nichts anderes bestimmt oder zuläßt.

Artikel 84 Länderverwaltung und Bundesaufsicht

(1) Führen die Länder die Bundesgesetze als eigene Angelegenheit aus, so regeln sie die Einrichtung der Behörden und das Verwaltungsverfahren, soweit nicht Bundesgesetze mit Zustimmung des Bundesrates etwas anderes bestimmen.
(2) Die Bundesregierung kann mit Zustimmung des Bundesrates allgemeine Verwaltungsvorschriften erlassen.
(3) Die Bundesregierung übt die Aufsicht darüber aus, daß die Länder die Bundesgesetze dem geltenden Recht gemäß ausführen. Die Bundesregierung kann zu diesem Zwecke Beauftragte zu den obersten Landesbehörden entsenden, mit deren Zustimmung und, falls diese Zustimmung versagt wird, mit Zustimmung des Bundesrates auch zu den nachgeordneten Behörden.
(4) Werden Mängel, die die Bundesregierung bei der Ausführung der Bundesgesetze in den Ländern festgestellt hat, nicht beseitigt, so beschließt auf Antrag der Bundesregierung oder des Landes der Bundesrat, ob das Land das Recht verletzt hat. Gegen den Beschluß des Bundesrates kann das Bundesverfassungsgericht angerufen werden.
(5) Der Bundesregierung kann durch Bundesgesetz, das der Zustimmung des Bundesrates bedarf, zur Ausführung von Bundesgesetzen die Befugnis verliehen werden, für besondere Fälle Einzelweisungen zu erteilen. Sie sind, außer wenn die Bundesregierung den Fall für dringlich erachtet, an die obersten Landesbehörden zu richten.

Artikel 85 Bundesauftragsverwaltung der Länder

(1) Führen die Länder die Bundesgesetze im Auftrage des Bundes aus, so bleibt die Einrichtung der Behörden Angelegenheit der Länder, soweit nicht Bundesgesetze mit Zustimmung des Bundesrates etwas anderes bestimmen.
(2) Die Bundesregierung kann mit Zustimmung des Bundesrates allgemeine Verwaltungsvorschriften erlassen. Sie kann die einheitliche Ausbildung der Beamten und Angestellten regeln. Die Leiter der Mittelbehörden sind mit ihrem Einvernehmen zu bestellen.
(3) Die Landesbehörden unterstehen den Weisungen der zuständigen obersten Bundesbehörden. Die Weisungen sind, außer wenn die Bundesregierung es für dringlich erachtet, an die obersten Landesbehörden

zu richten. Der Vollzug der Weisung ist durch die obersten Landesbehörden sicherzustellen.
(4) Die Bundesaufsicht erstreckt sich auf Gesetzmäßigkeit und Zweckmäßigkeit der Ausführung. Die Bundesregierung kann zu diesem Zwecke Bericht und Vorlage der Akten verlangen und Beauftragte zu allen Behörden entsenden.

Artikel 86 Bundeseigene Verwaltung

Führt der Bund die Gesetze durch bundeseigene Verwaltung oder durch bundesunmittelbare Körperschaften oder Anstalten des öffentlichen Rechtes aus, so erläßt die Bundesregierung, soweit nicht das Gesetz Besonderes vorschreibt, die allgemeinen Verwaltungsvorschriften. Sie regelt, soweit das Gesetz nichts anderes bestimmt, die Einrichtung der Behörden.

Artikel 87 Gegenstände der bundeseigenen Verwaltung

(1) In bundeseigener Verwaltung mit eigenem Verwaltungsunterbau werden geführt der Auswärtige Dienst, die Bundesfinanzverwaltung, die Bundeseisenbahnen, die Bundespost und nach Maßgabe des Artikels 89 die Verwaltung der Bundeswasserstraßen und der Schiffahrt. Durch Bundesgesetz können Bundesgrenzschutzbehörden, Zentralstellen für das polizeiliche Auskunfts- und Nachrichtenwesen, für die Kriminalpolizei und zur Sammlung von Unterlagen für Zwecke des Verfassungsschutzes und des Schutzes gegen Bestrebungen im Bundesgebiet, die durch Anwendung von Gewalt oder darauf gerichtete Vorbereitungshandlungen auswärtige Belange der Bundesrepublik Deutschland gefährden, eingerichtet werden.
(2) Als bundesunmittelbare Körperschaften des öffentlichen Rechtes werden diejenigen sozialen Versicherungsträger geführt, deren Zuständigkeitsbereich sich über das Gebiet eines Landes hinaus erstreckt.
(3) Außerdem können für Angelegenheiten, tür die dem Bunde die Gesetzgebung zusteht, selbständige Bundesoberbehörden und neue bundesunmittelbare Körperschaften und Anstalten des öffentlichen Rechtes durch Bundesgesetz errichtet werden. Erwachsen dem Bunde auf Gebieten, für die ihm die Gesetzgebung zusteht, neue Aufgaben, so können bei dringendem Bedarf bundeseigene Mittel- und Unterbehörden mit Zustimmung des Bundesrates und der Mehrheit der Mitglieder des Bundestages errichtet werden.

Artikel 87a Streitkräfte

(1) Der Bund stellt Streitkräfte zur Verteidigung auf. Ihre zahlenmäßige Stärke und die Grundzüge ihrer Organisation müssen sich aus dem Haushaltsplan ergeben.

(2) Außer zur Verteidigung dürfen die Streitkräfte nur eingesetzt werden, soweit dieses Grundgesetz es ausdrücklich zuläßt.
(3) Die Streitkräfte haben im Verteidigungsfalle und im Spannungsfalle die Befugnis, zivile Objekte zu schützen und Aufgaben der Verkehrsregelung wahrzunehmen, soweit dies zur Erfüllung ihres Verteidigungsauftrages erforderlich ist. Außerdem kann den Streitkräften im Verteidigungsfalle und im Spannungsfalle der Schutz ziviler Objekte auch zur Unterstützung polizeilicher Maßnahmen übertragen werden; die Streitkräfte wirken dabei mit den zuständigen Behörden zusammen.
(4) Zur Abwehr einer drohenden Gefahr für den Bestand oder die freiheitliche demokratische Grundordnung des Bundes oder eines Landes kann die Bundesregierung, wenn die Voraussetzungen des Artikels 91 Abs. 2 vorliegen und die Polizeikräfte sowie der Bundesgrenzschutz nicht ausreichen, Streitkräfte zur Unterstützung der Polizei und des Bundesgrenzschutzes beim Schutze von zivilen Objekten und bei der Bekämpfung organisierter und militärisch bewaffneter Aufständischer einsetzen. Der Einsatz von Streitkräften ist einzustellen, wenn der Bundestag oder der Bundesrat es verlangen.

Artikel 87b Bundeswehrverwaltung

(1) Die Bundeswehrverwaltung wird in bundeseigener Verwaltung mit eigenem Verwaltungsunterbau geführt. Sie dient den Aufgaben des Personalwesens und der unmittelbaren Deckung des Sachbedarfs der Streitkräfte. Aufgaben der Beschädigtenversorgung und des Bauwesens können der Bundeswehrverwaltung nur durch Bundesgesetz, das der Zustimmung des Bundesrates bedarf, übertragen werden. Der Zustimmung des Bundesrates bedürfen ferner Gesetze, soweit sie die Bundeswehrverwaltung zu Eingriffen in Rechte Dritter ermächtigen; das gilt nicht für Gesetze auf dem Gebiete des Personalwesens.
(2) Im übrigen können Bundesgesetze, die der Verteidigung einschließlich des Wehrersatzwesens und des Schutzes der Zivilbevölkerung dienen, mit Zustimmung des Bundesrates bestimmen, daß sie ganz oder teilweise in bundeseigener Verwaltung mit eigenem Verwaltungsunterbau oder von den Ländern im Auftrage des Bundes ausgeführt werden. Werden solche Gesetze von den Ländern im Auftrage des Bundes ausgeführt, so können sie mit Zustimmung des Bundesrates bestimmen, daß die der Bundesregierung und den zuständigen obersten Bundesbehörden auf Grund des Artikels 85 zustehenden Befugnisse ganz oder teilweise Bundesoberbehörden übertragen werden; dabei kann bestimmt werden, daß diese Behörden beim Erlaß allgemeiner Verwaltungsvorschriften gemäß Artikel 85 Abs. 2 Satz 1 nicht der Zustimmung des Bundesrates bedürfen.

Artikel 87 c Erzeugung und Nutzung der Kernenergie

Gesetze, die auf Grund des Artikels 74 Nr. 11a ergehen, können mit Zustimmung des Bundesrates bestimmen, daß sie von den Ländern im Auftrage des Bundes ausgeführt werden.

Artikel 87d Luftverkehrsverwaltung

(1) Die Luftverkehrsverwaltung wird in bundeseigener Verwaltung geführt.
(2) Durch Bundesgesetz, das der Zustimmung des Bundesrates bedarf, können Aufgaben der Luftverkehrsverwaltung den Ländern als Auftragsverwaltung übertragen werden.

Artikel 88 Bundesbank

Der Bund errichtet eine Währungs- und Notenbank als Bundesbank.

Artikel 89 Bundeswasserstraßen

(1) Der Bund ist Eigentümer der bisherigen Reichswasserstraßen.
(2) Der Bund verwaltet die Bundeswasserstraßen durch eigene Behörden. Er nimmt die über den Bereich eines Landes hinausgehenden staatlichen Aufgaben der Binnenschiffahrt und die Aufgaben der Seeschiffahrt wahr, die ihm durch Gesetz übertragen werden. Er kann die Verwaltung von Bundeswasserstraßen, soweit sie im Gebiete eines Landes liegen, diesem Lande auf Antrag als Auftragsverwaltung übertragen. Berührt eine Wasserstraße das Gebiet mehrerer Länder, so kann der Bund das Land beauftragen, für das die beteiligten Länder es beantragen.
(3) Bei der Verwaltung, dem Ausbau und dem Neubau von Wasserstraßen sind die Bedürfnisse der Landeskultur und der Wasserwirtschaft im Einvernehmen mit den Ländern zu wahren.

Artikel 90 Bundesstraßen

(1) Der Bund ist Eigentümer der bisherigen Reichsautobahnen und Reichsstraßen.
(2) Die Länder oder die nach Landesrecht zuständigen Selbstverwaltungskörperschaften verwalten die Bundesautobahnen und sonstigen Bundesstraßen des Fernverkehrs im Auftrage des Bundes.
(3) Auf Antrag eines Landes kann der Bund Bundesautobahnen und sonstige Bundesstraßen des Fernverkehrs, soweit sie im Gebiet dieses Landes liegen, in bundeseigene Verwaltung übernehmen.

Artikel 91 Abwehr von Gefahren für den Bestand des Bundes oder eines Landes

(1) Zur Abwehr einer drohenden Gefahr für den Bestand oder die freiheitliche demokratische Grundordnung des Bundes oder eines Landes kann ein Land Polizeikräfte anderer Länder sowie Kräfte und Einrichtungen anderer Verwaltungen und des Bundesgrenzschutzes anfordern.
(2) Ist das Land, in dem die Gefahr droht, nicht selbst zur Bekämpfung der Gefahr bereit oder in der Lage, so kann die Bundesregierung die Polizei in diesem Lande und die Polizeikräfte anderer Länder ihren Weisungen unterstellen sowie Einheiten des Bundesgrenzschutzes einsetzen. Die Anordnung ist nach Beseitigung der Gefahr, im übrigen jederzeit auf Verlangen des Bundesrates aufzuheben. Erstreckt sich die Gefahr auf das Gebiet mehr als eines Landes, so kann die Bundesregierung, soweit es zur wirksamen Bekämpfung erforderlich ist, den Landesregierungen Weisungen erteilen; Satz 1 und Satz 2 bleiben unberührt.

In den Artikeln 83 bis 91 wird die Ausführung der *Bundesgesetze* sowie die Ordnung der vollziehenden Gewalt (Exekutive*) festgelegt. Als Grundsatz gilt, daß den *Ländern* auch die Ausführung der Bundesgesetze obliegt (Art. 83), es sei denn, das GG hätte ausdrücklich anders bestimmt. Das bundesstaatliche Prinzip soll gewahrt bleiben. Dabei kommt dem Zusammenwirken von Bund und Ländern große Bedeutung zu: dies wird in den Art. 84 und 85 geregelt, wobei der Bund die Möglichkeit besitzt, die Länder mit Verwaltungsaufgaben zu beauftragen (vgl. Art. 85).
Natürlich hat der *Bund* auch bundeseigene Verwaltungen, z. B. im Wehrbereich, in der Außenpolitik oder bei der Zollverwaltung. In diesem Fall erläßt allein die Bundesregierung die Verwaltungsvorschriften.
In Art. 87 wird aufgeführt, welche Gebiete in bundeseigener Verwaltung geordnet sind; ein wichtiges Teilgebiet sind die *Streitkräfte*. Über sie wird in Art. 87a festgelegt, wer über ihre Stärke und ihre Organisation bestimmt und wie sie einzusetzen sind. Das sollte man genau lesen, zumal hier auch steht, wann bei einem inneren Notstand (Gefahr für die freiheitliche Grundordnung) die Bundeswehr herangezogen werden kann. Die Stärke und die Organisation der Streitkräfte sind festgelegt, denn die Bundesrepublik ist Mitglied der NATO*. Das bedeutet, daß durch die NATO-Verträge die Zuständigkeit des Bundes im Sinne von Art. 24 an das Bündnis abgegeben wurde — soweit es diese Verträge bestimmen.
Man hat zwei wichtige Gebiete, die Verwaltung der *Kernenergie* und des *Luftverkehrs*, grundsätzlich dem Bund überlassen (Art. 87c und 87d), gleichzeitig aber die Möglichkeit gegeben, daß die Länder diese Aufgabe im Auftrag des Bundes übernehmen. Bei der Bedeutung der beiden Bereiche ist leicht einzusehen, weshalb hier ausdrücklich die Zuständigkeit des Bundes verfügt wurde.
In zwei ganz wichtigen Gebieten hat man dem Bund die Verwaltungszuständigkeit übertragen:
Beim polizeilichen Auskunfts- und Nachrichtenwesen, beim Sammeln der Unterlagen für Verfassungsschutz und Kriminalpolizei (Art. 87 Abs.1) und

in der Verwaltung der Wasserstraßen. Beides wurde in jüngster Zeit wichtig. Man mußte der Kriminalpolizei bessere Möglichkeiten geben, Verbrecher wirkungsvoller zu bekämpfen. Ebenso notwendig war es, dafür zu sorgen, daß die Gewässer sinnvoll verwaltet und geschützt werden. Die *Umweltverschmutzung* hat einen solchen Grad erreicht, daß man genötigt war, mit besonderen Bundesgesetzen einzugreifen und für eine wirksame Abhilfe zu sorgen.

Art. 88 ist nach dem Vorbild der Weimarer Gesetzgebung beschlossen worden. Man wollte eine *Bundesbank* schaffen, die ähnlich unabhängig und vor allem die Hüterin der Währung sein sollte wie seinerzeit die Reichsbank. Im Bundesbankgesetz wurde die Bundesbank als Anstalt des öffentlichen Rechts in Frankfurt errichtet. Sie besitzt das alleinige Recht, Banknoten auszugeben, den Geldumlauf zu ordnen und die Kreditversorgung der Wirtschaft zu regeln. Die Bundesbank setzt auch den Diskontsatz* fest und bestimmt die Mindestreserven der einzelnen Banken. Damit kann sie wirksam in das Wirtschafts- und Finanzgeschehen eingreifen. Sie ist von Weisungen der Bundesregierung unabhängig, soll aber die „allgemeine Wirtschaftspolitik" der Regierung unterstützen. Diese ihre Unabhängigkeit hat sich in der Geschichte der Bundesrepublik mehrfach positiv ausgewirkt. Sie ist für die Regierung nicht immer leicht zu ertragen; Auseinandersetzungen können aber zur Klärung und zur Bewältigung von Konflikten beitragen.

In Art. 91 und Art. 87a, der in seiner jetzigen Fassung durch die Notstandsgesetzgebung vom 24. Juni 1968 eingeführt worden ist, werden wichtige Feststellungen getroffen über die Streitkräfte und ihren Einsatz im „Verteidigungs- und Spannungsfall" sowie über die „Abwehr von Gefahren für den Bestand" des Staates. Man muß diese Bestimmungen daher im Zusammenhang mit den Art. 115a—115l sehen, die den Kern der Notstandsregelung bilden. Solche Vorsichtsmaßnahmen sind gewiß unvermeidbar, können andererseits aber auch Gefahren für die Freiheit mit sich bringen, wenn die Kontrolle der Vollmachten nicht funktionieren würde. Darum ist besonders bedeutsam, daß in jedem Fall auch der Bundesrat (vgl. Art. 87a Abs. 4 und 91 Abs. 2 Satz 2) das Recht besitzt, die Aufhebung der Maßnahmen zu verlangen.

VIII a. Gemeinschaftsaufgaben

Artikel 91a Mitwirkung des Bundes bei Länderaufgaben

(1) Der Bund wirkt auf folgenden Gebieten bei der Erfüllung von Aufgaben der Länder mit, wenn diese Aufgaben für die Gesamtheit bedeutsam sind und die Mitwirkung des Bundes zur Verbesserung der Lebensverhältnisse erforderlich ist (Gemeinschaftsaufgaben):

1. Ausbau und Neubau von Hochschulen einschließlich der Hochschulkliniken,
2. Verbesserung der regionalen Wirtschaftsstruktur,
3. Verbesserung der Agrarstruktur und des Küstenschutzes.

(2) Durch Bundesgesetz mit Zustimmung des Bundesrates werden die Gemeinschaftsaufgaben näher bestimmt. Das Gesetz soll allgemeine Grundsätze für ihre Erfüllung enthalten.
(3) Das Gesetz trifft Bestimmungen über das Verfahren und über Einrichtungen für eine gemeinsame Rahmenplanung. Die Aufnahme eines Vorhabens in die Rahmenplanung bedarf der Zustimmung des Landes, in dessen Gebiet es durchgeführt wird.
(4) Der Bund trägt in den Fällen des Absatzes 1 Nr. 1 und 2 die Hälfte der Ausgaben in jedem Land. In den Fällen des Absatzes 1 Nr. 3 trägt der Bund mindestens die Hälfte; die Beteiligung ist für alle Länder einheitlich festzusetzen. Das Nähere regelt das Gesetz. Die Bereitstellung der Mittel bleibt der Feststellung in den Haushaltsplänen des Bundes und der Länder vorbehalten.
(5) Bundesregierung und Bundesrat sind auf Verlangen über die Durchführung der Gemeinschaftsaufgaben zu unterrichten.

Artikel 91b Bildungsplanung und wissenschaftliche Forschung

Bund und Länder können auf Grund von Vereinbarungen bei der Bildungsplanung und bei der Förderung von Einrichtungen und Vorhaben der wissenschaftlichen Forschung von überregionaler Bedeutung zusammenwirken. Die Aufteilung der Kosten wird in der Vereinbarung geregelt.

Art. 91a und 91b wurden im 21. Gesetz zur Änderung des GG eingeführt, weil sich herausgestellt hatte, daß die ursprünglich vorgesehene strenge Trennung der Verwaltungsaufgaben des *Bundes* und der *Länder* nicht aufrechtzuerhalten war.
Eine Sachverständigenkommission für die Finanzreform (im sog. „Troeger-Gutachten“) hatte vorgeschlagen, für besonders wichtige Vorhaben, die Bund und Länder gleichermaßen betreffen, die Zuständigkeit beider Instanzen ausdrücklich festzustellen.
Damit sollten vor allem dem Bund Mitwirkungsrechte dort gegeben werden,

wo es sich um länderübergreifende Aufgaben handelt, bei denen auch Bundesmittel notwendig sind.
In Art. 91a werden die Gebiete genannt, in denen der Bund mitwirkt, „wenn diese Aufgaben für die Gesamtheit bedeutsam sind" und sie von den Ländern alleine nicht so gut erfüllt werden können. Nicht näher bestimmt sind die Einzelaufgaben innerhalb der aufgezählten Gebiete. Diese sind zeitbedingt. Welches Problem als Gemeinschaftsaufgabe zu behandeln ist, wird nach Art. 91a Abs. 2 durch Bundesgesetz in Übereinstimmung mit dem Bundesrat festgelegt.
Diese Verfassungsbestimmungen sind bereits wirksam geworden bei der Finanzierung der Hochschulbauten, bei der Förderung der Landwirtschaft und mit der Errichtung eines Bundesministeriums für Wissenschaft und Forschung.
Die föderalistische Struktur der Bundesrepublik aber muß bestehen bleiben (Art. 79 Abs. 3); daher kommt es, daß man in der gemeinsamen Bildungsplanung und Bildungsreform noch nicht sehr weit gekommen ist. Die Kürzung der Mittel für das Bundeswissenschaftsministerium im Sommer 1972 zeigt auch, wie sehr Hochschul- und Bildungspolitik von der Finanzpolitik abhängen.
Ein neues, besonders wichtiges Gebiet ist mit dem *Umweltschutz* gegeben; Bund und Länder wollen durch neue Gesetze darauf hinwirken, daß auch hier die Ermächtigung von Art. 91a genützt werden kann.
Nach Art. 91b wurde im Rahmen der Gemeinschaftsaufgaben von Bund und Ländern im Jahre 1970 eine gemeinsame Kommission eingerichtet: die *Bund-Länder-Kommission* für Bildungsplanung (BLK). In ihr sind die Bundesregierung und die Länderregierungen vertreten. Aufgabe: Entwicklung eines langfristigen Planes für das Bildungswesen, Vorschläge für die Finanzierung dieses Planes und Vorschläge für Programme, die sofort in Angriff genommen werden sollen. In der Kommission hat der Bund 11 Stimmen, und die Länder haben je eine Stimme. Beschlüsse in der Bund-Länder-Kommission müssen mit mindestens $^2/_3$ Mehrheit gefaßt werden. Die Beschlüsse selbst bedürfen der Genehmigung durch die Konferenz der Regierungschefs. In dieser Konferenz haben der Bundeskanzler und die Ministerpräsidenten je eine Stimme.
Die Bund-Länder-Kommission verabschiedete im Oktober 1971 einen Bericht über den „Bildungsgesamtplan", im Juli 1972 „Vorschläge für die Durchführung vordringlicher Maßnahmen"; im Juni 1973 verabschiedete die Kommission den eigentlichen „Bildungsgesamtplan". Bis zum Beginn des Jahres 1975 sind einige Reformen durchgeführt worden (Einrichtung einiger Gesamtschulen und Gesamthochschulen); die zunehmende Geldknappheit und gleichzeitige Teuerung erschwert aber die Weiterführung. Bund und Länder haben vor allem im Berufsschulwesen eine engere Zusammenarbeit vereinbart. Ein „Berufsbildungsförderungsgesetz" soll vor allem der Ausbildung der Berufsschüler dienen und die Schwierigkeiten gerade in diesem Bereich überwinden helfen. Die zunehmende Jugendarbeitslosigkeit drängt Bund und Länder zur Abhilfe. Möglicherweise wird man dabei auch die Zuständigkeiten des Bundes erweitern müssen.

IX. Die Rechtsprechung

Gemäß der Dreiteilung der Staatsgewalt (Exekutive* — Legislative* — Judikative*) bringt das GG nach den Abschnitten VII (Gesetzgebung) und VIII (Ausführung der Gesetze, ausführende Gewalt) in Abschnitt IX die grundlegenden Bestimmungen über die Rechtsprechung. Zuvor hatte man in Art. 20 Abs. 2 und Abs. 3 die Rechtsprechung als eigenständige Teilgewalt bezeichnet und in Art. 19 Abs. 4 festgelegt, daß jedermann die Gerichte anrufen kann, wenn er in seinen Rechten durch die *öffentliche Gewalt** verletzt wurde.

Da die Bundesrepublik ein Bundesstaat ist, stellt das GG in der für alle Bereiche des Staates geltenden Grundregelung des Art. 30 fest, daß „die Ausübung der staatlichen Befugnisse und die Erfüllung der staatlichen Aufgaben" „Sache der Länder" ist — „soweit dieses Grundgesetz keine andere Regelung trifft oder zuläßt". So fällt die Rechtsprechung auch zuerst den Ländern zu, es sei denn, die Verfassung bestimmt ausdrücklich anders. Das ist in Art. 92ff. geschehen. Ihm zufolge gibt es als Gerichte des Bundes:

- das Bundesverfassungsgericht; es hat als oberstes Verfassungsgericht einen besonderen Rang (vgl. Art. 93, 94, 99, 100);
- die obersten Gerichtshöfe des Bundes (vgl. Art. 95);
- die übrigen Bundesgerichte (vgl. Art. 96).

Art. 92 stellt an den Anfang die Feststellung, daß die Rechtsprechung den Richtern anvertraut ist und verteilt, wie es die Art. 70 und 83 für Legislative und Exekutive tun, die Dritte Gewalt zwischen Bund und Ländern.

Art. 93 bis 96 sowie Art. 99 und 100 befassen sich mit dem Teil der Rechtsprechung, die dem Bund zusteht. Art. 97 und Art. 98 regeln die besondere Stellung der Richter, insbesondere ihre Unabhängigkeit.

Art. 101 bis 104 bestimmen das Verhältnis des einzelnen zur Rechtsprechung. Sie nennen die durch Gerichte besonders gefährdeten und daher in der Verfassung ausdrücklich garantierten Rechte und sind so wichtig, daß sie auch im Grundrechtsteil hätten genannt werden können. Da sie Grundrechten entsprechen und sich aus ihnen ergeben, sind sie ihnen gleichzustellen.

Weil diese grundsätzlichen Festlegungen durch einzelne Gesetze ausgeführt werden, ist es wichtig, sie zu kennen. Immer wieder nämlich wird von einzelnen Behörden versucht, in der Praxis das GG zu unterlaufen und die Gesetze so anzuwenden, daß zwar dem Verwaltungszweck entsprochen wird, nicht aber dem Ziel der freiheitlichen demokratischen Grundordnung. In der Anwendung der Untersuchungshaft, in der Handhabung von Gefängnisordnungen z. B. werden immer wieder Fälle bekannt, die zeigen, wie schwer es Behörden fällt, dem Sinn des GG zu entsprechen.

Artikel 92 Organe der rechtsprechenden Gewalt

Die rechtsprechende Gewalt ist den Richtern anvertraut; sie wird durch das Bundesverfassungsgericht, durch die in diesem Grundgesetze vorgesehenen Bundesgerichte und durch die Gerichte der Länder ausgeübt.

Die *Gerichte*, die hier genannt werden, sind staatliche Gerichte. Die *Richter* führen den Auftrag des Staates, Rechtsstreitigkeiten zu entscheiden, in ihrer eigenen Verantwortung als Richter aus. Sie stehen in staatlichem Dienst, sind aber keine Beamten; ihre Stellung entspricht allerdings in vielem derjenigen der Beamten. Neben den Berufsrichtern gibt es auch Laienrichter: Handelsrichter der Handelskammern beim Landgericht, Arbeitsrichter beim Arbeitsgericht, Schöffen* beim Schöffengericht, Geschworene* beim Schwurgericht. Auch letztere sind Richter im Sinne des GG. Ihre richterliche Entscheidung („Votum") hat das gleiche Gewicht wie das Votum des Berufsrichters. Auch Gerichte von Körperschaften*, z. B. Ärztekammern, die durch entsprechende Gesetze vorgesehen sind, haben den Rang von Gerichten im Sinn des GG. „Gerichte" eines Fußballverbandes hingegen sind lediglich Schiedsstellen eines Verbandes.
Allein Gerichte dürfen öffentliche Strafen verhängen. Wo man es sonst eine „Strafe" nennt, handelt es sich in Wahrheit um vertragliche Verpflichtungen („Bußgelder", „Vertragsstrafen" eines Sportverbandes) oder um kirchliche Maßnahmen („Kirchenstrafen"). Auch staatliche Verwaltungsbehörden können nur „Bußgelder" (z. B. bei Übertretungen von Verkehrsregeln), nicht aber sog. Kriminalstrafen, wodurch man „vorbestraft" wird, verhängen. Gegen solche Verwaltungsmaßnahmen kann das Gericht angerufen werden. Früher war es außerdem erlaubt, „Steuervergehen" durch besondere „Steuerstrafen", die von den Finanzämtern verhängt wurden, zu ahnden. Das BVerfG hat solche Vorschriften als grundgesetzwidrig bezeichnet, weil hier die Gewaltenteilung in Frage gestellt worden ist. Denn ein Organ der Exekutive* darf keine Befugnisse der Judikative* an sich nehmen. Bei alledem muß bedacht werden, daß der mengenmäßige Schwerpunkt der Rechtsprechung nicht bei dem in der Öffentlichkeit besonders beachteten Strafrecht, sondern im Bereich der bürgerlichen Rechtsstreitigkeiten liegt.

Artikel 93 Zuständigkeit des Bundesverfassungsgerichts

(1) Das Bundesverfassungsgericht entscheidet:
1. über die Auslegung dieses Grundgesetzes aus Anlaß von Streitigkeiten über den Umfang der Rechte und Pflichten eines obersten Bundesorgans oder anderer Beteiligter, die durch dieses Grundgesetz oder in der Geschäftsordnung eines obersten Bundesorgans mit eigenen Rechten ausgestattet sind;
2. bei Meinungsverschiedenheiten oder Zweifeln über die förmliche und sachliche Vereinbarkeit von Bundesrecht oder Landesrecht mit diesem Grundgesetze oder die Vereinbarkeit von Landesrecht mit sonstigem Bundesrechte auf Antrag der Bundesregierung, einer Landesregierung oder eines Drittels der Mitglieder des Bundestages;
3. bei Meinungsverschiedenheiten über Rechte und Pflichten des Bundes und der Länder, insbesondere bei der Ausführung von Bundesrecht durch die Länder und bei der Ausübung der Bundesaufsicht;
4. in anderen öffentlich-rechtlichen Streitigkeiten zwischen dem Bunde und den Ländern, zwischen verschiedenen Ländern oder innerhalb eines Landes, soweit nicht ein anderer Rechtsweg gegeben ist;

4a. über Verfassungsbeschwerden, die von jedermann mit der Behauptung erhoben werden können, durch die öffentliche Gewalt in einem seiner Grundrechte oder in einem seiner in Artikel 20 Abs. 4, 33, 38, 101, 103 und 104 enthaltenen Rechte verletzt zu sein;
4b. über Verfassungsbeschwerden von Gemeinden und Gemeindeverbänden wegen Verletzung des Rechts auf Selbstverwaltung nach Artikel 28 durch ein Gesetz, bei Landesgesetzen jedoch nur, soweit nicht Beschwerde beim Landesverfassungsgericht erhoben werden kann;
5. in den übrigen in diesem Grundgesetz vorgesehenen Fällen.
(2) Das Bundesverfassungsgericht wird ferner in den ihm sonst durch Bundesgesetz zugewiesenen Fällen tätig.

Art. 93 Abs. 1 Nr. 1: Organstreitigkeiten
In der Sprache der Verfassung versteht man unter einem *Bundesorgan*: Bundestag, Bundespräsident und Bundesregierung. Auch das BVerfG ist ein Verfassungsorgan.
Daneben wird von „anderen Beteiligten" gesprochen. Man rechnet dazu den Bundesfinanzminister mit seinen besonderen Rechten und Pflichten nach Art. 112. Zu den hier genannten gehören auch der Vermittlungsausschuß, der Ständige Ausschuß* und der Gemeinsame Ausschuß* des Bundestages, ebenso der Bundestagspräsident und der Ältestenrat* des Bundestages. Einzelne Fraktionen und einzelne Abgeordnete zählen dazu, soweit es um ihre Aufgaben und Befugnisse nach dem GG geht.
Art. 93 Abs. 1 Nr. 2: Normenkontrolle
Mit ihr wird überprüft, ob bundes- oder landesrechtliche Vorschriften mit den Grundregeln (Normen) des GG in Einklang stehen. Diese grundsätzliche und allgemeine („abstrakte") *Normenkontrolle* wird von der Bundesregierung, einer Landesregierung oder einem Drittel der Mitglieder des Bundestags beantragt. Die „konkrete", d. h. von einem Einzelfall her bestimmte Normenkontrolle geht von den Gerichten aus (vgl. Art. 100).
Entscheidet das BVerfG, daß ein Gesetz mit dem GG nicht übereinstimmt, so ist dieses Gesetz nichtig.
Beispiele:
Im Jahr 1957 wurden Bestimmungen des Einkommensteuergesetzes über die steuerliche Zusammenveranlagung aufgehoben, soweit sie eine Benachteiligung Verheirateter betrafen;
1958 hob das BVerfG Gesetze Hamburgs und Bremens über eine Volksbefragung gegen Atomwaffen auf, weil das GG solche Befragungen nicht vorsieht;
1959 wurden die Paragraphen 1628 und 1629 des BGB* über das Entscheidungsrecht (Stichentscheid) des Mannes im Fall von Meinungsverschiedenheiten der Eltern über die Ausübung der elterlichen Gewalt für nichtig erklärt. Der Bundestag hatte mit diesen Bestimmungen versucht, noch einen Rest des bisherigen Vorrechtes des Mannes in Familie und Ehe zu retten.
Art. 93 Abs. 1 Nr. 4a: Verfassungsbeschwerden des Bürgers.
Ursprünglich hatte man das Recht auf *Verfassungsbeschwerde* nur im Gesetz über das Bundesverfassungsgericht (§ 90) festgelegt; im Zusammenhang mit der Notstandsgesetzgebung wurde die Verfassungsbeschwerde im GG verankert.

Jedermann besitzt das Recht, im Fall der Verletzung von Grundrechten oder gleichgestellten Rechten das BVerfG anzurufen.
Dazu kann allerdings nach Art. 94 Abs. 2 „die vorherige Erschöpfung des Rechtsweges zur Voraussetzung“ gemacht und ein „besonderes Annahmeverfahren“ vorgesehen werden. Beides ist im Gesetz über das BVerfG geregelt: Ein Drei-Richter-Kollegium entscheidet, ob das Gesuch zur Verhandlung kommen muß. Offensichtlich unbegründete Anträge können ausgeschlossen werden. Ebenso sind für die Einlegung einer Verfassungsbeschwerde Fristen gesetzt. Wichtig ist, daß auch im Notstandsfall Verfassungsbeschwerden möglich bleiben. Es gibt viele mögliche Gründe für eine Verfassungsbeschwerde:

- Gegen Handlungen der öffentlichen Gewalt*;
- gegen Gesetze, soweit der einzelne dadurch unmittelbar betroffen ist;
- gegen Gerichtsurteile, wenn eine mögliche Verletzung von Grundrechten in Frage steht.

Gerade die Verfassungsbeschwerde hat dazu beigetragen, das Bundesverfassungsgericht bekannt und für den einzelnen Bürger wichtig zu machen.

Artikel 94 Zusammensetzung des Bundesverfassungsgerichts

(1) Das Bundesverfassungsgericht besteht aus Bundesrichtern und anderen Mitgliedern. Die Mitglieder des Bundesverfassungsgerichtes werden je zur Hälfte vom Bundestage und vom Bundesrate gewählt. Sie dürfen weder dem Bundestage, dem Bundesrate, der Bundesregierung noch entsprechenden Organen eines Landes angehören.
(2) Ein Bundesgesetz regelt seine Verfassung und das Verfahren und bestimmt, in welchen Fällen seine Entscheidungen Gesetzeskraft haben. Es kann für Verfassungsbeschwerden die vorherige Erschöpfung des Rechtweges zur Voraussetzung machen und ein besonderes Annahmeverfahren vorsehen.

Diese Richter dürfen neben ihrem Richteramt keine andere berufliche Tätigkeit ausüben — mit Ausnahme der eines Rechtslehrers an einer deutschen Hochschule. Sie müssen mindestens 40 Jahre alt sein, die Befähigung zum Richteramt haben und für den Deutschen Bundestag wählbar sein. Sie werden je zur Hälfte von Bundestag und Bundesrat gewählt. Der Bundesrat wählt im Plenum*. *Zweidrittelmehrheit* ist erforderlich. Der Bundestag bildet zuerst einen Wahlmännerausschuß von 12 Mitgliedern. Dieser trifft die Wahlentscheidung, wobei gleichfalls Zweidrittelmehrheit notwendig ist. Den Vorsitz im Ersten Senat* hat der Präsident des *BVerfG*, im Zweiten Senat der Vizepräsident. Jeder Senat ist beschlußfähig, wenn mindestens 6 Mitglieder anwesend sind. Die Entscheidungen werden veröffentlicht; die abweichende Meinung der überstimmten Richter darf seit 1971 in einem Sondervotum niedergelegt und veröffentlicht werden.
In Art. 94 wurde die Zusammensetzung des BVerfG so geordnet, daß Bundestag und Bundesrat gleichberechtigt bei der Wahl der Richter entscheiden. Es sollte außerdem ein einigermaßen ausgewogenes Gleichgewicht

zwischen den Richtern auf Lebenszeit und den auf 12 Jahre — ohne Möglichkeit der Wiederwahl — gewählten Richtern erreicht werden.
Dieses Wahlverfahren ist kritisiert worden. Es wurde befürchtet, daß die *Parteien* des Bundestages oder die Bürokratien der Länder allzu großen Einfluß auf die Wahl gewinnen und unter Umständen fähige, aber unbequeme Kandidaten fernhalten würden. Doch hat sich das BVerfG in seiner Unabhängigkeit und seiner Funktion als Hüter der Verfassung bewährt.

Artikel 95 Oberste Gerichtshöfe des Bundes

(1) Für die Gebiete der ordentlichen, der Verwaltungs-, der Finanz-, der Arbeits- und der Sozialgerichtsbarkeit errichtet der Bund als oberste Gerichtshöfe den Bundesgerichtshof, das Bundesverwaltungsgericht, den Bundesfinanzhof, das Bundesarbeitsgericht und das Bundessozialgericht.
(2) Über die Berufung der Richter dieser Gerichte entscheidet der für das jeweilige Sachgebiet zuständige Bundesminister gemeinsam mit einem Richterwahlausschuß, der aus den für das jeweilige Sachgebiet zuständigen Ministern der Länder und einer gleichen Anzahl von Mitgliedern besteht, die vom Bundestage gewählt werden.
(3) Zur Wahrung der Einheitlichkeit der Rechtsprechung ist ein Gemeinsamer Senat der in Absatz 1 genannten Gerichte zu bilden. Das Nähere regelt ein Bundesgesetz.

Artikel 96 Andere Bundesgerichte

(1) Der Bund kann für Angelegenheiten des gewerblichen Rechtsschutzes ein Bundesgericht errichten.
(2) Der Bund kann Wehrstrafgerichte für die Streitkräfte als Bundesgerichte errichten. Sie können die Strafgerichtsbarkeit nur im Verteidigungsfalle sowie über Angehörige der Streitkräfte ausüben, die in das Ausland entsandt oder an Bord von Kriegsschiffen eingeschifft sind. Das Nähere regelt ein Bundesgesetz. Diese Gerichte gehören zum Geschäftsbereich des Bundesjustizministers. Ihre hauptamtlichen Richter müssen die Befähigung zum Richteramt haben.
(3) Oberster Gerichtshof für die in Absatz 1 und 2 genannten Gerichte ist der Bundesgerichtshof.
(4) Der Bund kann für Personen, die zu ihm in einem öffentlich-rechtlichen Dienstverhältnis stehen, Bundesgerichte zur Entscheidung in Disziplinarverfahren und Beschwerdeverfahren errichten.
(5) Für Strafverfahren auf den Gebieten des Artikels 26 Absatz 1 und des Staatsschutzes kann ein Bundesgesetz mit Zustimmung des Bundesrates vorsehen, daß Gerichte der Länder Gerichtsbarkeit des Bundes ausüben.

Die obersten *Bundesgerichte*: das sind nur die in Art. 95 Abs. 1 genannten Gerichte.

In Art. 96 Abs. 2 ist von *Wehrstrafgerichten* die Rede. Sie dürfen nur im Verteidigungsfall tätig werden und darüber hinaus gegenüber Soldaten, die im Ausland stehen oder an Bord von Kriegsschiffen eingeschifft sind, also außerhalb des Hoheitsgebietes der Bundesrepublik dienen. Die Bestimmung von Abs. 3, daß der Bundesgerichtshof für die Wehrstrafgerichte Oberster Gerichtshof ist, macht deutlich, worauf es den Grundgesetzverfassern ankam: sie wollten unmißverständlich festlegen, daß es in unserem Staat keine besonderen *Militärgerichte* geben darf.
Die Erfahrungen aus der NS-Zeit legten eine solche Regelung nahe. In diesen Jahren, vor allem während des Krieges, haben viele Militärgerichte Unrechtsurteile gesprochen, die es in einem Rechtsstaat nicht geben darf. Wegen „Wehrkraftzersetzung" — eine kritische Bemerkung über den NS-Staat genügte — wurden Soldaten zu Zuchthaus oder gar zur Todesstrafe verurteilt.
Andere Staaten kennen noch die *Militärgerichtsbarkeit*, so z. B. Frankreich und die USA. Die Amerikaner und die Franzosen haben erst in jüngster Zeit — die USA in Vietnam und Frankreich in Indochina und in den Kämpfen um Algerien und Marokko — erfahren, wie wichtig es ist, die Mißachtung der Gesetze (z. B. Übergriffe gegen die Zivilbevölkerung oder gar Folter und Tötungen) durch die Militärgewalt zu verhindern.
Der Abs. 5 wurde eingefügt, weil zuvor für Staatsschutzsachen der Bundesgerichtshof erste und gleichzeitig letzte Instanz war. Damit war es unmöglich, nach einem abgeschlossenen Verfahren auf eine Berufungs- oder Revisionsinstanz zurückzugreifen. Infolge der Neuregelung wurde für solche Fälle den Oberlandesgerichten die erste Zuständigkeit übertragen. Gegen ihre Entscheidung kann der Bundesgerichtshof angerufen werden. Personen, die wegen Staatsschutzverfahren oder Landesverratsverfahren vor Gericht kommen, sollen dadurch einen besseren Schutz haben.

Artikel 97 Unabhängigkeit der Richter

(1) Die Richter sind unabhängig und nur dem Gesetze unterworfen.
(2) Die hauptamtlich und planmäßig endgültig angestellten Richter können wider ihren Willen nur kraft richterlicher Entscheidung und nur aus Gründen und unter den Formen, welche die Gesetze bestimmen, vor Ablauf ihrer Amtszeit entlassen oder dauernd oder zeitweise ihres Amtes enthoben oder an eine andere Stelle oder in den Ruhestand versetzt werden. Die Gesetzgebung kann Altersgrenzen festsetzen, bei deren Erreichung auf Lebenszeit angestellte Richter in den Ruhestand treten. Bei Veränderung der Einrichtung der Gerichte oder ihrer Bezirke können Richter an ein anderes Gericht versetzt oder aus dem Amte entfernt werden, jedoch nur unter Belassung des vollen Gehaltes.

Ein *Richter* soll persönlich unabhängig sein. Das heißt, er soll als Person nicht aus irgendwelchen Rücksichten heraus handeln müssen. Er darf nicht etwa durch finanzielle Bindungen gedrängt oder aus persönlichen Beziehungen heraus beeinflußt sein. Daneben aber soll er sachlich unabhängig wirken können. Er soll in seinem Urteil allein vom Gesetz abhängig sein. Der Rich-

ter ist, im Gegensatz zu anderen Staatsbediensteten, in der Urteilsfindung nicht an Weisungen gebunden. Auch die Rechtsprechung anderer Gerichte bindet ihn nicht in seinem Urteil, es sei denn, eine übergeordnete Instanz, ein höheres Gericht, verweise einen Fall an das ursprüngliche Gericht zu neuer Verhandlung zurück. Dann muß der Fall neu behandelt werden, und zwar unter Berücksichtigung der Rechtsansicht des übergeordneten Gerichts.
Diese richterliche Unabhängigkeit gilt selbstverständlich auch für die Laienrichter (Schöffen* und Geschworene*).
Richter sind grundsätzlich unabsetzbar; es gibt nur wenige Fälle, in denen sie gegen ihren Willen versetzt oder in den Ruhestand gezwungen werden können. Das Richtergesetz bestimmt in § 31, daß Richter in ein anderes Amt oder in den Ruhestand versetzt werden, wenn Tatsachen außerhalb der richterlichen Tätigkeit das gebieten und eine „schwere Beeinträchtigung der Rechtspflege" zu befürchten ist. Zur Feststellung ist immer ein entsprechender Gerichtsbeschluß erforderlich. Auch die Belastung durch eine Tätigkeit im NS-Staat reicht nur dann für eine Zwangspensionierung oder Entlassung aus, wenn man dem betreffenden Richter die Teilnahme an Verbrechen nachweist. Der Bundestag hat durch ein besonderes Gesetz eine Lösung des Problems versucht: er ermöglichte belasteten Richtern, die durch die *„Entnazifizierung"** geschlüpft waren, um ihre freiwillige Pensionierung nachzusuchen. Es wäre allerdings besser gewesen, wenn die Justiz auf solche Richter von vornherein verzichtet hätte.

Artikel 98 Rechtsstellung der Richter

(1) Die Rechtsstellung der Bundesrichter ist durch besonderes Bundesgesetz zu regeln.
(2) Wenn ein Bundesrichter im Amte oder außerhalb des Amtes gegen die Grundsätze des Grundgesetzes oder gegen die verfassungsmäßige Ordnung eines Landes verstößt, so kann das Bundesverfassungsgericht mit Zweidrittelmehrheit auf Antrag des Bundestages anordnen, daß der Richter in ein anderes Amt oder in den Ruhestand zu versetzen ist. Im Falle eines vorsätzlichen Verstoßes kann auf Entlassung erkannt werden.
(3) Die Rechtsstellung der Richter in den Ländern ist durch besondere Landesgesetze zu regeln. Der Bund kann Rahmenvorschriften erlassen, soweit Artikel 74a Abs. 4 nichts anderes bestimmt.
(4) Die Länder können bestimmen, daß über die Anstellung der Richter in den Ländern der Landesjustizminister gemeinsam mit einem Richterwahlausschuß entscheidet.
(5) Die Länder können für Landesrichter eine Absatz 2 entsprechende Regelung treffen. Geltendes Landesverfassungsrecht bleibt unberührt. Die Entscheidung über eine Richteranklage steht dem Bundesverfassungsgericht zu.

In der Bundesrepublik Deutschland sollen Bundesgesetze die Rechtsstellung der *Bundesrichter* regeln, Landesgesetze die der *Richter* in den einzelnen Bundesländern. Selbstverständlich gelten die allgemeinen Rechtsgrund-

sätze nach Art. 19 Abs. 4, Art. 97 und 98 sowohl für den Bund wie für die Länder.
Die besondere Bedeutung der Bundesrichter zeigt Abs. 2. Es ist überaus schwierig, einen Bundesrichter aus seinem Amt zu entfernen oder gegen seinen Willen in den Ruhestand zu versetzen. Nur wenn er gegen die Verfassungsgrundsätze verstoßen sollte, kann das BVerfG seine Versetzung oder Pensionierung anordnen. Wenn ihm vorsätzliche Verletzung der Verfassung nachgewiesen wird, kann er entlassen werden. Für diese Maßnahmen ist eine Zweidrittelmehrheit im BVerfG notwendig. Bisher ist ein solcher Fall nicht eingetreten; die strenge Auswahl der Bundesrichter hat sich auch in dieser Hinsicht als zusätzliche Sicherung des Rechtsstaates erwiesen.
Soweit Verfassung und Gesetze das vermögen, ist die *Unabhängigkeit* der Richter gesichert. Was daraus gemacht wird, wie unabhängig die Richter in ihrer Praxis sind, hängt entscheidend von ihrer sachlichen und persönlichen und charakterlichen Fähigkeit, ihrer Verantwortungsbereitschaft und inneren Unabhängigkeit ab. Keine Gesellschaft kann bessere Lehrer oder Ärzte, Richter oder Verwaltungsbeamte haben, als dem Bewußtseinsstand der Allgemeinheit entspricht.

Artikel 99 Entscheidung landesrechtlicher Streitigkeiten durch das Bundesverfassungsgericht

Dem Bundesverfassungsgerichte kann durch Landesgesetz die Entscheidung von Verfassungsstreitigkeiten innerhalb eines Landes, den in Artikel 95 Abs. 1 genannten obersten Gerichtshöfen für den letzten Rechtszug die Entscheidung in solchen Sachen zugewiesen werden, bei denen es sich um die Anwendung von Landesrecht handelt.

Es ist denkbar, daß ein Bundesland die Entscheidung über Verfassungsstreitigkeiten in der Landesverfassung dem BVerfG überträgt, statt es durch ein eigenes Verfassungsgericht entscheiden zu lassen. Davon hat Schleswig-Holstein mit dem Art. 37 seiner „Landessatzung“ (Verfassung) Gebrauch gemacht. In anderen Bundesländern hat man bisher auf eine solche Bestimmung verzichtet.
Von der zweiten Möglichkeit, obersten Bundesgerichten die Entscheidung über umstrittene Anwendung von Landesrecht zu überlassen, wurde noch kein Gebrauch gemacht.

Artikel 100 Einholung verfassungsgerichtlicher Entscheidungen

(1) Hält ein Gericht ein Gesetz, auf dessen Gültigkeit es bei der Entscheidung ankommt, für verfassungswidrig, so ist das Verfahren auszusetzen und, wenn es sich um die Verletzung der Verfassung eines Landes handelt, die Entscheidung des für Verfassungsstreitigkeiten zuständigen Gerichtes des Landes, wenn es sich um die Verletzung dieses Grundgesetzes handelt, die Entscheidung des Bundesverfassungsgerichtes einzu-

holen. Dies gilt auch, wenn es sich um die Verletzung dieses Grundgesetzes durch Landesrecht oder um die Unvereinbarkeit eines Landesgesetzes mit einem Bundesgesetze handelt.
(2) Ist in einem Rechtsstreite zweifelhaft, ob eine Regel des Völkerrechtes Bestandteil des Bundesrechtes ist und ob sie unmittelbar Rechte und Pflichten für den einzelnen erzeugt (Art. 25), so hat das Gericht die Entscheidung des Bundesverfassungsgerichtes einzuholen.
(3) Will das Verfassungsgericht eines Landes bei der Auslegung des Grundgesetzes von einer Entscheidung des Bundesverfassungsgerichtes oder des Verfassungsgerichtes eines anderen Landes abweichen, so hat das Verfassungsgericht die Entscheidung des Bundesverfassungsgerichtes einzuholen.

Hier handelt es sich um die, wie es in der Fachsprache heißt, „konkrete *Normenkontrolle*", im Unterschied zu der „abstrakten Normenkontrolle" nach Art. 93 Abs. 1. Die Prüfung von Normen erfolgt im Zusammenhang mit einem konkreten Rechtsstreit. Antragsberechtigt ist ein Gericht, sobald es glaubt, daß ein „Gesetz", das für die richterliche Entscheidung die Grundlage bildet, verfassungswidrig sei. In einem solchen Fall wird das Gerichtsverfahren „ausgesetzt", d. h. zurückgestellt, bis die Entscheidung des BVerfG (wenn das GG verletzt ist) oder des zuständigen Landesverfassungsgerichts (bei Verletzung von Landesverfassungen) erfolgt ist.
Es entspricht der Ordnung unseres Staates als Bundesrepublik, daß die Verfassungsgerichte der Länder zuerst zuständig sind, wenn es um die Auslegung von Landesgesetzen geht; sie können, wie Abs. 3 sagt, auch zur „Auslegung des Grundgesetzes" angerufen werden. Sobald sie aber zu einer vom BVerfG abweichenden Beurteilung kommen, muß die „Entscheidung des Bundesverfassungsgerichts eingeholt" werden. Dasselbe gilt, wenn zwei Landesverfassungsgerichte zu abweichenden Auslegungen gelangt sind. Damit wird die Einheitlichkeit der Rechtsprechung gesichert.

Artikel 101 Unzulässigkeit von Ausnahmegerichten

(1) Ausnahmegerichte sind unzulässig. Niemand darf seinem gesetzlichen Richter entzogen werden.
(2) Gerichte für besondere Sachgebiete können nur durch Gesetz errichtet werden.

Die Verfasser des GG — die Mitglieder des Parlamentarischen Rates — wollten auf jeden Fall verhindern, daß die Justiz wieder von einer Gewaltherrschaft mißbraucht werden könnte. Deshalb verboten sie die Einrichtung von *Ausnahmegerichten* und sahen lediglich Gerichte für bestimmte Sachgebiete vor. Es darf kein „Volksgericht" oder „Sondergericht" und keine Sondergesetze für politische Gegner geben, wie sie im NS-Staat gleich nach 1933 eingesetzt worden waren. Außerdem ist es nicht erlaubt, besondere Gerichte für einen Einzelfall einzurichten; jedermann muß dem im Gesetz bestimmten Richter zugeführt werden.
Gerichte für besondere Sachgebiete sind ordentliche Gerichte und keine Sondergerichte, wie sie das Dritte Reich eingeführt hatte. In ihnen sind Rich-

ter, die in dem betreffenden Gebiet besonders sachverständig sind, eingesetzt; sie gründen ihr Urteil auf Recht und Gesetz. So gibt es z. B. Arbeitsgerichte für Streitfälle im Arbeitsleben, Finanzgerichte für Auseinandersetzungen um Steuerfragen. Dabei handelt es sich um besonders komplizierte Gegenstände, die nur der sachverständige Richter klären kann. Deshalb sollte ein Richter an einem Finanzgericht z. B. Fachmann in Finanzsachen sein.

Die Bestimmung, daß niemand seinem gesetzlichen *Richter* entzogen werden darf (Abs. 1), ist ein Rechtsgrundsatz, durch den sich der Rechtsstaat vom Gewaltstaat unterscheidet. Niemand, sei er noch so mächtig oder reich, kein Minister, kein Finanzkönig oder großer Manager, ist davon ausgenommen, auch kein Berufsstand, sei es nun der Arzt oder der Geistliche oder der Beamte.

Die *Immunität* der Abgeordneten (Art. 46 Abs. 2) widerspricht diesem Grundsatz nicht. Denn hier wird ja nur für bestimmte Fälle und Zeiten ein Verfahren zurückgestellt, weil es noch wichtiger sein kann, das Parlament funktionsfähig zu erhalten, als einen Abgeordneten wegen eines geringfügigen Delikts sofort vor Gericht zu ziehen.

Artikel 102 Abschaffung der Todesstrafe

Die Todesstrafe ist abgeschafft.

Es war eine mutige Tat des Parlamentarischen Rates, die *Todesstrafe* für abgeschafft zu erklären. Der Parlamentarische Rat hat damit zweifellos der vorherrschenden *Volksmeinung* entgegengehandelt. Denn immer noch — und heute vielleicht noch stärker — war die Todesstrafe vom Volk mehr gewünscht als der Verzicht auf dieses nie mehr änderbare, nie mehr wieder gutzumachende letzte Urteil über einen Menschen.

In vielen Staaten hat man inzwischen die Todesstrafe abgeschafft oder auf die Vollstreckung des Todesurteils verzichtet. In allen Ländern, in denen die Todesstrafe nicht mehr vollstreckt wird, sind die Kapitalverbrechen keineswegs sprunghaft gestiegen, sondern schlimmstenfalls gleich geblieben. Eine Erhöhung von Kapitalverbrechen infolge der Abschaffung der Todesstrafe scheint widerlegt. Die Behauptung ist also anfechtbar, durch die Abschaffung der Todesstrafe würden *Schwerverbrecher* zu milde bestraft und nicht mehr genügend abgeschreckt. Eine lebenslängliche Freiheitsstrafe wird vielfach härter empfunden als ein schneller Tod. Selbst wenn jemand nach frühestens 15 Jahren begnadigt werden sollte, wäre sein Leben meist zerstört.

Man könnte das Verbot der Todesstrafe auch im Zusammenhang des Verfassungsgrundsatzes von Art. 2 sehen, wo die Unverletzlichkeit des Lebens garantiert ist. Allerdings darf in dieses Grundrecht „auf Leben und körperliche Unversehrtheit“ „aufgrund eines Gesetzes eingegriffen werden“. Ohne diese Bestimmung wäre es den Ärzten vielfach unmöglich, einen Kranken zu heilen. Und immer muß es darum gehen, Leben zu erhalten, nicht aber, es zu zerstören.

Die Wiedereinführung der Todesstrafe wäre nur möglich durch eine Verfassungsänderung.

Artikel 103 Rechtliches Gehör Grundrechte im Strafprozeß

(1) Vor Gericht hat jedermann Anspruch auf rechtliches Gehör.
(2) Eine Tat kann nur bestraft werden, wenn die Strafbarkeit gesetzlich bestimmt war, bevor die Tat begangen wurde.
(3) Niemand darf wegen derselben Tat auf Grund der allgemeinen Strafgesetze mehrmals bestraft werden.

Artikel 104 Rechtsgarantien beim Freiheitsentzug

(1) Die Freiheit der Person kann nur auf Grund eines förmlichen Gesetzes und nur unter Beachtung der darin vorgeschriebenen Formen beschränkt werden. Festgehaltene Personen dürfen weder seelisch noch körperlich mißhandelt werden.
(2) Über die Zulässigkeit und Fortdauer einer Freiheitsentziehung hat nur der Richter zu entscheiden. Bei jeder nicht auf richterlicher Anordnung beruhenden Freiheitsentziehung ist unverzüglich eine richterliche Entscheidung herbeizuführen. Die Polizei darf aus eigener Machtvollkommenheit niemanden länger als bis zum Ende des Tages nach dem Ergreifen in eigenem Gewahrsam halten. Das Nähere ist gesetzlich zu regeln.
(3) Jeder wegen Verdachtes einer strafbaren Handlung vorläufig Festgenommene ist spätestens am Tage nach der Festnahme dem Richter vorzuführen, der ihm die Gründe der Festnahme mitzuteilen, ihn zu vernehmen und ihm Gelegenheit zu Einwendungen zu geben hat. Der Richter hat unverzüglich entweder einen mit Gründen versehenen schriftlichen Haftbefehl zu erlassen oder die Freilassung anzuordnen.
(4) Von jeder richterlichen Entscheidung über die Anordnung oder Fortdauer einer Freiheitsentziehung ist unverzüglich ein Angehöriger des Festgehaltenen oder eine Person seines Vertrauens zu benachrichtigen.

In beiden Artikeln handelt es sich um die Festlegung entscheidender *Rechte* des Bürgers:

- Jedermann hat das Recht, in seiner Sache vor Gericht gehört zu werden.
- Eine Tat ist nur dann strafbar, wenn sie zu der Zeit, als sie begangen wurde, mit Strafe bedroht war.
- Doppelbestrafung für diesselbe Tat ist verboten.
- Die Freiheit darf nur aufgrund eines Gesetzes eingeschränkt werden.
- Jede seelische und körperliche *Mißhandlung* eines Festgenommenen ist verboten.
- Allein der Richter darf über den *Freiheitsentzug* entscheiden. Die Polizei hat nur das Recht der vorläufigen Festnahme.
- Der Verhaftete muß unverzüglich die Möglichkeit erhalten, einen Angehörigen oder eine Person seines Vertrauens, z. B. seinen Rechtsanwalt, zu benachrichtigen.

Heute mögen uns diese Bestimmungen und Grundsätze selbstverständlich erscheinen, wüßten wir nicht, daß sie in vielen Staaten nur auf dem Papier stehen und hätten wir nicht in Erinnerung, wie oft — in der Vergangenheit — gerade in Deutschland gegen diese Rechtsgrundsätze verstoßen worden ist.

Wir brauchen uns nur daran zu erinnern, daß das nationalsozialistische Regime durch eine Reihe von Gesetzen und Notverordnungen die meisten dieser Grundrechte aufgehoben hatte. So konnte der *NS-Staat* mit Hilfe seiner Polizei jeden Bürger verhaften und in Haft halten, ohne daß die Gerichte, wenn diese Verhaftung durch die geheime Staatspolizei vollzogen worden war, eingreifen konnten. Im Reichstagsbrandprozeß 1933 wurde die Todesstrafe verhängt, obwohl zur Tatzeit das Gesetz nur Zuchthausstrafe vorsah.

Besonders wichtig ist Abs. 1 des Art. 103, in dem ausdrücklich versichert wird, daß „jedermann Anspruch auf rechtliches Gehör" hat. Das ist ein bedeutender Fortschritt. Jedermann hat vor der Entscheidung eines Gerichts, die ihn betrifft, den Anspruch, „gehört zu werden". Er muß in der Lage sein, sich zum ganzen Sachverhalt, der einer richterlichen Entscheidung zugrunde gelegt wird, zu äußern, muß Anträge stellen, Einwände vorbringen und Beweismaterial herbeischaffen können.

In Art. 104 geht es im 1. Absatz in erster Linie um die *Freiheitsstrafe*. Es wird ausdrücklich festgestellt, daß ihre Verhängung auf einem förmlichen Gesetz beruhen muß. Eine weitere Sicherung liegt darin, daß „nur der Richter über eine Freiheitsentziehung" entscheiden kann. Die Polizei darf nur vorübergehend festnehmen und „niemanden länger als bis zum Ende des Tages nach dem Ergreifen in eigenem Gewahrsam halten". Ebenso müssen auch Freiheitsbeschränkungen, die der Fürsorge für einen Bürger dienen, durch einen Richter angeordnet werden. Danach darf die Einweisung in eine Heilanstalt nur durch einen Richter verfügt werden. Man hat im GG nicht festgelegt, daß ein *Beschuldigter* bei der ersten polizeilichen Vernehmung das Recht hat, sich zu seiner Beschuldigung zu äußern oder aber zu schweigen. Diese Bestimmung ist aber in der Strafprozeßordnung und in den entsprechenden Polizeivorschriften enthalten. Es ist wichtig, daß ein Beschuldigter und Verhafteter über seine Rechte belehrt werden muß.

Man könnte auch fragen, weshalb nicht ausdrücklich in der Verfassung hinterlistige oder unmenschliche Vernehmungsmethoden verboten sind. Die Verfasser des GG waren der Ansicht, daß solche *Vernehmungsmethoden* auf jeden Fall dem Art. 1 widersprechen, also unter dieses grundlegende Verbot fallen.

In unserer Rechtsordnung ist es verboten, verschärfte Vernehmungen oder Dauerverhöre durchzuführen oder sich bestimmter Methoden, etwa des „Lügendetektors", zu bedienen.

Es entspricht auch dem Sinn des GG und allgemeinen Rechtsgrundsätzen, daß ein *Angeklagter* so lange als nicht schuldig angesehen werden muß, wie ihm seine Schuld nicht nachgewiesen worden ist. In der Bundesrepublik, wie in jedem Rechtsstaat, muß die Schuld des Angeklagten über jeden Zweifel hinaus bewiesen werden. Andernfalls wird er freigesprochen.

X. Das Finanzwesen

Artikel 104a Ausgaben von Bund und Ländern; Finanzhilfen

(1) Der Bund und die Länder tragen gesondert die Ausgaben, die sich aus der Wahrnehmung ihrer Aufgaben ergeben, soweit dieses Grundgesetz nichts anderes bestimmt.
(2) Handeln die Länder im Auftrage des Bundes, trägt der Bund die sich daraus ergebenden Ausgaben.
(3) Bundesgesetze, die Geldleistungen gewähren und von den Ländern ausgeführt werden, können bestimmen, daß die Geldleistungen ganz oder zum Teil vom Bund getragen werden. Bestimmt das Gesetz, daß der Bund die Hälfte der Ausgaben oder mehr trägt, wird es im Auftrage des Bundes durchgeführt. Bestimmt das Gesetz, daß die Länder ein Viertel der Ausgaben oder mehr tragen, so bedarf es der Zustimmung des Bundesrates.
(4) Der Bund kann den Ländern Finanzhilfen für besonders bedeutsame Investitionen der Länder und Gemeinden (Gemeindeverbände) gewähren, die zur Abwehr einer Störung des gesamtwirtschaftlichen Gleichgewichts oder zum Ausgleich unterschiedlicher Wirtschaftskraft im Bundesgebiet oder zur Förderung des wirtschaftlichen Wachstums erforderlich sind. Das Nähere, insbesondere die Arten der zu fördernden Investitionen, wird durch Bundesgesetz, das der Zustimmung des Bundesrates bedarf, oder auf Grund des Bundeshaushaltsgesetzes durch Verwaltungsvereinbarung geregelt.
(5) Der Bund und die Länder tragen die bei ihren Behörden entstehenden Verwaltungsausgaben und haften im Verhältnis zueinander für eine ordnungsmäßige Verwaltung. Das Nähere bestimmt ein Bundesgesetz, das der Zustimmung des Bundesrates bedarf.

Artikel 105 Zuständigkeit in der Finanzgesetzgebung

(1) Der Bund hat die ausschließliche Gesetzgebung über die Zölle und Finanzmonopole.
(2) Der Bund hat die konkurrierende Gesetzgebung über die übrigen Steuern, wenn ihm das Aufkommen dieser Steuern ganz oder zum Teil zusteht oder die Voraussetzungen des Artikels 72 Abs. 2 vorliegen.
(2a) Die Länder haben die Befugnis zur Gesetzgebung über die örtlichen Verbrauch- und Aufwandsteuern, solange und soweit sie nicht bundesgesetzlich geregelten Steuern gleichartig sind.
(3) Bundesgesetze über Steuern, deren Aufkommen den Ländern oder den Gemeinden (Gemeindeverbänden) ganz oder zum Teil zufließt, bedürfen der Zustimmung des Bundesrates.

Artikel 106 Verteilung der Steuern

(1) Der Ertrag der Finanzmonopole und das Aufkommen der folgenden Steuern stehen dem Bund zu:

1. die Zölle,
2. die Verbrauchsteuern, soweit sie nicht nach Absatz 2 den Ländern, nach Absatz 3 Bund und Ländern gemeinsam oder nach Absatz 6 den Gemeinden zustehen,
3. die Straßengüterverkehrsteuer,
4. die Kapitalverkehrsteuern, die Versicherungsteuer und die Wechselsteuer,
5. die einmaligen Vermögensabgaben und die zu Durchführung des Lastenausgleichs erhobenen Ausgleichsabgaben,
6. die Ergänzungsabgabe zur Einkommensteuer und zur Körperschaftsteuer,
7. Abgaben im Rahmen der Europäischen Gemeinschaften.

(2) Das Aufkommen der folgenden Steuern steht den Ländern zu:

1. die Vermögensteuer,
2. die Erbschaftsteuer,
3. die Kraftfahrzeugsteuer,
4. die Verkehrsteuern, soweit sie nicht nach Absatz 1 dem Bund oder nach Absatz 3 Bund und Ländern gemeinsam zustehen,
5. die Biersteuer,
6. die Abgabe von Spielbanken.

(3) Das Aufkommen der Einkommensteuer, der Körperschaftsteuer und der Umsatzsteuer steht dem Bund und den Ländern gemeinsam zu (Gemeinschaftsteuern), soweit das Aufkommen der Einkommensteuer nicht nach Absatz 5 den Gemeinden zugewiesen wird. Am Aufkommen der Einkommensteuer und der Körperschaftsteuer sind der Bund und die Länder je zur Hälfte beteiligt. Die Anteile von Bund und Ländern an der Umsatzsteuer werden durch Bundesgesetz, das der Zustimmung des Bundesrates bedarf, festgesetzt. Bei der Festsetzung ist von folgenden Grundsätzen auszugehen:

1. Im Rahmen der laufenden Einnahmen haben der Bund und die Länder gleichmäßig Anspruch auf Deckung ihrer notwendigen Ausgaben. Dabei ist der Umfang der Ausgaben unter Berücksichtigung einer mehrjährigen Finanzplanung zu ermitteln.
2. Die Deckungsbedürfnisse des Bundes und der Länder sind so aufeinander abzustimmen, daß ein billiger Ausgleich erzielt, eine Überbelastung der Steuerpflichtigen vermieden und die Einheitlichkeit der Lebensverhältnisse im Bundesgebiet gewahrt wird.

(4) Die Anteile von Bund und Ländern an der Umsatzsteuer sind neu festzusetzen, wenn sich das Verhältnis zwischen den Einnahmen und Ausgaben des Bundes und der Länder wesentlich anders entwickelt. Werden den Ländern durch Bundesgesetz zusätzliche Ausgaben auferlegt oder Einnahmen entzogen, so kann die Mehrbelastung durch Bundesgesetz, das der Zustimmung des Bundesrates bedarf, auch mit Finanzzuweisungen des Bundes ausgeglichen werden, wenn sie auf einen kurzen Zeitraum begrenzt ist. In dem Gesetz sind die Grundsätze für die

Bemessung dieser Finanzzuweisungen und für ihre Verteilung auf die Länder zu bestimmen.

(5) Die Gemeinden erhalten einen Anteil an dem Aufkommen der Einkommensteuer, der von den Ländern an ihre Gemeinden auf der Grundlage der Einkommensteuerleistungen ihrer Einwohner weiterzuleiten ist. Das Nähere bestimmt ein Bundesgesetz, das der Zustimmung des Bundesrates bedarf. Es kann bestimmen, daß die Gemeinden Hebesätze für den Gemeindeanteil festsetzen.

(6) Das Aufkommen der Realsteuern steht den Gemeinden, das Aufkommen der örtlichen Verbrauch- und Aufwandsteuern steht den Gemeinden oder nach Maßgabe der Landesgesetzgebung den Gemeindeverbänden zu. Den Gemeinden ist das Recht einzuräumen, die Hebesätze der Realsteuern im Rahmen der Gesetze festzusetzen. Bestehen in einem Land keine Gemeinden, so steht das Aufkommen der Realsteuern und der örtlichen Verbrauch- und Aufwandsteuern dem Land zu. Bund und Länder können durch eine Umlage an dem Aufkommen der Gewerbesteuer beteiligt werden. Das Nähere über die Umlage bestimmt ein Bundesgesetz, das der Zustimmung des Bundesrates bedarf. Nach Maßgabe der Landesgesetzgebung können die Realsteuern und der Gemeindeanteil vom Aufkommen der Einkommensteuer als Bemessungsgrundlagen für Umlagen zugrunde gelegt werden.

(7) Von dem Länderanteil am Gesamtaufkommen der Gemeinschaftsteuern fließt den Gemeinden und Gemeindeverbänden insgesamt ein von der Landesgesetzgebung zu bestimmender Hundertsatz zu. Im übrigen bestimmt die Landesgesetzgebung, ob und inwieweit das Aufkommen der Landessteuern den Gemeinden (Gemeindeverbänden) zufließt.

(8) Veranlaßt der Bund in einzelnen Ländern oder Gemeinden (Gemeindeverbänden) besondere Einrichtungen, die diesen Ländern oder Gemeinden (Gemeindeverbänden) unmittelbar Mehrausgaben oder Mindereinnahmen (Sonderbelastungen) verursachen, gewährt der Bund den erforderlichen Ausgleich, wenn und soweit den Ländern oder Gemeinden (Gemeindeverbänden) nicht zugemutet werden kann, die Sonderbelastungen zu tragen. Entschädigungsleistungen Dritter und finanzielle Vorteile, die diesen Ländern oder Gemeinden (Gemeindeverbänden) als Folge der Einrichtungen erwachsen, werden bei dem Ausgleich berücksichtigt.

(9) Als Einnahmen und Ausgaben der Länder im Sinne dieses Artikels gelten auch die Einnahmen und Ausgaben der Gemeinden (Gemeindeverbände).

Artikel 107 Finanzausgleich zwischen den Ländern

(1) Das Aufkommen der Landessteuern und der Länderanteil am Aufkommen der Einkommensteuer und der Körperschaftsteuer stehen den einzelnen Ländern insoweit zu, als die Steuern von den Finanzbehörden in ihrem Gebiet vereinnahmt werden (örtliches Aufkommen). Durch

Bundesgesetz, das der Zustimmung des Bundesrates bedarf, sind für die Körperschaftsteuer und die Lohnsteuer nähere Bestimmungen über die Abgrenzung sowie über Art und Umfang der Zerlegung des örtlichen Aufkommens zu treffen. Das Gesetz kann auch Bestimmungen über die Abgrenzung und Zerlegung des örtlichen Aufkommens anderer Steuern treffen. Der Länderanteil am Aufkommen der Umsatzsteuer steht den einzelnen Ländern nach Maßgabe ihrer Einwohnerzahl zu; für einen Teil, höchstens jedoch für ein Viertel dieses Länderanteils, können durch Bundesgesetz, das der Zustimmung des Bundesrates bedarf, Ergänzungsanteile für die Länder vorgesehen werden, deren Einnahmen aus den Landessteuern und aus der Einkommensteuer und der Körperschaftsteuer je Einwohner unter dem Durchschnitt der Länder liegen.
(2) Durch das Gesetz ist sicherzustellen, daß die unterschiedliche Finanzkraft der Länder angemessen ausgeglichen wird; hierbei sind die Finanzkraft und der Finanzbedarf der Gemeinden (Gemeindeverbände) zu berücksichtigen. Die Voraussetzungen für die Ausgleichsansprüche der ausgleichsberechtigten Länder und für die Ausgleichsverbindlichkeiten der ausgleichspflichtigen Länder sowie die Maßstäbe für die Höhe der Ausgleichsleistungen sind in dem Gesetz zu bestimmen. Es kann auch bestimmen, daß der Bund aus seinen Mitteln leistungsschwachen Ländern Zuweisungen zur ergänzenden Deckung ihres allgemeinen Finanzbedarfs (Ergänzungszuweisungen) gewährt.

Artikel 108 Finanzverwaltung

(1) Zölle, Finanzmonopole, die bundesgesetzlich geregelten Verbrauchsteuern einschließlich der Einfuhrumsatzsteuer und die Abgaben im Rahmen der Europäischen Gemeinschaften werden durch Bundesfinanzbehörden verwaltet. Der Aufbau dieser Behörden wird durch Bundesgesetz geregelt. Die Leiter der Mittelbehörden sind im Benehmen mit den Landesregierungen zu bestellen.
(2) Die übrigen Steuern werden durch Landesfinanzbehörden verwaltet. Der Aufbau dieser Behörden und die einheitliche Ausbildung der Beamten können durch Bundesgesetz mit Zustimmung des Bundesrates geregelt werden. Die Leiter der Mittelbehörden sind im Einvernehmen mit der Bundesregierung zu bestellen.
(3) Verwalten die Landesfinanzbehörden Steuern, die ganz oder zum Teil dem Bund zufließen, so werden sie im Auftrage des Bundes tätig. Artikel 85 Abs. 3 und 4 gilt mit der Maßgabe, daß an die Stelle der Bundesregierung der Bundesminister der Finanzen tritt.
(4) Durch Bundesgesetz, das der Zustimmung des Bundesrates bedarf, kann bei der Verwaltung von Steuern ein Zusammenwirken von Bundes- und Landesfinanzbehörden sowie für Steuern, die unter Absatz 1 fallen, die Verwaltung durch Landesfinanzbehörden und für andere Steuern die Verwaltung durch Bundesfinanzbehörden vorgesehen werden, wenn und soweit dadurch der Vollzug der Steuergesetze erheblich verbessert oder erleichtert wird. Für die den Gemeinden (Gemeindeverbänden) allein zufließenden Steuern kann die den Landesfinanz-

behörden zustehende Verwaltung durch die Länder ganz oder zum Teil den Gemeinden (Gemeindeverbänden) übertragen werden.
(5) Das von den Bundesfinanzbehörden anzuwendende Verfahren wird durch Bundesgesetz geregelt. Das von den Landesfinanzbehörden und in den Fällen des Absatzes 4 Satz 2 von den Gemeinden (Gemeindeverbänden) anzuwendende Verfahren kann durch Bundesgesetz mit Zustimmung des Bundesrates geregelt werden.
(6) Die Finanzgerichtsbarkeit wird durch Bundesgesetz einheitlich geregelt.
(7) Die Bundesregierung kann allgemeine Verwaltungsvorschriften erlassen, und zwar mit Zustimmung des Bundesrates, soweit die Verwaltung den Landesfinanzbehörden oder Gemeinden (Gemeindeverbänden) obliegt.

Artikel 109 Haushaltstrennung in Bund und Ländern, Wahrung des gesamtwirtschaftlichen Gleichgewichts

(1) Bund und Länder sind in ihrer Haushaltswirtschaft selbständig und voneinander unabhängig.
(2) Bund und Länder haben bei ihrer Haushaltswirtschaft den Erfordernissen des gesamtwirtschaftlichen Gleichgewichts Rechnung zu tragen.
(3) Durch Bundesgesetz, das der Zustimmung des Bundesrates bedarf, können für Bund und Länder gemeinsam geltende Grundsätze für das Haushaltsrecht, für eine konjunkturgerechte Haushaltswirtschaft und für eine mehrjährige Finanzplanung aufgestellt werden.
(4) Zur Abwehr einer Störung des gesamtwirtschaftlichen Gleichgewichts können durch Bundesgesetz, das der Zustimmung des Bundesrates bedarf, Vorschriften über

1. Höchstbeträge, Bedingungen und Zeitfolge der Aufnahme von Krediten durch Gebietskörperschaften und Zweckverbände und
2. eine Verpflichtung von Bund und Ländern, unverzinsliche Guthaben bei der Deutschen Bundesbank zu unterhalten (Konjunkturausgleichsrücklagen),

erlassen werden. Ermächtigungen zum Erlaß von Rechtsverordnungen können nur der Bundesregierung erteilt werden. Die Rechtsverordnungen bedürfen der Zustimmung des Bundesrates. Sie sind aufzuheben, soweit der Bundestag es verlangt; das Nähere bestimmt das Bundesgesetz.

Artikel 110 Haushaltsplan des Bundes

(1) Alle Einnahmen und Ausgaben des Bundes sind in den Haushaltsplan einzustellen; bei Bundesbetrieben und bei Sondervermögen brauchen nur die Zuführungen oder die Ablieferungen eingestellt zu werden. Der Haushaltsplan ist in Einnahme und Ausgabe auszugleichen.
(2) Der Haushaltsplan wird für ein oder mehrere Rechnungsjahre, nach

Jahren getrennt, vor Beginn des ersten Rechnungsjahres durch das Haushaltsgesetz festgestellt. Für Teile des Haushaltsplanes kann vorgesehen werden, daß sie für unterschiedliche Zeiträume, nach Rechnungsjahren getrennt, gelten.
(3) Die Gesetzesvorlage nach Absatz 2 Satz 1 sowie Vorlagen zur Änderung des Haushaltsgesetzes und des Haushaltsplanes werden gleichzeitig mit der Zuleitung an den Bundesrat beim Bundestage eingebracht; der Bundesrat ist berechtigt, innerhalb von sechs Wochen, bei Änderungsvorlagen innerhalb von drei Wochen, zu den Vorlagen Stellung zu nehmen.
(4) In das Haushaltsgesetz dürfen nur Vorschriften aufgenommen werden, die sich auf die Einnahmen und die Ausgaben des Bundes und auf den Zeitraum beziehen, für den das Haushaltsgesetz beschlossen wird. Das Haushaltsgesetz kann vorschreiben, daß die Vorschriften erst mit der Verkündung des nächsten Haushaltsgesetzes oder bei Ermächtigung nach Artikel 115 zu einem späteren Zeitpunkt außer Kraft treten.

Artikel 111 Ausgaben vor Genehmigung des Haushaltsplans

(1) Ist bis zum Schluß eines Rechnungsjahres der Haushaltsplan für das folgende Jahr nicht durch Gesetz festgestellt, so ist bis zu seinem Inkrafttreten die Bundesregierung ermächtigt, alle Ausgaben zu leisten, die nötig sind, a) um gesetzlich bestehende Einrichtungen zu erhalten und gesetzlich beschlossene Maßnahmen durchzuführen, b) um die rechtlich begründeten Verpflichtungen des Bundes zu erfüllen, c) um Bauten, Beschaffungen und sonstige Leistungen fortzusetzen oder Beihilfen für diese Zwecke weiter zu gewähren, sofern durch den Haushaltsplan eines Vorjahres bereits Beträge bewilligt worden sind.
(2) Soweit nicht auf besonderem Gesetze beruhende Einnahmen aus Steuern, Abgaben und sonstigen Quellen oder die Betriebsmittelrücklage die Ausgaben unter Absatz 1 decken, darf die Bundesregierung die zur Aufrechterhaltung der Wirtschaftsführung erforderlichen Mittel bis zur Höhe eines Viertels der Endsumme des abgelaufenen Haushaltsplanes im Wege des Kredits flüssig machen.

Artikel 112 Überschreitung des Haushalts

Überplanmäßige und außerplanmäßige Ausgaben bedürfen der Zustimmung des Bundesministers der Finanzen. Sie darf nur im Falle eines unvorhergesehenen und unabweisbaren Bedürfnisses erteilt werden. Näheres kann durch Bundesgesetz bestimmt werden.

Artikel 113 Ausgabenerhöhungen

(1) Gesetze, welche die von der Bundesregierung vorgeschlagenen Ausgaben des Haushaltsplanes erhöhen oder neue Ausgaben in sich schließen oder für die Zukunft mit sich bringen, bedürfen der Zustimmung der Bundesregierung. Das gleiche gilt für Gesetze, die Einnahmeminderungen in sich schließen oder für die Zukunft mit sich bringen. Die Bundesregierung kann verlangen, daß der Bundestag die Beschlußfassung über solche Gesetze aussetzt. In diesem Fall hat die Bundesregierung innerhalb von sechs Wochen dem Bundestage eine Stellungnahme zuzuleiten.
(2) Die Bundesregierung kann innerhalb von vier Wochen, nachdem der Bundestag das Gesetz beschlossen hat, verlangen, daß der Bundestag erneut Beschluß faßt.
(3) Ist das Gesetz nach Artikel 78 zustande gekommen, kann die Bundesregierung ihre Zustimmung nur innerhalb von sechs Wochen und nur dann versagen, wenn sie vorher das Verfahren nach Absatz 1 Satz 3 und 4 oder nach Absatz 2 eingeleitet hat. Nach Ablauf dieser Frist gilt die Zustimmung als erteilt.

Artikel 114 Pflicht zur Rechnungslegung, Rechnungshof

(1) Der Bundesminister der Finanzen hat dem Bundestage und dem Bundesrat über alle Einnahmen und Ausgaben sowie über das Vermögen und die Schulden im Laufe des nächsten Rechnungsjahres zur Entlastung der Bundesregierung Rechnung zu legen.
(2) Der Bundesrechnungshof, dessen Mitglieder richterliche Unabhängigkeit besitzen, prüft die Rechnung sowie die Wirtschaftlichkeit und Ordnungsmäßigkeit der Haushalts- und Wirtschaftsführung. Er hat außer der Bundesregierung unmittelbar dem Bundestage und dem Bundesrate jährlich zu berichten. Im übrigen werden die Befugnisse des Bundesrechnungshofes durch Bundesgesetz geregelt.

Artikel 115 Kreditbeschaffung

(1) Die Aufnahme von Krediten sowie die Übernahme von Bürgschaften, Garantien oder sonstigen Gewährleistungen, die zu Ausgaben in künftigen Rechnungsjahren führen können, bedürfen einer der Höhe nach bestimmten oder bestimmbaren Ermächtigung durch Bundesgesetz. Die Einnahmen aus Krediten dürfen die Summe der im Haushaltsplan veranschlagten Ausgaben für Investitionen nicht überschreiten; Ausnahmen sind nur zulässig zur Abwehr einer Störung des gesamtwirtschaftlichen Gleichgewichts. Das Nähere wird durch Bundesgesetz geregelt.
(2) Für Sondervermögen des Bundes können durch Bundesgesetz Ausnahmen von Absatz 1 zugelassen werden.

Die Verteilung von Einnahmen und Ausgaben

„Beim Geld hört die Gemütlichkeit auf", das kann auch von den finanziellen Beziehungen zwischen *Bund* und *Ländern* gesagt werden. Es gab schon im Deutschen Reich nach 1871 Auseinandersetzungen, wie die Steuern aufzuteilen, die Lasten und Ausgaben dem Gesamtstaat und den einzelnen Teilstaaten zuzumessen waren. Das Problem wurde nach 1919 durch die große Reichsfinanzreform in vielen wichtigen Punkten neu und besser geregelt.
Im Parlamentarischen Rat suchte man die Bundesländer zu stärken, gleichzeitig aber der Zentralgewalt ein Mindestmaß an Befugnissen und Finanzmitteln zu sichern.
Daher heißt es in Art. 104a, daß Bund und Länder jeweils die Ausgaben gesondert zu tragen haben, die sich „aus der Wahrnehmung ihrer Aufgaben ergeben". Art. 109 lautete dementsprechend ganz kurz: „Bund und Länder sind in ihrer Haushaltswirtschaft selbständig und voneinander unabhängig."
Im Lauf der Entwicklung zeigte sich jedoch, daß der Bund immer mehr Aufgaben zugewiesen erhielt. Er mußte also auch mehr Rechte bekommen. In zwei Änderungsgesetzen vom 8. Juni 1967 und 12. Mai 1969 entsprach der Deutsche Bundestag diesen Notwendigkeiten. Jetzt kann der Bund „für Bund und Länder gemeinsam geltende Grundsätze für das Haushaltsrecht" aufstellen und dementsprechend auch für eine „konjunkturgerechte Haushaltswirtschaft" und eine „mehrjährige Finanzplanung" sorgen.
Von Anfang an war klar, daß man die Bereiche festlegen muß, in denen der Bund allein zuständig ist oder die Länder unabhängig entscheiden sollen, und wo sie miteinander tätig sind. Das regelt im Grundsatz Art. 104a.
Dann wird bestimmt, wo die Gesetzgebungszuständigkeit (Kompetenz*) liegt:
für Zölle und Finanzmonopole (z. B. Tabak- oder Alkoholsteuer) beim Bund;
überall dort, wo dem Bund das Steueraufkommen wesentlich zusteht, hat er auch die Gesetzgebungsbefugnis, sobald er es will (konkurrierende Gesetzgebung).
Dementsprechend verbleiben den Ländern die anderen Bereiche.

Der Finanzausgleich

Im einzelnen bestimmt Art. 106, welche Steuern dem Bund zukommen sollen, während in Art. 107 angegeben ist, wie der *Finanzausgleich* zwischen dem Bund und den Ländern vorzunehmen ist. Im Kaiserreich vor 1918 hatten die einzelnen Staaten des Deutschen Reiches die Finanzverwaltungen und verfügten über die entscheidenden Steuereinnahmen. Sie gaben von diesen Einnahmen einen Teil an das Reich ab. Heute bleibt ein sehr großer Teil der Steuern zuerst beim Bund, der seinerseits dann den Ländern ein Stück überläßt. Konnte man früher sagen, das Reich sei nur Kostgänger der einzelnen Länder, so ist es heute eher umgekehrt: Der Bund teilt zu, und die Länder müssen darum kämpfen, eine ausreichende Summe zu erhalten. Da es in Bund, Ländern und Gemeinden — diese sind weitgehend auf ihr Land angewiesen — an Geldmitteln beständig fehlt, ist ein Ausgleich schwierig.
In Art. 108 ist festgelegt, welche Steuern durch Bundesfinanzbehörden ver-

waltet werden sollen und wie diese Verwaltungen zusammenarbeiten sollen. Dabei ist im Abs. 6 ausdrücklich bestimmt, daß ein Bundesgesetz (es ist die Finanzgerichtsordnung von 1965) die *Finanzgerichtsbarkeit* regelt. Erste Instanz sind die Landesfinanzgerichte, nächsthöhere für die Einsprüche und Berufungen der Bundesfinanzhof in München. Wer gegen einen Bescheid des Finanzamtes Einspruch erhoben hat und auch bei den höheren Finanzbehörden nicht durchkam, der kann an das Landesfinanzgericht appellieren. Diese Finanzgerichte sind unabhängige Gerichte.

Haushaltsplanung

Jede Finanzwirtschaft erfordert eine Haushalts- und Geldplanung. Wer wüßte das nicht schon von seinem eigenen privaten „Haushalt"? Das trifft natürlich in noch weit höherem Maß für den Bund zu. Daher bestimmt Art. 110 ausdrücklich:

- es muß ein Haushaltsplan aufgestellt werden, in dem die Einnahmen und Ausgaben „eingestellt", aufgeführt sind;
- es muß in diesem Haushaltsplan ein Ausgleich für Einnahmen und Ausgaben nachgewiesen sein;
- dieser Haushaltsplan muß — für ein oder mehrere Rechnungsjahre — durch das Haushaltsgesetz festgestellt werden. An Bundestag und Bundesrat kommt man also nicht vorbei;
- die Gesetzesvorlage muß gleichzeitig bei Bundestag und Bundesrat eingebracht werden. Der Bundesrat hat sechs (bei Änderungsvorlagen drei) Wochen Zeit, Stellung zu nehmen.

Das alte Recht der Parlamente, die Gelder für die Regierung (früher für den Fürsten) zu bewilligen, ist im GG ausdrücklich festgestellt. Dabei hat man in Art. 111 Abs. 1 das Rechnungsjahr als Frist gesetzt.

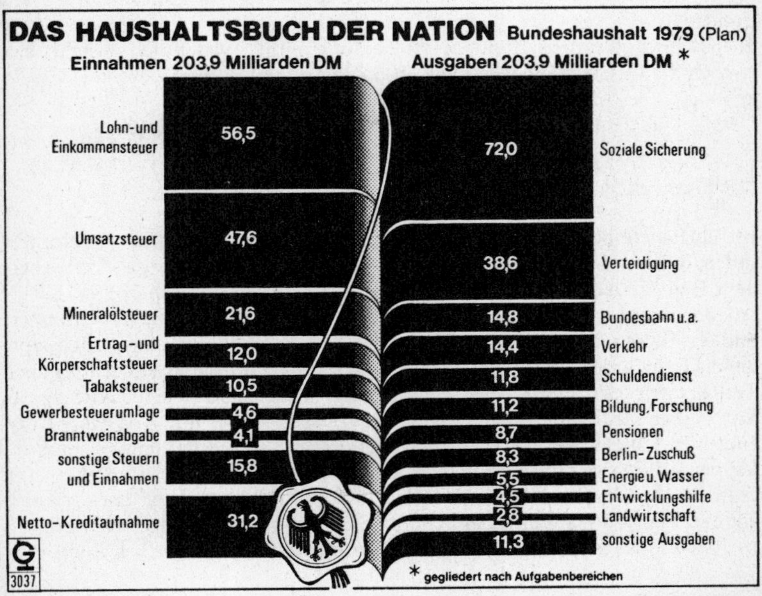

Wie weit darf die Regierung Schulden machen?

Lediglich für unumgängliche Maßnahmen ist es der Regierung gestattet, Ausgaben zu bewilligen und Kredite — nur bis zu einem Viertel der Endsumme des letzten Haushalts! — flüssig zu machen. Darüber hinaus hat man in Art. 112 dem *Bundesfinanzminister* die Ermächtigung gegeben, bei über- und außerplanmäßigen Ausgaben zu entscheiden. Er darf seine Zustimmung nur bei „unvorhergesehenem und unabweisbarem Bedürfnis" geben. Bewilligt der *Bundestag* Gesetze, durch die sich Ausgabenerhöhungen ergeben, so kann die *Bundesregierung* solche Gesetze stoppen und erneut zur Beschlußfassung an das Parlament zurückgeben (Art. 113). Diese Bestimmungen zeigen, daß sich seit längerem das Verhältnis zwischen Regierung und Parlament umgekehrt hat: Während in früheren Zeiten die Regierung stets mehr Geld forderte, als das Parlament — die Vertretung der Bürger und damit der Steuerzahler — zu bewilligen geneigt war, sind heute die Parlamente ausgabenfreudiger. Vor allem wenn es auf *Wahlen* zugeht, möchten die *Parteien* sich die Gunst der Wähler sichern. Dann bewilligt man Subventionen*, Lohn-, Gehalts- und Rentenerhöhungen, stellt aber notwendige Erhöhungen von Steuern und Gebühren zurück und überläßt es dem nächsten Parlament und der nächsten Regierung, den Bürgern mehr Geld abzuverlangen.

Art. 106 Abs. 1 enthält den Katalog der Steuern, die dem Bund zustehen. Zu den *Verbrauchsteuern* gehören z. B.: Mineralölsteuer und Heizölsteuer; Kaffee- und Teesteuer; Schaumweinsteuer; Branntweinsteuer; Biersteuer; Zuckersteuer; Salzsteuer; Süßstoffsteuer; Leuchtmittelsteuer — für Glühlampen, Glühkörper usw.; Zündwarensteuer; Tabaksteuer.

Der Staat legt also gerade dort Verbrauchsteuern auf, wo man nur schwer auf den Konsum verzichten kann, wie z. B. bei der Mineralölsteuer, die ja auch das Benzin betrifft, oder dort, wo der Steuerzahler allzu geneigt oder durch Gewohnheit geradezu genötigt ist, zu verbrauchen: bei Tabak, Kaffee, Tee, Bier, Branntwein und Schaumwein (Sekt). Beim Benzinpreis kommt noch Zoll hinzu und bei allen Waren die Mehrwertsteuer.

Auch in unserem Land ist die Steuerlast hoch, ja im Vergleich zu anderen Industriestaaten mit am höchsten. Andererseits aber dürfen wir *Steuerzahler* nicht übersehen, daß wir ja auch immer mehr vom Staat fordern: Er soll mehr Schulen und Hochschulen, mehr Straßen und Autobahnen bauen und unterhalten, mehr für innere Sicherheit sorgen, die äußere Sicherheit (Verteidigung) bezahlen, Verwaltungen aufrechterhalten, den Umweltschutz ermöglichen und durch ein umfangreiches Sozialsystem (Alters-, Renten-, Invaliditätsversicherungen, Sozialhilfen aller Art) den einzelnen sichern. Je mehr wir selbst vom Staat fordern, desto mehr wird er von uns holen.

Xa. Verteidigungsfall

Artikel 115a Feststellung des Verteidigungsfalls

(1) Die Feststellung, daß das Bundesgebiet mit Waffengewalt angegriffen wird oder ein solcher Angriff unmittelbar droht (Verteidigungsfall), trifft der Bundestag mit Zustimmung des Bundesrates. Die Feststellung erfolgt auf Antrag der Bundesregierung und bedarf einer Mehrheit von zwei Dritteln der abgegebenen Stimmen, mindestens der Mehrheit der Mitglieder des Bundestages.
(2) Erfordert die Lage unabweisbar ein sofortiges Handeln und stehen einem rechtzeitigen Zusammentritt des Bundestages unüberwindliche Hindernisse entgegen oder ist er nicht beschlußfähig, so trifft der Gemeinsame Ausschuß diese Feststellung mit einer Mehrheit von zwei Dritteln der abgegebenen Stimmen, mindestens der Mehrheit seiner Mitglieder.
(3) Die Feststellung wird vom Bundespräsidenten gemäß Artikel 82 im Bundesgesetzblatte verkündet. Ist dies nicht rechtzeitig möglich, so erfolgt die Verkündung in anderer Weise; sie ist im Bundesgesetzblatte nachzuholen, sobald die Umstände es zulassen.
(4) Wird das Bundesgebiet mit Waffengewalt angegriffen und sind die zuständigen Bundesorgane außerstande, sofort die Feststellung nach Absatz 1 Satz 1 zu treffen, so gilt diese Feststellung als getroffen und als zu dem Zeitpunkt verkündet, in dem der Angriff begonnen hat. Der Bundespräsident gibt diesen Zeitpunkt bekannt, sobald die Umstände es zulassen.
(5) Ist die Feststellung des Verteidigungsfalles verkündet und wird das Bundesgebiet mit Waffengewalt angegriffen, so kann der Bundespräsident völkerrechtliche Erklärungen über das Bestehen des Verteidigungsfalles mit Zustimmung des Bundestages abgeben. Unter den Voraussetzungen des Absatzes 2 tritt an die Stelle des Bundestages der Gemeinsame Ausschuß.

Artikel 115b Befehlsgewalt im Verteidigungsfall

Mit der Verkündung des Verteidigungsfalles geht die Befehls- und Kommandogewalt über die Streitkräfte auf den Bundeskanzler über.

Artikel 115c Gesetzgebung des Bundes im Verteidigungsfall

(1) Der Bund hat für den Verteidigungsfall das Recht der konkurrierenden Gesetzgebung auch auf den Sachgebieten, die zur Gesetzgebungszuständigkeit der Länder gehören. Diese Gesetze bedürfen der Zustimmung des Bundesrates.

(2) Soweit es die Verhältnisse während des Verteidigungsfalles erfordern, kann durch Bundesgesetz für den Verteidigungsfall

1. bei Enteignungen abweichend von Artikel 14 Abs. 3 Satz 2 die Entschädigung vorläufig geregelt werden,
2. für Freiheitsentziehungen eine von Artikel 104 Abs. 2 Satz 3 und Abs. 3 Satz 1 abweichende Frist, höchstens jedoch eine solche von vier Tagen, für den Fall festgesetzt werden, daß ein Richter nicht innerhalb der für Normalzeiten geltenden Frist tätig werden konnte.

(3) Soweit es zur Abwehr eines gegenwärtigen oder unmittelbar drohenden Angriffs erforderlich ist, kann für den Verteidigungsfall durch Bundesgesetz mit Zustimmung des Bundesrates die Verwaltung und das Finanzwesen des Bundes und der Länder abweichend von den Abschnitten VIII, VIII a und X geregelt werden, wobei die Lebensfähigkeit der Länder, Gemeinden und Gemeindeverbände, insbesondere auch in finanzieller Hinsicht, zu wahren ist.

(4) Bundesgesetze nach den Absätzen 1 und 2 Nr. 1 dürfen zur Vorbereitung ihres Vollzuges schon vor Eintritt des Verteidigungsfalles angewandt werden.

Artikel 115d — Abgekürztes Verfahren der Gesetzgebung im Verteidigungsfall

(1) Für die Gesetzgebung des Bundes gilt im Verteidigungsfalle abweichend von Artikel 76 Abs. 2, Artikel 77 Abs. 1 Satz 2 und Abs. 2 bis 4, Artikel 78 und Artikel 82 Abs. 1 die Regelung der Absätze 2 und 3.

(2) Gesetzesvorlagen der Bundesregierung, die sie als dringlich bezeichnet, sind gleichzeitig mit der Einbringung beim Bundestage dem Bundesrate zuzuleiten. Bundestag und Bundesrat beraten diese Vorlagen unverzüglich gemeinsam. Soweit zu einem Gesetze die Zustimmung des Bundesrates erforderlich ist, bedarf es zum Zustandekommen des Gesetzes der Zustimmung der Mehrheit seiner Stimmen. Das Nähere regelt eine Geschäftsordnung, die vom Bundestage beschlossen wird und der Zustimmung des Bundesrates bedarf.

(3) Für die Verkündung der Gesetze gilt Artikel 115a Abs. 3 Satz 2 entsprechend.

Artikel 115e — Stellung des Gemeinsamen Ausschusses im Verteidigungsfall

(1) Stellt der Gemeinsame Ausschuß im Verteidigungsfalle mit einer Mehrheit von zwei Dritteln der abgegebenen Stimmen, mindestens mit der Mehrheit seiner Mitglieder fest, daß dem rechtzeitigen Zusammentritt des Bundestages unüberwindliche Hindernisse entgegenstehen oder daß dieser nicht beschlußfähig ist, so hat der Gemeinsame Ausschuß die Stellung von Bundestag und Bundesrat und nimmt deren Rechte einheitlich wahr.

(2) Durch ein Gesetz des Gemeinsamen Ausschusses darf das Grundgesetz weder geändert noch ganz oder teilweise außer Kraft oder außer Anwendung gesetzt werden. Zum Erlaß von Gesetzen nach Artikel 24 Abs. 1 und Artikel 29 ist der Gemeinsame Ausschuß nicht befugt.

Artikel 115f Stellung der Bundesregierung im Verteidigungsfall

(1) Die Bundesregierung kann im Verteidigungsfalle, soweit es die Verhältnisse erfordern,

1. den Bundesgrenzschutz im gesamten Bundesgebiete einsetzen;
2. außer der Bundesverwaltung auch den Landesregierungen und, wenn sie es für dringlich erachtet, den Landesbehörden Weisungen erteilen und diese Befugnis auf von ihr zu bestimmende Mitglieder der Landesregierungen übertragen.

(2) Bundestag, Bundesrat und der Gemeinsame Ausschuß sind unverzüglich von den nach Absatz 1 getroffenen Maßnahmen zu unterrichten.

Artikel 115g Stellung des BVerfG im Verteidigungsfall

Die verfassungsmäßige Stellung und die Erfüllung der verfassungsmäßigen Aufgaben des Bundesverfassungsgerichtes und seiner Richter dürfen nicht beeinträchtigt werden. Das Gesetz über das Bundesverfassungsgericht darf durch ein Gesetz des Gemeinsamen Ausschusses nur insoweit geändert werden, als dies auch nach Auffassung des Bundesverfassungsgerichtes zur Aufrechterhaltung der Funktionsfähigkeit des Gerichtes erforderlich ist. Bis zum Erlaß eines solchen Gesetzes kann das Bundesverfassungsgericht die zur Erhaltung der Arbeitsfähigkeit des Gerichtes erforderlichen Maßnahmen treffen. Beschlüsse nach Satz 2 und Satz 3 faßt das Bundesverfassungsgericht mit der Mehrheit der anwesenden Richter.

Artikel 115h Wahlperioden und Amtszeiten im Verteidigungsfall

(1) Während des Verteidigungsfalles ablaufende Wahlperioden des Bundestages oder der Volksvertretungen der Länder enden sechs Monate nach Beendigung des Verteidigungsfalles. Die im Verteidigungsfalle ablaufende Amtszeit des Bundespräsidenten sowie bei vorzeitiger Erledigung seines Amtes die Wahrnehmung seiner Befugnisse durch den Präsidenten des Bundesrates enden neun Monate nach Beendigung des Verteidigungsfalles. Die im Verteidigungsfalle ablaufende Amtszeit eines Mitgliedes des Bundesverfassungsgerichtes endet sechs Monate nach Beendigung des Verteidigungsfalles.

(2) Wird eine Neuwahl des Bundeskanzlers durch den Gemeinsamen Ausschuß erforderlich, so wählt dieser einen neuen Bundeskanzler mit

der Mehrheit seiner Mitglieder; der Bundespräsident macht dem Gemeinsamen Ausschuß einen Vorschlag. Der Gemeinsame Ausschuß kann dem Bundeskanzler das Mißtrauen nur dadurch aussprechen, daß er mit der Mehrheit von zwei Dritteln seiner Mitglieder einen Nachfolger wählt.
(3) Für die Dauer des Verteidigungsfalles ist die Auflösung des Bundestages ausgeschlossen.

Artikel 115i Stellung der Landesregierungen im Verteidigungsfall

(1) Sind die zuständigen Bundesorgane außerstande, die notwendigen Maßnahmen zur Abwehr der Gefahr zu treffen, und erfordert die Lage unabweisbar ein sofortiges selbständiges Handeln in einzelnen Teilen des Bundesgebietes, so sind die Landesregierungen oder die von ihnen bestimmten Behörden oder Beauftragten befugt, für ihren Zuständigkeitsbereich Maßnahmen im Sinne des Artikels 115f Abs. 1 zu treffen.
(2) Maßnahmen nach Absatz 1 können durch die Bundesregierung, im Verhältnis zu Landesbehörden und nachgeordneten Bundesbehörden auch durch die Ministerpräsidenten der Länder, jederzeit aufgehoben werden.

Artikel 115k Geltung von außerordentlichen Gesetzen

(1) Für die Dauer ihrer Anwendbarkeit setzen Gesetze nach den Artikeln 115c, 115e und 115g und Rechtsverordnungen, die auf Grund solcher Gesetze ergehen, entgegenstehendes Recht außer Anwendung. Dies gilt nicht gegenüber früherem Recht, das auf Grund der Artikel 115c, 115e und 115g erlassen worden ist.
(2) Gesetze, die der Gemeinsame Ausschuß beschlossen hat, und Rechtsverordnungen, die auf Grund solcher Gesetze ergangen sind, treten spätestens sechs Monate nach Beendigung des Verteidigungsfalles außer Kraft.
(3) Gesetze, die von den Artikeln 91a, 91b, 104a, 106 und 107 abweichende Regelungen enthalten, gelten längstens bis zum Ende des zweiten Rechnungsjahres, das auf die Beendigung des Verteidigungsfalles folgt. Sie können nach Beendigung des Verteidigungsfalles durch Bundesgesetz mit Zustimmung des Bundesrates geändert werden, um zu der Regelung gemäß den Abschnitten VIIIa und X überzuleiten.

Artikel 115 l Beendigung des Verteidigungsfalls, Friedensschluß

(1) Der Bundestag kann jederzeit mit Zustimmung des Bundesrates Gesetze des Gemeinsamen Ausschusses aufheben. Der Bundesrat kann verlangen, daß der Bundestag hierüber beschließt. Sonstige zur Abwehr der Gefahr getroffene Maßnahmen des Gemeinsamen Ausschusses oder der Bundesregierung sind aufzuheben, wenn der Bundestag und der Bundesrat es beschließen.
(2) Der Bundestag kann mit Zustimmung des Bundesrates jederzeit durch einen vom Bundespräsidenten zu verkündenden Beschluß den Verteidigungsfall für beendet erklären. Der Bundesrat kann verlangen, daß der Bundestag hierüber beschließt. Der Verteidigungsfall ist unverzüglich für beendet zu erklären, wenn die Voraussetzungen für seine Feststellung nicht mehr gegeben sind.
(3) Über den Friedensschluß wird durch Bundesgesetz entschieden.

Notstandsgesetzgebung und Verteidigungsfall

Der Deutsche Bundestag verabschiedete am 24. Juni 1968 nach langen Auseinandersetzungen, die auch in der Öffentlichkeit geführt wurden, den Abschnitt Xa, der die eigentliche *Notstandsgesetzgebung* umfaßt.
Der Bundestag stellt, mit Zustimmung des Bundesrates und auf Antrag der Bundesregierung, den „*Verteidigungsfall*" fest. Um Mißbrauch zu verhindern, muß die Feststellung mit der Mehrheit von zwei Dritteln der abgegebenen Stimmen erfolgen. Diese Mehrheit muß zugleich mindestens der Mehrheit der Bundestagsmitglieder entsprechen.
Bei diesem „Verteidigungsfall" — deutlicher wäre das Wort „Krieg" — wird wahrscheinlich der Bundestag gar nicht mehr zusammenkommen können. Deshalb sieht das GG vor, daß an seine Stelle ein *Gemeinsamer Ausschuß** (Art. 115a Abs. 2) treten kann, für den die gleichen Mehrheitsvorschriften gelten wie für den Bundestag. Zwar könnte dieser „Verteidigungsfall" eines schlimmen Tages plötzlich eingetreten sein — heute werden Kriege oft nicht mehr formell erklärt, sondern einfach angefangen —, damit er aber — rechtlich gültig — als gegeben angesehen werden kann, muß ihn nicht nur das Parlament feststellen, sondern der Bundespräsident im Bundesgesetzblatt verkünden (Art. 115a Abs. 3). Das GG sieht vor, daß der Bundespräsident diese Feststellung auch später bekanntgeben kann, „sobald die Umstände es zulassen".

Die Befehlsgewalt des Bundeskanzlers

Im Verteidigungsfall hat der *Bundeskanzler* die *Befehls-* und *Kommandogewalt* (Art. 115b). Er übt sie durch die entsprechenden Organe (der Bundeswehr, des Bundesgrenzschutzes) aus. Aber auch hier müssen wir wissen, daß die Bundesrepublik Mitglied der NATO* ist. Dort fallen die militärischen Entscheidungen. Ebenso darf nicht vergessen werden, daß auf dem Boden der Bundesrepublik Truppen der ehemaligen Besatzungs- und heutigen Schutz- und Bündnismächte stehen. Sie haben aufgrund der Verträge zwischen der Bundesrepublik und den Westmächten (Deutschlandvertrag*, Truppenvertrag*) eigene Rechte und Zuständigkeiten.

Die Macht des „Gemeinsamen Ausschusses“

Da im „Verteidigungsfall“ mit dem Ausfall des *Bundestages* zu rechnen ist, hat der *Gemeinsame Ausschuß* große Machtbefugnisse. Sie sind auch dadurch so entscheidend, weil dem Bund im Verteidigungsfall erweiterte Rechte für die Gesetzgebung zufallen (Art. 115c). Sie sind in diesem Artikel im einzelnen genannt. Wenn solche Bundesgesetze erlassen werden, können sie übrigens „zur Vorbereitung ihres Vollzuges schon vor Eintritt des Verteidigungsfalles angewandt werden“. Droht ein Krieg, so kann es z. B. notwendig sein, sofort die erforderlichen Bewirtschaftungsgesetze zu erlassen, um Hamster- und Panikkäufen vorzubeugen und die Versorgung der Bevölkerung zu sichern. Da solche Gesetze und Verordnungen vorbereitet sein müssen, gehören sie zu den sog. „Schubladengesetzen“.
Damit im *Verteidigungsfall* rasch entschieden werden kann, hat man in Art. 115 d ein abgekürztes *Gesetzgebungsverfahren* vorgesehen und darüber hinaus der Bundesregierung und den Landesregierungen außerordentliche Befugnisse zugebilligt (Art. 115f und 115i). Ausdrücklich wird in Art. 115g festgestellt, daß die Tätigkeit des BVerfG nicht beeinträchtigt werden darf. Hier ist also eine wichtige Sicherung der Verfassungsordnung eingebaut.

„Friedensschluß“

Die Art. 115k und 115l bestimmen, wann Gesetze und Rechtsverordnungen, die der Gemeinsame Ausschuß beschlossen hat, außer Kraft treten und auf welche Weise der Verteidigungsfall für aufgehoben erklärt werden kann. Und schließlich muß „über den *Friedensschluß* durch ein Bundesgesetz entschieden“ werden (Art. 115l Abs. 3). Hier hat man im Klartext gesprochen: Denn wenn auf diese Weise Frieden geschlossen werden kann, so muß vorher Krieg — „Verteidigungsfall“ — gewesen sein.
Wir müssen einsehen, daß kein Staat auf Vorkehrungen für Konflikte und Kriege verzichten kann. Das aber sollte nie einen Schritt zur Verwirklichung, zum „Ernstfall“ hin, bedeuten.

XI. Übergangs- und Schlußbestimmungen

Artikel 116 Begriff „Deutscher“

(1) Deutscher im Sinne dieses Grundgesetzes ist vorbehaltlich anderweitiger gesetzlicher Regelung, wer die deutsche Staatsangehörigkeit besitzt oder als Flüchtling oder Vertriebener deutscher Volkszugehörigkeit oder als dessen Ehegatte oder Abkömmling in dem Gebiete des Deutschen Reiches nach dem Stande vom 31. Dezember 1937 Aufnahme gefunden hat.
(2) Frühere deutsche Staatsangehörige, denen zwischen dem 30. Januar 1933 und dem 8. Mai 1945 die Staatsangehörigkeit aus politischen, rassischen oder religiösen Gründen entzogen worden ist, und ihre Abkömmlinge sind auf Antrag wieder einzubürgern. Sie gelten als nicht ausgebürgert, sofern sie nach dem 8. Mai 1945 ihren Wohnsitz in Deutschland genommen haben und nicht einen entgegengesetzten Willen zum Ausdruck gebracht haben.

Artikel 117 Übergangsregelung zu Art. 3 und Art. 11

(1) Das dem Art. 3 Abs. 2 entgegenstehende Recht bleibt bis zu seiner Anpassung an diese Bestimmung des Grundgesetzes in Kraft, jedoch nicht länger als bis zum 31. März 1953.
(2) Gesetze, die das Recht der Freizügigkeit mit Rücksicht auf die gegenwärtige Raumnot einschränken, bleiben bis zu ihrer Aufhebung durch Bundesgesetz in Kraft.

Artikel 118 Neugliederung im Südwesten

Die Neugliederung in dem die Länder Baden, Württemberg-Baden und Württemberg-Hohenzollern umfassenden Gebiete kann abweichend von den Vorschriften des Artikels 29 durch Vereinbarung der beteiligten Länder erfolgen. Kommt eine Vereinbarung nicht zustande, so wird die Neugliederung durch Bundesgesetz geregelt, das eine Volksbefragung vorsehen muß.

Artikel 119 Flüchtlinge und Vertriebene

In Angelegenheiten der Flüchtlinge und Vertriebenen, insbesondere zu ihrer Verteilung auf die Länder, kann bis zu einer bundesgesetzlichen Regelung die Bundesregierung mit Zustimmung des Bundesrates Verordnungen mit Gesetzeskraft erlassen. Für besondere Fälle kann dabei die Bundesregierung ermächtigt werden, Einzelweisungen zu erteilen. Die Weisungen sind außer bei Gefahr im Verzuge an die obersten Landesbehörden zu richten.

Artikel 120 Kriegsfolgelasten

(1) Der Bund trägt die Aufwendungen für Besatzungskosten und die sonstigen inneren und äußeren Kriegsfolgelasten nach näherer Bestimmung von Bundesgesetzen. Soweit diese Kriegsfolgelasten bis zum 1. Oktober 1969 durch Bundesgesetze geregelt worden sind, tragen Bund und Länder im Verhältnis zueinander die Aufwendungen nach Maßgabe dieser Bundesgesetze. Soweit Aufwendungen für Kriegsfolgelasten, die in Bundesgesetzen weder geregelt worden sind noch geregelt werden, bis zum 1. Oktober 1965 von den Ländern, Gemeinden (Gemeindeverbänden) oder sonstigen Aufgabenträgern, die Aufgaben von Ländern oder Gemeinden erfüllen, erbracht worden sind, ist der Bund zur Übernahme von Aufwendungen dieser Art auch nach diesem Zeitpunkt nicht verpflichtet. Der Bund trägt die Zuschüsse zu den Lasten der Sozialversicherung mit Einschluß der Arbeitslosenversicherung und der Arbeitslosenhilfe. Die durch diesen Absatz geregelte Verteilung der Kriegsfolgelasten auf Bund und Länder läßt die gesetzliche Regelung von Entschädigungsansprüchen für Kriegsfolgen unberührt.
(2) Die Einnahmen gehen auf den Bund zu demselben Zeitpunkt über, an dem der Bund die Ausgaben übernimmt.

Artikel 120a Lastenausgleich

(1) Die Gesetze, die der Durchführung des Lastenausgleichs dienen, können mit Zustimmung des Bundesrates bestimmen, daß sie auf dem Gebiete der Ausgleichsleistungen teils durch den Bund, teils im Auftrage des Bundes durch die Länder ausgeführt werden und daß die der Bundesregierung und den zuständigen obersten Bundesbehörden auf Grund des Artikels 85 insoweit zustehenden Befugnisse ganz oder teilweise dem Bundesausgleichsamt übertragen werden. Das Bundesausgleichsamt bedarf bei Ausübung dieser Befugnisse nicht der Zustimmung des Bundesrates; seine Weisungen sind, abgesehen von den Fällen der Dringlichkeit, an die obersten Landesbehörden (Landesausgleichsämter) zu richten.
(2) Artikel 87 Abs. 3 Satz 2 bleibt unberührt.

Artikel 121 Begriff der Mehrheit

Mehrheit der Mitglieder des Bundestages und der Bundesversammlung im Sinne dieses Grundgesetzes ist die Mehrheit ihrer gesetzlichen Mitgliederzahl.

Artikel 122 Bisherige Gesetzgebungskörperschaften

(1) Vom Zusammentritt des Bundestages an werden die Gesetze ausschließlich von den in diesem Grundgesetze anerkannten gesetzgebenden Gewalten beschlossen.

(2) Gesetzgebende und bei der Gesetzgebung beratend mitwirkende Körperschaften, deren Zuständigkeit nach Absatz 1 endet, sind mit diesem Zeitpunkt aufgelöst.

Artikel 123 Fortgeltung alten Rechts und früherer Verträge

(1) Recht aus der Zeit vor dem Zusammentritt des Bundestages gilt fort, soweit es dem Grundgesetze nicht widerspricht.
(2) Die vom Deutschen Reich abgeschlossenen Staatsverträge, die sich auf Gegenstände beziehen, für die nach diesem Grundgesetz die Landesgesetzgebung zuständig ist, bleiben, wenn sie nach allgemeinen Rechtsgrundsätzen gültig sind und fortgelten, unter Vorbehalt aller Rechte und Einwendungen der Beteiligten in Kraft, bis neue Staatsverträge durch die nach diesem Grundgesetze zuständigen Stellen abgeschlossen werden oder ihre Beendigung auf Grund der in ihnen enthaltenen Bestimmungen anderweitig erfolgt.

Artikel 124 Altes Recht und ausschließliche Gesetzgebung

Recht, das Gegenstände der ausschließlichen Gesetzgebung des Bundes betrifft, wird innerhalb seines Geltungsbereiches Bundesrecht.

Artikel 125 Altes Recht und konkurrierende Gesetzgebung

Recht, das Gegenstände der konkurrierenden Gesetzgebung des Bundes betrifft, wird innerhalb seines Geltungsbereiches Bundesrecht,

1. soweit es innerhalb einer oder mehrerer Besatzungszonen einheitlich gilt,
2. soweit es sich um Recht handelt, durch das nach dem 8. Mai 1945 früheres Reichsrecht abgeändert worden ist.

Artikel 126 Entscheidungsrecht des BVerfG

Meinungsverschiedenheiten über das Fortgelten von Recht als Bundesrecht entscheidet das Bundesverfassungsgericht.

Artikel 127 Recht des Vereinigten Wirtschaftsgebiets

Die Bundesregierung kann mit Zustimmung der Regierungen der beteiligten Länder Recht der Verwaltung des Vereinigten Wirtschaftsgebietes, soweit es nach Artikel 124 oder 125 als Bundesrecht fortgilt, innerhalb eines Jahres nach Verkündung dieses Grundgesetzes in den Ländern Baden, Groß-Berlin, Rheinland-Pfalz und Württemberg-Hohenzollern in Kraft setzen.

Artikel 128 Fortbestehen von Weisungsrechten

Soweit fortgeltendes Recht Weisungsrechte im Sinne des Artikels 84 Abs. 5 vorsieht, bleiben sie bis zu einer anderweitigen gesetzlichen Regelung bestehen.

Artikel 129 Fortgeltung von Ermächtigungen

(1) Soweit in Rechtsvorschriften, die als Bundesrecht fortgelten, eine Ermächtigung zum Erlasse von Rechtsverordnungen oder allgemeinen Verwaltungsvorschriften sowie zur Vornahme von Verwaltungsakten enthalten ist, geht sie auf die nunmehr sachlich zuständigen Stellen über. In Zweifelsfällen entscheidet die Bundesregierung im Einvernehmen mit dem Bundesrate; die Entscheidung ist zu veröffentlichen.
(2) Soweit in Rechtsvorschriften, die als Landesrecht fortgelten, eine solche Ermächtigung enthalten ist, wird sie von den nach Landesrecht zuständigen Stellen ausgeübt.
(3) Soweit Rechtsvorschriften im Sinne der Absätze 1 und 2 zu ihrer Änderung oder Ergänzung oder zum Erlaß von Rechtsvorschriften anstelle von Gesetzen ermächtigen, sind diese Ermächtigungen erloschen.
(4) Die Vorschriften der Absätze 1 und 2 gelten entsprechend, soweit in Rechtsvorschriften auf nicht mehr geltende Vorschriften oder nicht mehr bestehende Einrichtungen verwiesen ist.

Artikel 130 Körperschaften des öffentlichen Rechts

(1) Verwaltungsorgane und sonstige der öffentlichen Verwaltung oder Rechtspflege dienende Einrichtungen, die nicht auf Landesrecht oder Staatsverträgen zwischen Ländern beruhen, sowie die Betriebsvereinigung der südwestdeutschen Eisenbahnen und der Verwaltungsrat für das Post- und Fernmeldewesen für das französische Besatzungsgebiet unterstehen der Bundesregierung. Diese regelt mit Zustimmung des Bundesrates die Überführung, Auflösung oder Abwicklung.
(2) Oberster Disziplinarvorgesetzter der Angehörigen dieser Verwaltungen und Einrichtungen ist der zuständige Bundesminister.
(3) Nicht landesunmittelbare und nicht auf Staatsverträgen zwischen den Ländern beruhende Körperschaften und Anstalten des öffentlichen Rechtes unterstehen der Aufsicht der zuständigen obersten Bundesbehörde.

Artikel 131 Angehörige des öffentlichen Dienstes aus der Zeit vor dem 8. Mai 1945

Die Rechtsverhältnisse von Personen einschließlich der Flüchtlinge und Vertriebenen, die am 8. Mai 1945 im öffentlichen Dienste standen, aus anderen als beamten- oder tarifrechtlichen Gründen ausgeschieden sind und bisher nicht oder nicht ihrer früheren Stellung entsprechend verwendet werden, sind durch Bundesgesetz zu regeln. Entsprechendes gilt für Personen einschließlich der Flüchtlinge und Vertriebenen, die am 8. Mai 1945 versorgungsberechtigt waren und aus anderen als beamten- oder tarifrechtlichen Gründen keine oder keine entsprechende Versorgung mehr erhalten. Bis zum Inkrafttreten des Bundesgesetzes können vorbehaltlich anderweitiger landesrechtlicher Regelung Rechtsansprüche nicht geltend gemacht werden.

Artikel 132 Aufhebung von Beamtenrechten

(1) Beamte und Richter, die im Zeitpunkte des Inkrafttretens dieses Grundgesetzes auf Lebenszeit angestellt sind, können binnen sechs Monaten nach dem ersten Zusammentritt des Bundestages in den Ruhestand oder Wartestand oder in ein Amt mit niedrigerem Diensteinkommen versetzt werden, wenn ihnen die persönliche oder fachliche Eignung für ihr Amt fehlt. Auf Angestellte, die in einem unkündbaren Dienstverhältnis stehen, findet diese Vorschrift entsprechende Anwendung. Bei Angestellten, deren Dienstverhältnis kündbar ist, können über die tarifmäßige Regelung hinausgehende Kündigungsfristen innerhalb der gleichen Frist aufgehoben werden.
(2) Diese Bestimmung findet keine Anwendung auf Angehörige des öffentlichen Dienstes, die von den Vorschriften über die „Befreiung von Nationalsozialismus und Militarismus" nicht betroffen sind, sofern nicht ein wichtiger Grund in ihrer Person vorliegt.
(3) Den Betroffenen steht der Rechtsweg gemäß Artikel 19 Abs. 4 offen.
(4) Das Nähere bestimmt eine Verordnung der Bundesregierung, die der Zustimmung des Bundesrates bedarf.

Artikel 133 Rechtsnachfolge des Vereinigten Wirtschaftsgebietes

Der Bund tritt in die Rechte und Pflichten der Verwaltung des Vereinigten Wirtschaftsgebietes ein.

Artikel 134 Übernahme des Reichsvermögens durch den Bund

(1) Das Vermögen des Reiches wird grundsätzlich Bundesvermögen.
(2) Soweit es nach seiner ursprünglichen Zweckbestimmung überwiegend für Verwaltungsaufgaben bestimmt war, die nach diesem Grundgesetz nicht Verwaltungsaufgaben des Bundes sind, ist es unentgeltlich auf die nunmehr zuständigen Aufgabenträger und, soweit es nach seiner gegenwärtigen, nicht nur vorübergehenden Benutzung Verwaltungsaufgaben dient, die nach diesem Grundgesetze nunmehr von den Ländern zu erfüllen sind, auf die Länder zu übertragen. Der Bund kann auch sonstiges Vermögen den Ländern übertragen.
(3) Vermögen, das dem Reich von den Ländern und Gemeinden (Gemeindeverbänden) unentgeltlich zur Verfügung gestellt wurde, wird wiederum Vermögen der Länder und Gemeinden (Gemeindeverbände), soweit es nicht der Bund für eigene Verwaltungsaufgaben benötigt.
(4) Das Nähere regelt ein Bundesgesetz, das der Zustimmung des Bundesrates bedarf.

Artikel 135 Vermögen bei Änderung des Gebietsstandes

(1) Hat sich nach dem 8. Mai 1945 bis zum Inkrafttreten dieses Grundgesetzes die Landeszugehörigkeit eines Gebietes geändert, so steht in diesem Gebiete das Vermögen des Landes, dem das Gebiet gehört hat, dem Lande zu, dem es jetzt angehört.
(2) Das Vermögen nicht mehr bestehender Länder und nicht mehr bestehender anderer Körperschaften und Anstalten des öffentlichen Rechtes geht, soweit es nach seiner ursprünglichen Zweckbestimmung überwiegend für Verwaltungsaufgaben bestimmt war, oder nach seiner gegenwärtigen, nicht nur vorübergehenden Benutzung überwiegend Verwaltungsaufgaben dient, auf das Land oder die Körperschaft oder Anstalt des öffentlichen Rechtes über, die nunmehr diese Aufgaben erfüllen.
(3) Grundvermögen nicht mehr bestehender Länder geht einschließlich des Zubehörs, soweit es nicht bereits zu Vermögen im Sinne des Absatzes 1 gehört, auf das Land über, in dessen Gebiet es gelegen ist.
(4) Sofern ein überwiegendes Interesse des Bundes oder das besondere Interesse eines Gebietes es erfordert, kann durch Bundesgesetz eine von den Absätzen 1 bis 3 abweichende Regelung getroffen werden.
(5) Im übrigen wird die Rechtsnachfolge und die Auseinandersetzung, soweit sie nicht bis zum 1. Januar 1952 durch Vereinbarung zwischen den beteiligten Ländern oder Körperschaften oder Anstalten des öffentlichen Rechtes erfolgt, durch Bundesgesetz geregelt, das der Zustimmung des Bundesrates bedarf.
(6) Beteiligungen des ehemaligen Landes Preußen an Unternehmen des privaten Rechtes gehen auf den Bund über. Das Nähere regelt ein Bundesgesetz, das auch Abweichendes bestimmen kann.

(7) Soweit über Vermögen, das einem Lande oder einer Körperschaft oder Anstalt des öffentlichen Rechtes nach den Absätzen 1 bis 3 zufallen würde, von dem danach Berechtigten durch ein Landesgesetz, auf Grund eines Landesgesetzes oder in anderer Weise bei Inkrafttreten des Grundgesetzes verfügt worden war, gilt der Vermögensübergang als vor der Verfügung erfolgt.

Artikel 135a Aufhebung oder Kürzung alter Verbindlichkeiten

Durch die in Artikel 134 Abs. 4 und Artikel 135 Abs. 5 vorbehaltene Gesetzgebung des Bundes kann auch bestimmt werden, daß nicht oder nicht in voller Höhe zu erfüllen sind

1. Verbindlichkeiten des Reiches sowie Verbindlichkeiten des ehemaligen Landes Preußen und sonstiger nicht mehr bestehender Körperschaften und Anstalten des öffentlichen Rechts,
2. Verbindlichkeiten des Bundes oder anderer Körperschaften und Anstalten des öffentlichen Rechts, welche mit dem Übergang von Vermögenswerten nach Artikel 89, 90, 134 und 135 im Zusammenhang stehen, und Verbindlichkeiten dieser Rechtsträger, die auf Maßnahmen der in Nummer 1 bezeichneten Rechtsträger beruhen,
3. Verbindlichkeiten der Länder und Gemeinden (Gemeindeverbände), die aus Maßnahmen entstanden sind, welche diese Rechtsträger vor dem 1. August 1945 zur Durchführung von Anordnungen der Besatzungsmächte oder zur Beseitigung eines kriegsbedingten Notstandes im Rahmen dem Reich obliegender oder vom Reich übertragener Verwaltungsaufgaben getroffen haben.

Artikel 136 Erstes Zusammentreten des Bundesrats

(1) Der Bundesrat tritt erstmalig am Tage des ersten Zusammentrittes des Bundestages zusammen.
(2) Bis zur Wahl des ersten Bundespräsidenten werden dessen Befugnisse von dem Präsidenten des Bundesrates ausgeübt. Das Recht der Auflösung des Bundestages steht ihm nicht zu.

Artikel 137 Wählbarkeit der Beamten, Richter und Angestellten im öffentlichen Dienst

(1) Die Wählbarkeit von Beamten, Angestellten des öffentlichen Dienstes, Berufssoldaten, freiwilligen Soldaten auf Zeit und Richtern im Bund, in den Ländern und den Gemeinden kann gesetzlich beschränkt werden.
(2) Für die Wahl des ersten Bundestages, der ersten Bundesversammlung und des ersten Bundespräsidenten der Bundesrepublik gilt das vom Parlamentarischen Rat zu beschließende Wahlgesetz.

(3) Die dem Bundesverfassungsgerichte gemäß Artikel 41 Abs. 2 zustehende Befugnis wird bis zu seiner Errichtung von dem Deutschen Obergericht für das Vereinigte Wirtschaftsgebiet wahrgenommen, das nach Maßgabe seiner Verfahrensordnung entscheidet.

Artikel 138 Süddeutsches Notariat

Änderungen der Einrichtungen des jetzt bestehenden Notariats in den Ländern Baden, Bayern, Württemberg-Baden und Württemberg-Hohenzollern bedürfen der Zustimmung der Regierungen dieser Länder.

Artikel 139 Fortgeltung des Entnazifizierungsrechts

Die zur „Befreiung des deutschen Volkes vom Nationalsozialismus und Militarismus" erlassenen Rechtsvorschriften werden von den Bestimmungen dieses Grundgesetzes nicht berührt.

Artikel 140 Fortgeltung der Kirchenrechtsartikel der Weimarer Verfassung

Die Bestimmungen der Artikel 136, 137, 138, 139 und 141 der deutschen Verfassung vom 11. August 1919 sind Bestandteil dieses Grundgesetzes.

Art. 136 Weimarer Verfassung
(1) Die bürgerlichen und staatsbürgerlichen Rechte und Pflichten werden durch die Ausübung der Religionsfreiheit weder bedingt noch beschränkt.
(2) Der Genuß bürgerlicher und staatsbürgerlicher Rechte sowie die Zulassung zu öffentlichen Ämtern sind unabhängig von dem religiösen Bekenntnis.
(3) Niemand ist verpflichtet, seine religiöse Überzeugung zu offenbaren. Die Behörden haben nur soweit das Recht, nach der Zugehörigkeit zu einer Religionsgesellschaft zu fragen, als davon Rechte und Pflichten abhängen oder eine gesetzlich angeordnete statistische Erhebung dies erfordert.
(4) Niemand darf zu einer kirchlichen Handlung oder Feierlichkeit oder zur Teilnahme an religiösen Übungen oder zur Benutzung einer religiösen Eidesform gezwungen werden.

Art. 137 Weimarer Verfassung
(1) Es besteht keine Staatskirche.
(2) Die Freiheit der Vereinigung zu Religionsgesellschaften wird gewährleistet. Der Zusammenschluß von Religionsgesellschaften innerhalb des Reichsgebiets unterliegt keinen Beschränkungen.
(3) Jede Religionsgesellschaft ordnet und verwaltet ihre Angelegenheiten selbständig innerhalb der Schranken des für alle geltenden Gesetzes. Sie verleiht ihre Ämter ohne Mitwirkung des Staates oder der bürgerlichen Gemeinde.

(4) Religionsgesellschaften erwerben die Rechtsfähigkeit nach den allgemeinen Vorschriften des bürgerlichen Rechtes.
(5) Die Religionsgesellschaften bleiben Körperschaften des öffentlichen Rechtes, soweit sie solche bisher waren. Anderen Religionsgesellschaften sind auf ihren Antrag gleiche Rechte zu gewähren, wenn sie durch ihre Verfassung und die Zahl ihrer Mitglieder die Gewähr der Dauer bieten. Schließen sich mehrere derartige öffentlich-rechtliche Religionsgesellschaften zu einem Verbande zusammen, so ist auch dieser Verband eine öffentlich-rechtliche Körperschaft.
(6) Die Religionsgesellschaften, welche Körperschaften des öffentlichen Rechtes sind, sind berechtigt, auf Grund der bürgerlichen Steuerlisten nach Maßgabe der landesrechtlichen Bestimmungen Steuern zu erheben.
(7) Den Religionsgesellschaften werden die Vereinigungen gleichgestellt, die sich die gemeinschaftliche Pflege einer Weltanschauung zur Aufgabe machen.
(8) Soweit die Durchführung dieser Bestimmungen eine weitere Regelung erfordert, liegt diese der Landesgesetzgebung ob.

Art. 138 Weimarer Verfassung
(1) Die auf Gesetz, Vertrag oder besonderen Rechtstiteln beruhenden Staatsleistungen an die Religionsgesellschaften werden durch die Landesgesetzgebung abgelöst. Die Grundsätze hierfür stellt das Reich auf.
(2) Das Eigentum und andere Rechte der Religionsgesellschaften und religiösen Vereine an ihren für Kultus-, Unterrichts- und Wohltätigkeitszwecke bestimmten Anstalten, Stiftungen und sonstigen Vermögen werden gewährleistet.

Art. 139 Weimarer Verfassung
Der Sonntag und die staatlich anerkannten Feiertage bleiben als Tage der Arbeitsruhe und der seelischen Erhebung gesetzlich geschützt.

Art. 141 Weimarer Verfassung
Soweit das Bedürfnis nach Gottesdienst und Seelsorge im Heer, in Krankenhäusern, Strafanstalten oder sonstigen öffentlichen Anstalten besteht, sind die Religionsgesellschaften zur Vornahme religiöser Handlungen zuzulassen, wobei jeder Zwang fernzuhalten ist.

Artikel 141 „Bremer Klausel“

Artikel 7 Abs. 3 Satz 1 findet keine Anwendung in einem Lande, in dem am 1. Januar 1949 eine andere landesrechtliche Regelung bestand.

Artikel 142 Grundrechte in Landesverfassungen

Ungeachtet der Vorschrift des Artikels 31 bleiben Bestimmungen der Landesverfassungen auch insoweit in Kraft, als sie in Übereinstimmung mit den Artikeln 1 bis 18 dieses Grundgesetzes Grundrechte gewährleisten.

Artikel 142a und 143 *aufgehoben*

Artikel 144 Annahme des GG

(1) Dieses Grundgesetz bedarf der Annahme durch die Volksvertretungen in zwei Dritteln der deutschen Länder, in denen es zunächst gelten soll.
(2) Soweit die Anwendung dieses Grundgesetzes in einem der in Artikel 23 aufgeführten Länder oder in einem Teil eines dieser Länder Beschränkungen unterliegt, hat das Land oder der Teil des Landes das Recht, gemäß Artikel 38 Vertreter in den Bundestag und gemäß Artikel 50 Vertreter in den Bundesrat zu entsenden.

Artikel 145 Verkündung des GG

(1) Der Parlamentarische Rat stellt in öffentlicher Sitzung unter Mitwirkung der Abgeordneten Groß-Berlins die Annahme dieses Grundgesetzes fest, fertigt es aus und verkündet es.
(2) Dieses Grundgesetz tritt mit Ablauf des Tages der Verkündung in Kraft.
(3) Es ist im Bundesgesetzblatt zu veröffentlichen.

Artikel 146 Geltungsdauer des GG

Dieses Grundgesetz verliert seine Gültigkeit an dem Tage, an dem eine Verfassung in Kraft tritt, die von dem deutschen Volke in freier Entscheidung beschlossen worden ist.

Übergangsbestimmungen

Im XI. Abschnitt wurden alle Bestimmungen zusammengefaßt, die zur Regelung des Übergangs vom Besatzungsrecht zum Bundesrecht notwendig waren. Man hat festgelegt, inwieweit älteres Recht weitergelten soll, wie das frühere Reichsvermögen zu verwalten ist, und schließlich wurde auch klargestellt, inwieweit und bis zu welchem Zeitpunkt das GG in Kraft bleiben soll. Denn es soll ja — so steht es in der Präambel — nur „für eine Übergangszeit" gültig sein.
Wir werden, um eine Übersicht zu gewinnen, diesen Abschnitt aufgliedern und dann die zusammengehörenden Artikel gesondert betrachten.
In Art. 116 hat man festgelegt, wer nach dem GG als Deutscher anzusehen ist und damit die *staatsbürgerlichen Rechte* in der Bundesrepublik besitzt. Dies sind:
• Alle Bürger, die im Augenblick, da das GG in Kraft tritt, die deutsche Staatsangehörigkeit besitzen;
• alle Flüchtlinge und Vertriebenen deutscher Volkszugehörigkeit — und deren Ehegatten und „Abkömmlinge" —, die im Gebiet des Deutschen

Reiches nach dem Stand vom 31. 12. 1937 Aufnahme gefunden haben (das waren die Grenzen vor der Einverleibung Österreichs);

- alle früheren deutschen Staatsangehörigen, die nach 1933 durch ein NS-Gesetz ihrer Staatsangehörigkeit beraubt worden waren und diese wiedererhalten wollen.

Nach den Bestimmungen des Art. 116 sind auch die „Bürger der DDR" Deutsche im Sinn des GG. Wer von der DDR in unser Land übersiedelt oder flieht, ist, sobald er festen Wohnsitz nimmt, Bürger der Bundesrepublik. Diese Bestimmungen sind Auswirkungen des Grundrechtsartikels.

Die Art. 117 und 123 enthalten *Übergangsbestimmungen*, die für die ersten Jahre nach 1949 notwendig waren. Man mußte das frühere Besatzungsrecht allmählich durch Bundes- und Landesgesetze ablösen, die Unterbringung der Flüchtlinge und Heimatvertriebenen regeln, die Kriegsfolgelasten* und den Lastenausgleich* durch Gesetze und Verwaltungsanordnungen ordnen und vor allem auch klären, was mit früheren Angehörigen des öffentlichen Dienstes geschehen sollte (Art. 131 und 132).

Die Übergangszeit ist längst zu Ende. Die Art. 117 bis 139 haben daher überwiegend historische Bedeutung. Die Art. 120 mit 120a, 131 und 132 wirken aber noch in die Gegenwart hinein.

Bund und Länder haben zwar keine Besatzungskosten mehr zu tragen, aber sie müssen aufgrund des Deutschland- und Truppenvertrages* die Aufwendungen für die im Bundesgebiet stationierten NATO-Truppen bezahlen. Der Bund trägt nach den inzwischen verabschiedeten Gesetzen und Verträgen mit den Stationierungsmächten die Hauptlast. Er hat mit den USA und Großbritannien auch einen *Devisenausgleich** vereinbart.

Lastenverteilung zwischen Bund und Ländern

Grundsätzlich trägt nach Art. 120 der Bund die Kriegsfolgelasten.* Durch Bundesgesetze hat man im einzelnen bestimmt, wie diese Kosten aufzuteilen sind.

Zur Sozialversicherung gehören vor allem:

Altersversicherung, Arbeitslosenversicherung, Invalidenversicherung, Kranken- und Rentenversicherung (im Alters- oder Invaliditätsfall). Dies bedeutet: Der Arbeiter oder Angestellte zahlt Beiträge (es besteht Versicherungspflicht bis zu bestimmten Einkommenshöhen) und hat damit den Versicherungsanspruch. Da diese Beiträge aber die Kosten nicht decken, gibt der Bund Zuschüsse und garantiert die Leistungen der einzelnen Sozialversicherungen.

Ein *Lastenausgleich** wurde nach 1945 notwendig, weil die Belastung durch den Krieg sehr unterschiedlich war. Wer vertrieben wurde oder sein Haus durch den Krieg verlor, der war weit schwerer getroffen als derjenige, der in der Heimat bleiben oder sein Haus behalten konnte. Die Regelung erfolgte durch das Lastenausgleichsgesetz: Wer nach 1948 Vermögen und Grundbesitz (in Geldvermögen über 35000 DM) hatte, der mußte Lastenausgleich zahlen, wer Verluste erlitten hatte, auch an Hausrat, der erhielt Entschädigungszahlungen (Hauptentschädigung, Kriegsschadenrente, Hausratsentschädigung). Ein Bundesausgleichsamt wurde eingerichtet, ähnliche

Ämter bestehen in den Ländern (Landesausgleichsämter). Die bis 1972 aufgewandten Summen haben bereits die 30-Milliarden-Grenze überschritten. Dabei rechnet man, daß die endgültige Erledigung bis mindestens 1980 dauern wird.

Bestimmungen für Beamte

Mit Art. 131 hat man, was die *Beamten* und Angestellten im öffentlichen Dienst angeht, einen Schlußstrich unter das *Dritte Reich* zu ziehen versucht. Es wurden alle diese Dienstverhältnisse mit dem 8. Mai 1945, dem Tag der Kapitulation, für „erloschen", also für grundsätzlich aufgehoben erklärt. Danach konnte man mit den entsprechenden Gesetzen (dem sog. 131er Gesetz) den Neubeginn regeln. Es war jetzt möglich, die Entlassung nationalsozialistischer Beamter auch nach der Verfassung zu bestätigen, auf der anderen Seite aber entlassene Beamte wiedereinzustellen und auch hier Besatzungsrecht abzulösen.
Der Art. 132 wurde notwendig, weil man in den Jahren nach 1945 auch Beamte eingestellt hatte, die zwar als politisch unbelastet galten, denen aber die fachliche oder persönliche Eignung fehlte. Sie konnten jetzt in den Ruhe- oder Wartestand oder in ein niedrigeres Diensteinkommen versetzt werden. Das BVerfG hat festgestellt, daß diese Regelung dem in Art. 33 festgelegten Recht der Berufsbeamten nicht widerspricht.

Kirche und Staat: Rückgriff auf Weimar

Die in Art. 140 des GG aufgenommenen Artikel der Weimarer Verfassung sind als nähere Ausführung der Grundsatzbestimmung nach Art. 4 zu verstehen. Die Abgeordneten des *Parlamentarischen Rates* hatten sich nicht auf eine Neufassung einigen können, durch die man die frühere Regelung der *Weimarer Verfassung** hätte ablösen können. Diese vermied bewußt den Begriff „Kirche", und ersetzte ihn durch den neutralen der „Religionsgesellschaft*". Damit wollte man die Neutralität des Staates und die Trennung von *Staat* und *Kirche* bekunden. In der *Verfassungswirklichkeit** sowohl der Weimarer Zeit wie der nach 1949 sieht es allerdings anders aus. Hier haben die großen Kirchen in vieler Hinsicht Einfluß und besitzen Möglichkeiten, die an die vor 1918 geltende enge Verbindung von Staat und Kirche, „Thron und Altar", anknüpfen.
Die wichtigsten Bestimmungen der Weimarer Verfassungsartikel sind:
• Die Zugehörigkeit zu einer Religionsgesellschaft darf sich nicht auf die Stellung eines Bürgers im Staat auswirken, weder zu seinem Vorteil sein noch ihm schaden.
• Die religiöse Überzeugung gehört in den persönlichen Bereich. Der Staat kann nur dort eine Angabe über die Zugehörigkeit zu einer Religionsgesellschaft fordern, wo es für statistische Zwecke notwendig ist, sowie für die Steuergesetzgebung, solange der Staat die *Kirchensteuer* für die Kirchen einzieht. Es ist daher rechtens, wenn in den Lohnsteuerkarten die Konfessionszugehörigkeit vermerkt wird oder Schüler nach der Religionszugehörigkeit gefragt werden. Man hat mit guten Gründen den staatlichen Hilfsdienst bei

der Kirchensteuererhebung in Frage gestellt und spricht immer wieder davon, daß es besser wäre, wenn die Gläubigen selbst unmittelbar und nicht auf dem Umweg über die staatliche Finanzverwaltung ihrer Glaubensgemeinschaft die für erforderlich angesehenen Mittel zur Verfügung stellen würden.

- Die *Religionsfreiheit* gilt nicht nur für die Kirchen als Religionsgesellschaften, sondern ebenso für weltanschauliche „Vereinigungen". Christen und Nichtchristen sind verpflichtet, den Andersglaubenden zu achten und dürfen für eine so verstandene Glaubens- und Religionsfreiheit auch den Schutz des Staates beanspruchen.
- Trotz der Feststellung, daß keine Staatskirche besteht, hat der Staat in vieler Hinsicht Bestimmungen zugunsten der Kirchen und Religionsgesellschaften in die Verfassung aufgenommen:

a) Er schützt die Religionsfreiheit und damit auch die besonderen Aufgaben und Rechte der kirchlichen Amtsstellen und Geistlichen.

b) Er hat den *Religionsunterricht* als „ordentliches Unterrichtsfach" festgelegt und gibt damit den Kirchen eine unmittelbar wirksame Mitverantwortung und Mitbestimmung im Schulwesen. Vom 14. Lebensjahr an können Schüler selbst über ihre Religionszugehörigkeit und die Teilnahme am Religionsunterricht entscheiden. Auch nach Aufhebung der staatlich garantierten Konfessionsschule* widerspricht die Zusammenarbeit im Erziehungs- und Schulwesen dem GG nicht.

c) Er garantiert den Sonntag als „Tag der Arbeitsruhe und der seelischen Erhebung" und schützt diese Sonntagsruhe durch seine Gesetze.

d) Er räumt den Kirchen und Religionsgesellschaften das Recht ein, im Heer, in Krankenhäusern, Strafanstalten und anderen „öffentlichen Anstalten" „religiöse Handlungen" vorzunehmen. Es darf aber kein Zwang ausgeübt werden, denn das würde der Religionsfreiheit nach Art. 4 widersprechen. So ist in Grundsatzurteilen* geklärt worden, daß dem Schüler der Besuch des Schulgottesdienstes völlig freigestellt werden muß.

Sonderfall Bremen

Die Art. 141 bis 146 fassen Verschiedenes zusammen. Art. 141 hat nur für *Bremen* Bedeutung. Nach Art. 7 Abs. 3 ist der *Religionsunterricht* ordentliches Schulfach; lediglich für Bremen, wo in Art. 32 Landesverfassung bereits 1947 festgelegt war, daß es in bekenntnismäßig nicht gebundenen Schulen einen Unterricht auf allgemein christlicher Grundlage und keinen nach Konfessionen getrennten geben soll, blieb es bei der ursprünglichen Regelung.

Die Länder bestätigen das GG

Art. 144 hat nur noch geschichtliche Bedeutung. Man hatte sich im Jahr 1949 entschlossen, entgegen dem Wunsch der westlichen Besatzungsmächte, das GG nicht durch eine Volksabstimmung bestätigen, sondern durch die Länderparlamente annehmen zu lassen. Während den *Westmächten* daran gelegen war, den neuen westdeutschen Staat als möglichst endgültig zu errichten, also durch das Volk bestätigen zu lassen, wollten die Deutschen den

Weg zur *Wiedervereinigung* offen halten. Sie dachten sich das neue Staatswesen als Sachwalter für eine Übergangszeit, als Provisorium. Daher wünschten sie die Billigung lediglich durch die Länderparlamente. Mit Ausnahme Bayerns haben alle Landtage das GG angenommen. In Bayern trat es in Kraft, weil nach Art. 144 Abs. 2 die Gültigkeit dann gegeben ist, wenn zwei Drittel der Volksvertretungen der Länder zustimmen.
Der zweite Absatz ist wegen der alliierten* Vorbehalte für *Berlin* notwendig geworden. Die Abgeordneten Berlins im Bundestag und die Berliner Mitglieder des Bundesrates haben nach wie vor kein wirksames Stimmrecht. Ihre Stimmen werden im Plenum* zwar gezählt, aber nicht gewertet.

Was ist das deutsche Volk?

Streit besteht darüber, was man unter dem Begriff „deutsches Volk" jetzt zu verstehen hat. Nach der Präambel ist damit ganz zweifellos das „gesamte deutsche Volk" gemeint und nicht nur das Staatsvolk der Bundesrepublik. Das würde bedeuten, daß einzig das deutsche Volk in seiner Gesamtheit eine neue Verfassung beschließen könnte. Solange die Bundesrepublik besteht, ist zwar die Reform des GG möglich, nicht aber die Schaffung einer neuen Verfassung, die an die Stelle des GG treten würde.
Die Frage nach einer neuen Verfassung stellt sich in absehbarer Zeit nicht; denn 1949 haben sich auf dem Boden des ehemaligen Deutschen Reiches zwei Teilstaaten gebildet. Sie haben sich mehr und mehr zu vollgültigen Staatswesen entwickelt und werden auch vom Ausland als die beiden deutschen Staaten völkerrechtlich anerkannt. Ihre Aufnahme in die UN* ist im September 1973 vollzogen worden.
Dabei hielt Bundeskanzler Brandt vor dem Plenum der UN eine grundsätzliche Rede und bestätigte noch einmal die Verpflichtung der Präambel des GG. Er sagte: „Ich spreche zu Ihnen als Deutscher und als Europäer. Genauer: Mein Volk lebt in zwei Staaten und hört doch nicht auf, sich als eine Nation zu verstehen .... Als Bundesrepublik Deutschland werden wir ...... auf einen Zustand des Friedens in Europa hinwirken, in dem auch das deutsche Volk in freier Selbstbestimmung seine Einheit wiedererlangen kann."
Wie lange noch die Deutschen sich als Glieder einer gemeinsamen Nation verstehen werden, obgleich sie in zwei Staaten leben, weiß niemand. Gewiß versucht die DDR alles, diese Trennung endgültig zu machen. Sie kann nur eine „sozialistische deutsche Nation" annehmen und ist längst dabei, eine Art von „Alleinvertretungsrecht der sozialistischen DDR" aufzurichten. Bis es so weit sei, müsse die Bundesrepublik Deutschland die Demarkationslinie zur DDR als „Staatsgrenze der DDR" anerkennen und zugeben, daß es keine gemeinsame deutsche Staatsangehörigkeit gibt, sondern zwei gleichwertige und bindende: die der DDR und die der — wie man dort sagt — „BRD". Wir wissen uns an das Grundgesetz gebunden und bleiben daher bei der Bezeichnung „Bundesrepublik Deutschland" und bei der Verpflichtung, „in freier Selbstbestimmung die Einheit und Freiheit Deutschlands zu vollenden". Wir wissen aber auch, daß wir unter jenem „Deutschland" nicht unbedingt einen deutschen Nationalstaat verstehen müssen. In Europa mag es in späterer Zukunft andere Lösungsmöglichkeiten geben, auch für die deutsche Frage.

Worterklärungen

Alliierte. Man nannte die 1914/1918 und 1939/1945 gegen Deutschland verbündeten Staaten oft einfach die „Alliierten". Heute gibt es vor allem zwei Bündnisse (Allianzen): Die NATO und den Warschauer Pakt. Wenn Staaten sich einem solchen Bündnis nur lose anschließen, ohne alle Verpflichtungen zu übernehmen, so spricht man von assoziierten Staaten.

Ältestenrat. Organ des Bundestages; es besteht aus dem Präsidenten des Bundestages, seinen Stellvertretern und aus einer Anzahl von Mitgliedern aus den Fraktionen. Zu seinen Aufgaben gehört die Regelung von Organisations- und Verfahrensfragen.

Ämterpatronage. Bei der Besetzung von öffentlichen Ämtern kommt es oft vor, daß Bewerber nicht aufgrund ihrer Eignung bevorzugt werden, sondern weil sie aus parteipolitischen, finanziellen oder persönlichen Interessen von einflußreichen Personen unterstützt werden. Die Ä. verstößt gegen die Verfassung, Art. 33.

Armenrecht. Wer finanziell nicht in der Lage ist, einen Rechtsstreit zu führen, weil die Prozeßkosten seinen notwendigen Lebensunterhalt beeinträchtigen würden, kann nach der Zivilprozeßordnung die einstweilige Befreiung von diesen Kosten beantragen. Er muß ein Armutszeugnis vorlegen und außerdem Chancen haben, den Streit zu gewinnen. Erforderlichenfalls wird ihm dann von Staats wegen ein Anwalt gestellt.

Ausschuß. Eine Anzahl von Personen, die regelmäßig zusammenkommen, um bestimmte Fragenbereiche zu beraten und die Beschlüsse größerer Entscheidungsgremien vorzubereiten. Der Bundestag verfügt über eine große Zahl von Ausschüssen.

Aussperrung. Die einschneidendste Maßnahme der Arbeitgeber im Arbeitskampf: durch Massenentlassungen sollen Arbeitnehmer und Gewerkschaften zum Nachgeben gezwungen werden.

Autoritäre Staaten. Staaten, in denen die Staatsautorität unbedingten Vorrang vor der Mitwirkung und Mitentscheidung der Bürger hat. Sie können als Monarchien (Iran, Äthiopien), aber auch als Republiken (Chile, Portugal, Brasilien) aufgebaut sein. Zwischen Demokratie und Diktatur gibt es viele Zwischenformen. Das GG steht einer autoritären Entwicklung des Staates entgegen.

Beraterverträge. B. zwischen Industriefirmen oder Zeitungsverlagen und Parlamentsabgeordneten können bedenklich sein, wenn dadurch die Unabhängigkeit des Abgeordneten gefährdet wird. Daher sind solche Verträge dem Präsidium des Bundestages mitzuteilen; außerdem muß im Bundestagshandbuch veröffentlicht werden, welchen Organisationen oder Firmen die einzelnen Abgeordneten beruflich verpflichtet sind.

Besatzungsstatut. Von einer Besatzungsmacht vorgeschriebene Ordnung. Die Bundesrepublik erhielt 1949 ein B., in dem sich die drei westlichen Siegermächte eine Reihe von Rechten (Außenpolitik, Wirtschaftspolitik nach außen, Sicherheitspolitik) vorbehielten. Mit dem Inkrafttreten des Deutschland-Vertrages 1955 endete das B.

Besatzungszone. Gebiet, das von einer Siegermacht besetzt ist. Nach 1945 bildete man im ehemaligen Deutschen Reich vier Besatzungszonen, die sowjetische, amerikanische, englische und französische B.

Bundesnachrichtendienst (BND). 1945 als Stelle des amerikanischen Geheimdienstes CIA unter dem ehemaligen General der Wehrmacht Gehlen aufgestellt; später wurde er dem Bundeskanzleramt angegliedert. Er hat die Aufgabe, dem Regierungschef geheime, auf andere Weise nicht zu beschaffende Informationen zu bringen und auszuwerten (aktiver Nachrichtendienst, auch: Spionage) sowie gegnerische Dienste an ihrer Tätigkeit zu hindern (Abwehr). Er ist berechtigt, Post- und Telefonüberwachung zu Staatsschutzzwecken zu beantragen und vorzunehmen, hat aber keine Polizeibefugnisse und ist in seinem Vorgehen an die Gesetze gebunden.

Bundesstaat. Der Zusammenschluß einzelner Staaten zu einem Gesamtstaat; diesem werden bestimmte Aufgabenbereiche — z. B. Verteidigung und Auswärtiges — abgegeben. Die Bundesrepublik ist (wie die Schweiz, die USA und viele andere Staaten) ein B.

Bundesverfassungsschutz. Das Bundesamt für Verfassungsschutz wurde am 27. 9. 1950 eingerichtet. Es hat seinen Sitz in Köln und ist dem Bundesinnenminister unterstellt. Zusammen mit den Landesverfassungsschutzämtern hat es die Aufgabe, den Staat vor Untergrund- und staatsgefährdenden Tätigkeiten im Inland zu schützen. Nach dem Abhörgesetz vom 13. 8. 1968 dürfen die Verfassungsschutzstellen Überwachungs- und Abhörmaßnahmen einleiten. Sie unterstehen dabei nicht richterlicher Kontrolle, sondern der Überwachung durch einen besonderen Bundestagsausschuß (vgl. Art. 10).

Bürgerliches Gesetzbuch (BGB). Umfassendes Gesetzgebungswerk auf dem Gebiet des Zivilrechts, in Kraft getreten am 1. 1. 1900 nach jahrzehntelangen Vorarbeiten. Seitdem mehrfach geändert, insbesondere und wesentlich im Familienrecht.

Chancengleichheit. Gleichheit von Möglichkeiten, vor allem im Beruf und im öffentlichen Leben. Aufgabe eines sozialen und freiheitlichen Staates ist es, ein Höchstmaß an Ch. zu garantieren. Das kann u. a. durch die Förderung der Familie und durch eine früh einsetzende Erziehung und Unterrichtung geschehen.

Debatte. Parlamentarische Auseinandersetzung über Gesetzesvorlagen, Anträge, Regierungserklärungen. Eine D. enthält im Vergleich zur Diskussion mehr Elemente des politischen Kampfes.

Demokratie. Von griech. „demos" = Volk, und „kratein" = herrschen. Regierungsform, in der die Herrschaft des Volkes gesichert sein soll. Nach dem GG (Art. 20 Abs. 1) ist unser Staat ein demokratischer Rechtsstaat. Dazu gehört vor allem, daß die Volksvertretungen in Bund, Ländern und Gemeinden (auch Gemeindeverbänden) in regelmäßigen Abständen durch allgemeine, freie, unmittelbare, gleiche und geheime Wahlen (Art. 38) neu gewählt werden; daß die Grundrechte von der Verfassung garantiert und vom Staat anerkannt und geschützt werden; daß eine Trennung der Gewalten im Staat besteht (Legislative, Exekutive und Judikative sind grundsätzlich voneinander unabhängig) und daß gegen staatliche Eingriffe in die Rechte des einzelnen die Gerichte angerufen werden können.

Demonstrationsfreiheit. D. ist ein besonderer Fall der Versammlungsfreiheit, die als Grundrecht geschützt ist (Art. 8). Es muß sich um friedliche Demonstrationen handeln.

Deutschlandvertrag. So nennt man den am 26. 5. 1952 (1955 ergänzten und geänderten) zwischen der Bundesrepublik und den westlichen Besatzungsmächten geschlossenen Vertrag, der das Besatzungsstatut abgelöst und die Rechte der Besatzungsmächte nach Inkrafttreten der Souveränität genau festgelegt hat. In Kraft getreten am 5. 5. 1955.

Devisenausgleich. Die USA und Großbritannien lassen sich die DM-Aufwendungen für ihre im Bundesgebiet stationierten Truppen über den D. ersetzen. Wir dagegen kaufen in diesen Ländern Waren oder Dollar und Pfund. Um den D. gibt es regelmäßig Verhandlungen, in denen hartnäckig dessen Umfang ausgehandelt wird.

Diktatur. Uneingeschränkte Herrschaft eines einzelnen, einer Gruppe (Zivil oder Militär) oder einer Partei.

Diskontsatz. Der D. ist der Zinssatz, zu dem die Deutsche Bundesbank von den Kreditinstituten Wechsel aufkauft. Dieser Zinssatz wirkt sich auf die Zinsen im allgemeinen Geld- und Kreditverkehr aus: bei hohem Zinssatz werden Kredite teurer, die Industrie bremst also ihre Investitionen; bei niedrigem D. tritt die umgekehrte Wirkung ein.

Dreiklassenwahlrecht. Undemokratisches Wahlsystem, das in Preußen von 1849 bis 1919 galt. Die Wähler waren nach dem Steueraufkommen in drei Klassen eingeteilt: die Reichen, der Mittelstand, die praktisch Besitzlosen. Jede Klasse wählte eine gleiche

Zahl von Wahlmännern: die Stimme eines Wählers der obersten Klasse hatte damit ein größeres Gewicht als die Stimme eines Bürgers aus dem Mittelstand und ein noch weit größeres als die eines Besitzlosen.

Drittwirkung der Grundrechte. Die Grundrechte sind geschichtlich als Freiheitsrechte der Bürger gegenüber dem Staat entstanden: sie sollten den einzelnen gegen die Übermacht staatlicher Organe schützen. Immer mehr sieht man neuerdings in den Grundrechten zugleich Leitgedanken des Gesetzgebers, die die gesamte Rechtsordnung beeinflussen und damit auch auf die Rechtsbeziehungen der Bürger untereinander einwirken. Das bedeutet, daß der Bürger sich nicht nur gegenüber dem Staat auf die Grundrechte berufen kann, sondern daß sie sich auch gegenüber Dritten auswirken können — daher der Ausdruck 'Drittwirkung'. Eine solche D. ist in Art. 9 Abs. 3 Satz 2 GG enthalten.

Elterliche Gewalt. Recht und Pflicht der Eltern, für die Person und das Vermögen ihrer Kinder zu sorgen. Dieses Elternrecht, das auch die Erziehung betrifft, ist in Art. 6 und Art. 7 als Grundrecht verankert. Es hat seine Grenze in den Grundrechten, die jedem Bürger zustehen, und in den Gesetzen, nach denen der junge Mensch schrittweise mündig wird (vom 14. Lebensjahr an Recht über Konfessionszugehörigkeit, ab 7 beschränkte Geschäftsfähigkeit, ab 18 aktives Wahlrecht und wohl bald auch Volljährigkeit).

Entnazifizierung. Alle Maßnahmen nach 1945, die nationalsozialistische Herrschaft und ihre Grundlagen zu beseitigen sowie ihr Wiederaufleben zu verhindern. Die dazu geschaffenen Entnazifizierungsministerien erledigten mehr die Bagatellfälle, die „großen" Fälle schoben sie vor sich her, viele Betroffene waren auch untergetaucht. Infolge des „Kalten Krieges" verloren die Siegermächte das Interesse an der E. Unter der Flagge des Kampfes gegen den Kommunismus gelang es vielen Funktionären des NS, z. T. einflußreiche Posten einzunehmen. Inzwischen sind aber Gesetze erlassen worden, die vor allem für viele Betroffenen des öffentlichen Dienstes die Nachteile der E. einschränken oder aufheben.

Ersatzdienst. S. Zivildienst.

Europäische Gemeinschaft (EG). 1951 wurde von Belgien, der Bundesrepublik, Frankreich, Italien, Luxemburg und den Niederlanden die Europäische Gemeinschaft für Kohle und Stahl (Montanunion) gegründet. 1957 schlossen sich dieselben Staaten zur Europäischen Wirtschaftsgemeinschaft und zur Europäischen Atomgemeinschaft (Euratom) zusammen. Ihr Ziel ist zunächst die Bildung einer wirtschaftlichen, später auch politischen Gemeinschaft. Gemeinsame Organe der drei Gemeinschaften (EGKS, Euratom, EWG) sind die Versammlung (= Europäisches Parlament) in Straßburg und der Gerichtshof in Luxemburg, sowie seit 1967 der gemeinsame Rat und die gemeinsame Kommission in Brüssel. Seit dem 1. 1. 1973 sind auch Großbritannien, Dänemark und die Republik Irland Mitglieder der EG.

Europäische Wirtschaftsgemeinschaft (EWG). S. Europäische Gemeinschaft

Exekutive. Ausführende Gewalt. Dazu gehören Regierung und Verwaltung. Vgl. Gewaltenteilung.

Föderalismus. Bezeichnung für bundesstaatliches Prinzip. Die Gliedstaaten besitzen eine gewisse Eigenständigkeit. Gegensatz dazu: Zentralismus. Föderalistische Verfassungen haben viele Staaten, vor allem die USA, die Schweiz und Österreich. Die Bundesrepublik ist Bundesstaat. Nach Art. 79 Abs. 3 ist die „Gliederung des Bundes in Länder" unaufhebbar.

Fraktion. Zusammenschluß der Abgeordneten einer Partei im Parlament. Die F. setzt die politischen Vorstellungen der Partei in die parlamentarische Praxis um. Die Meinungsbildung der Abgeordneten wird zunächst in der F. abgestimmt mit dem Ziel, eine einheitliche Entscheidung herbeizuführen (Fraktionsdisziplin). Ein Abgeordneter darf aber nicht gezwungen werden, im Sinne der F. zu stimmen (kein Fraktionszwang).

Gastarbeiter. Eine beschönigende, unzutreffende Bezeichnung für ausländische Arbeitskräfte in der Bundesrepublik Deutschland. In ihrer Heimat finden diese Menschen keine oder nur schlecht bezahlte Arbeit. Sie suchen daher ihren Lebensunterhalt in den 'reichen' Industrieländern.
Die G. haben oft große Schwierigkeiten, sich sprachlich und menschlich anzupassen und vor allem als Arbeitskräfte gleichwertig und gleichberechtigt eingesetzt zu werden. Auch bereitet die Erziehung und Unterrichtung der Kinder Probleme. In unserem Land arbeiten über $2^1/_2$ Millionen fremder Arbeitskräfte und tragen erheblich zur Steigerung des Gesamteinkommens (des Sozialprodukts) bei. Es ist daher Pflicht des 'Gastlandes', den ausländischen Arbeitskräften zu helfen, sich in die fremden Verhältnisse hineinzufinden und gleichzeitig mitzuhelfen, daß diese „Gastarbeiter" nicht ihren Heimatländern so entfremdet werden, daß sie nach einiger Zeit weder ohne Schaden zurück, noch ohne große Schwierigkeiten in der Bundesrepublik bleiben können.

Gemeinsamer Ausschuß. Im GG (Art. 53a) meint man damit jenen Ausschuß, der anstelle des Bundestages und des Bundesrates in Notzeiten amtieren soll, vgl. Art. 115e.

Geschworene. S. Schöffen.

Gewaltenteilung. Die Teilung der Hauptgewalten im Staat in Exekutive (vollziehende Gewalt), Legislative (Gesetzgebung) und Judikative (rechtsprechende Gewalt). Sie soll Machtzusammenballung und damit Gefährdung der Freiheit verhindern. Die Lehre von der G. wurde vor allem in England im 17. und 18. Jh. vertreten und von dem französischen Philosophen Montesquieu ausgebaut. Sie wurde dann von den Schöpfern der amerikanischen Verfassung übernommen und ist heute Bestandteil der meisten Verfassungen. In der Wirklichkeit aber ist heute die G. nicht mehr streng durchgeführt.

Gewohnheitsrecht. Ungeschriebenes Recht, das entsteht, wenn während einer längeren Zeit (meist über Jahre hindurch) ein Zustand oder ein Verhalten allgemein als rechtsgültig anerkannt wird.

Grundsatzurteil. Urteil eines höheren oder obersten Gerichtes, in dem wichtige Rechtsfragen besonders ausführlich und umfassend beantwortet werden. Es dient als Richtschnur für die Entscheidung ähnlicher Fälle.

Heiliger Stuhl (lat.: Sancta Sedes). Bezeichnung für das päpstliche Amt. Der Papst ist:
1. das geistliche Oberhaupt der römisch-katholischen Kirche,
2. das Staatsoberhaupt des Vatikanstaates.

Imperialismus (von lat.: imperium = Reich). Eine Herrschaftsform, bei der es um die Aufrechterhaltung und Ausbreitung der Macht weit über das eigene Staatsgebiet hinaus geht. Dazu gehört die Entschlossenheit, die Herrschaft über fremde Völker und Staaten mit allen Mitteln, auch der Gewalt, aufrechtzuerhalten. In unserer Zeit zählen zu diesen Machtmitteln auch die wirtschaftlichen. Man kann durch Industrieausdehnung, durch Vorherrschaft der eigenen Währung, ebenso imperiale Macht behaupten, wie mit militärischen und ideologischen Mitteln.

Instanz. Stelle, die für bestimmte Angelegenheiten zuständig ist. So hat man z. B. Gerichtsinstanzen: Amtsgericht, Landgericht usw.

Judikative. Richterliche Gewalt. Da sie unabhängig neben Gesetzgebung und Regierungsgewalt steht, nennt man sie auch die „Dritte Gewalt". Vgl. Gewaltenteilung.

Jugendschutzgesetze. Gesetze, die zum Schutz von Kindern und Jugendlichen erlassen wurden. Die wichtigsten sind: das Jugendarbeitsschutzgesetz von 1960, das die Arbeitsbedingungen für Jugendliche (Höchstarbeitszeit, Nachtarbeit usw.) regelt und das Jugendschutzgesetz von 1951, das u. a. den Besuch von Kinos, Spielhallen, öffentlichen Lokalen und den Ausschank von Alkohol für Jugendliche einschränkt.

Kabinett. Ursprünglich der kleine Raum, in dem die Berater der Fürsten zusammenkamen. Dann die Bezeichnung für die Regierung. Das Bundeskabinett ist die Bundesregierung.

Kapitalismus. Wirtschaftsform, bei der die Produktionsmittel (das Kapital) sich im Besitz von privaten Eigentümern (auch von Zusammenschlüssen solcher Besitzer, z. B. den Aktionären der Aktiengesellschaften) befinden. Unter Staatskapitalismus versteht man eine Wirtschaftsform, bei der der Staat im Besitz des Kapitals ist. Nach sozialistischer Lehre wird der K. dadurch überwunden, daß die Produktionsmittel im Besitz der an der Produktion Beteiligten sind.

Kartell. Der wirtschaftliche Zusammenschluß von selbständig bleibenden Unternehmen, die sich über Preis, Marktbedingungen usw. verständigen, um den Markt zu bestimmen. Kartellgesetze sollen dazu beitragen, den Mißbrauch solcher Kartelle zu verhindern. Bei uns gilt das Gesetz gegen Wettbewerbsbeschränkungen von 1957.

Koalition. Zusammenschluß vor allem von Parteien zu einer „Regierungskoalition". Man kennt Koalitionsregierungen, wie augenblicklich SPD/FDP, aber auch Oppositions-Koalitionen.

Koalitionsrecht. Das Recht zum Zusammenschluß. Eine der wichtigsten Errungenschaften in den Auseinandersetzungen um die Rechte der Arbeiter war das K. Es ist gegen den Widerstand der Obrigkeit und der Unternehmer im 19. Jh. erkämpft worden und zählte schon in der Weimarer Republik zu den Verfassungsrechten. Es gilt heute unbestritten und für alle Berufsgruppen; Beamten und Soldaten wird allerdings das Kampfmittel des Streiks versagt. Auch Schüler verfügen über das K., das man vielfach in die Schülermitverantwortung (SMV) einbringt. Ebenso haben Studenten das Recht, sich zusammenzuschließen.

Kompetenz. Zuständigkeit. So haben z. B. Bundesminister die K. in ihrem Amtsbereich (Ressort). Wenn jemand das Recht hat, einem anderen den Arbeits- oder Amtsbereich zuzuweisen, hat er die „Kompetenzen-Kompetenz". Darüber verfügt z. B. der Bundeskanzler gegenüber den Bundesministern. Dies gibt ihm eine zusätzliche Machtfülle im Verfassungssystem der Bundesrepublik Deutschland.

Konfessionsschule. Eine auf eine einzige Religion ausgerichtete Schule. Vor allem war es die katholische Kirche, die darauf ausging, Konfessionsschulen in Deutschland durchzusetzen, oder wieder einzurichten. Heute ist man von diesem Standpunkt weitgehend abgekommen. Konfessionsschulen sind in den meisten Bundesländern heute vom Staat geförderte kirchliche Privatschulen.

Konkordat. Der Vertrag der katholischen Kirche mit einem Staat. Besonders wichtig wurde das Reichskonkordat von 1933, das der damalige Papst mit der Regierung Hitler schloß. Es ist heute noch gültig, wurde aber in vielen Punkten, insbesondere im Bereich des Schulwesens, durch Länderkonkordate abgelöst.

Konzentration, wirtschaftliche. Viele bisher selbständige Firmen schließen sich zusammen (zu Konzernen oder Trusts, Aktiengesellschaften u. a.). K. ist bis zu einem gewissen Grad heute notwendig; übermäßige K. kann aber den Wettbewerb gefährden und bringt die Gefahr mit sich, daß ein Konzern den Markt beherrscht, die Preise diktiert und den Verbraucher benachteiligt.

Konzern. Der Zusammenschluß rechtlich selbständiger Unternehmen zu einer wirtschaftlichen Einheit: keine Aufgabe der Eigenständigkeit (Fusion), aber meist einheitliche Gesamtleitung und oft gemeinsame Forschung, gemeinsamer Einkauf usw.

Körperschaft. Öffentlich-rechtliche Verwaltungseinheit, d. h. ein Verband, der vom Staat wichtige staatliche Befugnisse zugewiesen erhält (Gemeinden, Landkreise).

Kriegsfolgelasten. Alle Lasten, die sich aus dem letzten Krieg ergaben: 1. die Zerstörungen in den Städten und Dörfern, die Bezahlung von Wiedergutmachung an die vom

deutschen Angriff und von deutscher Besetzung Betroffenen, die Demontagen (Wegnahme von Industrieanlagen) durch die Sieger, die Entnahmen aus deutscher Produktion durch die Sieger, das Abnehmen von Patenten durch die Sieger, die Aufwendungen für Kriegsbeschädigte, Kriegshinterbliebene, Kosten für Umsiedlung Heimatvertriebener und Flüchtlinge, für Kriegsgräberfürsorge, für den Suchdienst;
2. die Zerstörung von Familien, mit den Folgen für Kinder und Angehörige, den Verlust an Vertrauen in der Welt und dadurch, daß viele Deutsche, belogen und getäuscht, erkennen müssen, umsonst Leiden des Kriegs getragen zu haben. Während sich die Bundesrepublik anstrengte, die unter 1. genannten K. abzutragen, fällt es schwer, die unter 2. genannten in ihrer Reichweite überhaupt zu erfassen, und vor allem, sie abzutragen.

Lastenausgleich. Durch das Lastenausgleichsgesetz von 1952 sollten die Schäden und Verluste aus den Vertreibungen und Zerstörungen der Kriegs- und Nachkriegszeit sowie die Währungsschäden zumindest teilweise ausgeglichen werden. Personen, die nach dem Krieg noch über Vermögen verfügten, wurden zu einer Lastenausgleichsabgabe verpflichtet, während denjenigen, die ihr Vermögen verloren hatten, Ausgleichsleistungen gewährt wurden.

Legislative. Gesetzgebende Gewalt. Sie ist das ursprüngliche Recht des Parlaments und wird bei uns von den Landtagen (bei Ländergesetzen), vom Bundestag und auch vom Bundesrat ausgeübt. Vgl. Art. 20 Abs. 3 GG und „Gewaltenteilung".

Liberalismus. Eine politische Anschauung, bei der man die Freiheit als den höchsten Wert ansieht und jede Einschränkung der Freiheit, vor allem in wirtschaftlicher Hinsicht, ablehnt.

Mandat. Der Auftrag, das Abgeordnetenamt. Den Auftrag hat der Abgeordnete vom Volk (vgl. Art. 20 und Art. 38), gleichzeitig aber ist er Vertreter einer Partei (vgl. Art. 21). Man spricht von freiem, ungebundenem Mandat und „imperativem" Mandat (wenn der Abgeordnete weisungsgebunden ist).

Marktwirtschaft. Angebot und Nachfrage sowie der Wettbewerb bestimmen das Wirtschaftsgeschehen, ohne daß der Staat eingreift. Das Gegenstück dazu ist die Planwirtschaft*, bei der Preise, Produktion (Angebot) und Nachfrage (u. U. auch durch Beschränkung, durch Rationierung) durch den Staat geregelt werden. Heute gibt es auch in westlichen Ländern keine reine M. mehr; der Staat greift durch Gesetze, durch Steuern und Begünstigungen (Subventionen) stark in das wirtschaftliche Geschehen ein. Andererseits kann man auch in der Planwirtschaft immer weniger auf die Wirkung des Wettbewerbs verzichten. Vgl. soziale Marktwirtschaft.

Marxismus. Die nach Marx genannte Lehre. Der M. lehrt, daß der Staat nur ein Mittel der herrschenden Klasse sei, ihre politisch-wirtschaftliche Macht aufrechtzuerhalten. Dagegen müsse der Klassenkampf gesetzt werden, der zur Revolution führe. Nach einem Übergang der „Diktatur des Proletariats" entstehe dann die „klassenlose Gesellschaft". An der Frage, ob eine gewaltsame Revolution notwendig, oder aber eine allmähliche Entwicklung (Evolution) möglich sei, schieden sich die Anhänger von Marx. Auch heute liegen hier die Hauptunterschiede.

Mehrheitswahl. Man unterscheidet die relative und die absolute M.: bei der relativen M. ist derjenige Bewerber gewählt, der die meisten Stimmen erhält; bei der absoluten M. ist gewählt, wer mehr als die Hälfte der abgegebenen Stimmen bekommt.

Menschenrechte. Die angeborenen, unveräußerlichen und vom Staat unabhängigen Rechte jedes Menschen, die er von Natur aus besitzt. Zu den wichtigsten Menschenrechten gehören vor allem die Freiheitsrechte: Freiheit von Not, Freiheit der Person und der menschlichen Gemeinschaften und Zusammenschlüsse. Die M. bedingen gleichzeitig, daß sie allen Menschen gleicherweise ohne Unterschied des Alters, der Nation, der Sprache und Religion, der Hautfarbe und des Geschlechts zustehen. Jede Benachteiligung, Bevorzugung oder Herabwürdigung (Diskriminierung) widerspricht den Menschenrechten.

Der Begriff der M. wurde in die Satzung der Vereinten Nationen (UN) aufgenommen. 1948 verkündete die UN-Generalversammlung eine „Allgemeine Erklärung der Menschenrechte". Vgl. auch Menschenrechtskonvention.

Menschenrechtskonvention. Im Jahr 1950 haben die im Europarat zusammengeschlossenen Staaten die M. abgeschlossen und 1952 ein Zusatzprotokoll verabschiedet. Die Bundesrepublik trat ihr bei. Zur Sicherung der in der M. formulierten Menschenrechte wurde eine Europäische Kommission für Menschenrechte gebildet und ein Europäischer Gerichtshof für Menschenrechte eingerichtet, der angerufen werden kann, wenn Schlichtungsversuche erfolglos geblieben sind.

Militärischer Abschirmdienst (MAD). Dienst zur Sicherung der Streitkräfte im Kampf gegen feindliche Nachrichtendienste oder politische Gegner; er untersteht dem Bundesverteidigungsminister. Er ist zur Post- und Telefonüberwachung berechtigt (vgl. Art. 10). Seine Tätigkeit soll auf die Bundeswehr beschränkt bleiben.

Minderheitsvotum. Die Stellungnahme einer Minderheit, vor allem einer Minderheit von Richtern. Das wichtigste M. kann es beim Bundesverfassungsgericht geben (abweichende Meinung, Sondervotum). Neben der Entscheidung der Mehrheit, die einzig gilt, kann auch das M. veröffentlicht werden.

Monarchie (griech. = Alleinherrschaft). Herrschaft eines einzelnen aufgrund der Erbfolge (Erbmonarchie) oder durch Wahl (Wahlmonarchie). Es gibt noch Monarchien: Kaiserreiche wie z. B. Iran und Äthiopien, Königreiche wie z. B. Großbritannien, Schweden, Norwegen, Dänemark, Niederlande, Belgien. Im allgemeinen handelt es sich aber um parlamentarische Monarchien: Der Monarch ist nur der auf Lebenszeit bestimmte Staatspräsident.

Monopol. Eine Person oder eine Personengruppe oder ein Industriebetrieb bestimmt allein. Im wirtschaftlichen Bereich haben wir dann ein M., wenn nur ein einziger Anbieter auftritt, der die Preise diktieren und damit die Auswirkung von Angebot und Nachfrage ausschalten kann. Es gibt Bereiche, in denen der Staat ein M. hat, so z. B. in dem Bereich von Bahn und Post. Der Staat hat dafür zu sorgen, daß die Konzentration wirtschaftlicher Macht nicht zum M. führt.

Nachrichtenagenturen. Einrichtungen, die Nachrichten zusammentragen und gegen Bezahlung an Zeitungen weitergeben. Da mit der Nachrichtenverbreitung ein starker politischer Einfluß ausgeübt werden kann, haben sich die Regierungen mit der Gründung amtlicher N. eingeschaltet. Heute sind die meisten N. in Staatsbesitz, z. B. TASS — Sowjetunion; ADN — DDR; TANJUG — Jugoslawien; France Presse — Frankreich. In Privatbesitz, aber von großem Einfluß sind: Reuter — Großbritannien, die älteste große Agentur; AP und UP — USA. In der Bundesrepublik gibt es die dpa (deutsche Presseagentur) und den ddp (deutschen Depeschendienst).

NATO (North Atlantic Treaty Organization), Bezeichnung für den Nordatlantikpakt vom 4. 4. 1949. Diesem Militärbündnis gehören unter Führung der USA die meisten westlichen Länder — seit 1956 auch die Bundesrepublik — an. Der Warschauer Pakt, unter Führung der Sowjetunion, ist das Militärbündnis der Ostblockstaaten.

Normenkontrollklage. Das Bundesverfassungsgericht kann von der Bundes-, einer Landesregierung oder einem Drittel der Bundestagsabgeordneten angerufen werden wegen Meinungsverschiedenheiten über die Gültigkeit oder Rechtmäßigkeit von Gesetzen (vgl. Art. 93, abstrakte Normenkontrolle). Hält ein Gericht ein Gesetz, das es einer Entscheidung zugrunde legt, für verfassungswidrig, so kann es entweder das Landesverfassungsgericht (bei Verletzung einer Landesverfassung) oder das BVerfG (bei Verletzung des GG) anrufen (vgl. Art. 100, konkrete Normenkontrolle). Verfassungsbeschwerden hingegen können von jedermann eingereicht werden, der sich in seinen Grundrechten durch die öffentliche Gewalt verletzt sieht; Gemeinden können N. bei Verstößen gegen Art. 28 einreichen.

Notstandsgesetze. Mit dieser Bezeichnung faßt man das verfassungsändernde Gesetz vom 24. 6. 1968 sowie die sog. einfachen Notstandsgesetze zusammen. Die N. ermöglichen im Verteidigungsfall, bei inneren Unruhen und bei Naturkatastrophen weitgehende Einschränkungen der Grundrechte und die Übertragung der Aufgaben von Bundestag und Bundesrat auf den Gemeinsamen Ausschuß*. Die Bundesregierung hat die Möglichkeit, die Bundeswehr auch bei inneren Unruhen einzusetzen.

Numerus clausus. Wenn nur eine bestimmte Anzahl von Studenten z. B. für das Medizinstudium zugelassen werden kann, spricht man von n. c. Das Bundesverfassungsgericht hat festgestellt, daß ein n. c. auf Dauer grundgesetzwidrig wäre.

Öffentliche Gewalt. Die Gewalt der staatlichen Einrichtungen.

Öffentliche Hand. Hiermit bezeichnet man den Staat und die anderen öffentlichen Körperschaften (Gemeinden, Gemeindeverbände), wenn sie Geldmittel (Finanzen) verwalten (einnehmen oder ausgeben).

Öffentliche Meinung. Die Gesamtheit aller öffentlich geäußerten Meinungen. Wichtig sind die Instrumente der ö.M.: Presse, Fernsehen, Rundfunk, Film und Buch. Zur ö.M. gehören aber auch alle anderen Äußerungen, z. B. Reden, Diskussionen usw. Zur ö.M. trägt jeder Bürger bei, der sich gegenüber anderen äußert.

Ombudsman (schwedisch = Obmann). Ein vom Parlament eingesetzter unabhängiger Schiedsmann, an den sich jeder Bürger wenden kann, wenn er sich durch staatliche Maßnahmen beeinträchtigt fühlt. Das Petitionsrecht nach Art. 17 soll zu einem Teil die Beschwerdemöglichkeiten bieten, die der O. gibt. Für die Bundeswehr soll der Wehrbeauftragte die Aufgaben des O. wahrnehmen.

Patriarchat. Eine Form des Zusammenlebens, bei der dem Mann die Entscheidung zukommt. Das P. war in früheren Jahrhunderten häufiger als sein Gegenstück, das Matriarchat (= Herrschaft der Frau). Die Ansicht, das Matriarchat sei die ursprüngliche Sozialstruktur in der Familie, ist umstritten. Heute findet sich das P. noch in vielen Kulturen; Reste sind auch in unserer Gesellschaft noch erkennbar, obwohl nach dem GG (Art. 3) nur die völlige Gleichberechtigung von Mann und Frau gelten soll.

Petition (lat.). Eine Petition ist eine Eingabe, die an Behörden oder an ein Parlament (Bundestag und Landtage) gerichtet wird. In den meisten modernen Verfassungen ist das Petitionsrecht festgelegt (vgl. Art. 17).

Planwirtschaft. Durch staatliche Planung sollen Krisen (Arbeitslosigkeit, Absatzkrisen, Überproduktion usw.) verhindert werden. Gleichzeitig möchte man mit der P. bestimmte Wirtschaftszweige besonders fördern und andere, die weniger nützlich erscheinen, reduzieren. P. hat den Nachteil, daß viel Verwaltung (Bürokratie) notwendig ist, das Angebot begrenzt wird und die Initiative des einzelnen zu kurz kommen kann. Vgl. Marktwirtschaft.

Plenarsitzung, vgl. Plenum.

Plenum (lat.). Die Gesamtheit des Parlaments. Eine Plenarsitzung ist eine Sitzung des gesamten Parlaments.

Pressekonzentration. Die Herausgabe von Zeitungen und Zeitschriften erfordert heute einen so hohen technischen Aufwand, daß sich nur noch Zeitungen und Zeitschriften mit hohen Auflagen lohnen. Das hat dazu geführt, daß immer mehr Zeitungen eingestellt oder von Konzernen* übernommen wurden. Diese P. kann dann bedenklich sein und die Pressefreiheit gefährden, wenn der Leser keine Möglichkeit mehr hat, zwischen Meinungen auch gegensätzlicher Standpunkte zu wählen. Vgl. Konzentration*.

Religionsgesellschaften. Religiöse Vereinigungen, zu denen neben den großen Kirchen auch die zahlreichen anderen Glaubensgemeinschaften zählen. Ihnen gewährt das GG in Art. 4 und Art. 140 (in Verbindung mit Art. 137 der Weimarer Verfassung) die Freiheit der Vereinigung und der Religionsausübung.

Schöffen. Das Volk soll durch seine Bürger selbst an der Urteilsfindung im Gerichtsverfahren beteiligt sein: so wirken bei manchen Gerichten neben Berufsrichtern sog. Laienrichter mit. Schöffen und Geschworene sind Laienrichter, die bei Strafverfahren mitwirken: die Sch. beim Amtsgericht (Schöffengericht) sowie in der Kleinen und in der Großen Strafkammer beim Landgericht, die Geschworenen im Schwurgericht, das beim Landgericht für Kapitalverbrechen zuständig ist.

Senat. Bezeichnung für verschiedene Staatsorgane:
1. In manchen Staaten ist der S. ein Teil des Parlaments (sog. Oberhaus): so in Frankreich, Italien, USA. In der Bundesrepublik hat Bayern neben dem Landtag einen S. als parlamentarische Körperschaft.
2. In den Stadtstaaten (Hamburg, Bremen) sowie in Berlin wird die Landesregierung als S. bezeichnet.
3. Bei den Oberlandesgerichten, bei den obersten Gerichtshöfen des Bundes und beim Bundesverfassungsgericht sind die Richter in Senaten zusammengefaßt.

Siegermächte. Mächte, die in einem Krieg den Sieg erkämpft haben. In besonderem meinte man unter S. nach 1945 die Amerikaner, Russen, Engländer und Franzosen.

Souveränität. Die vollkommene Selbständigkeit und Unabhängigkeit eines Staates. Heute gibt es nur ganz wenige Staaten, die voll souverän sind. Diese Großmächte (USA, UdSSR, China) haben neben sich Staaten, die zwar im völkerrechtlichen Sinn souverän, aber nicht stark genug sind, sich völlig selbständig zu behaupten. In Verträgen und Bündnissen kann ein Staat auf Teile seiner S. verzichten. Die Bundesrepublik ist als Mitglied der NATO und der EG bereit gewesen, auf einen Teil der 1955 wiedergewonnenen S. zu verzichten. Außerdem haben die ehemaligen Besatzungsmächte in Verträgen noch Vorrechte behalten (z. B. Stationierung von Truppen), mit denen die S. unseres Staates eingeschränkt ist.

Soziale Marktwirtschaft. Sie ist eine Sonderform der Marktwirtschaft, bei der nicht allein Angebot und Nachfrage, Leistung und Ertrag bestimmend sein dürfen, sondern die Grundsätze des sozialen Ausgleichs, der sozialen Gerechtigkeit und der Menschenwürde die Freiheit der Marktwirtschaft bestimmen und vor allem den Eigennutz von Einzelnen und von Gruppen begrenzen müssen. Der Staat hat in der sozialen M. die Aufgabe, durch seine Gesetze (vor allem durch die Sozialgesetzgebung, aber auch durch die Wirtschafts- und Steuergesetzgebung) den sozialen Ausgleich herzustellen, auf soziale Gerechtigkeit und Chancengleichheit hinzuwirken.

Sozialismus. Das Wort kommt von Sozius (lat. = Genosse) und meint eine politische Anschauung, bei der die Gemeinschaft der Menschen im Vordergrund stehen soll. Unter S. wird in der politischen Wirklichkeit aber etwas sehr Verschiedenartiges verstanden, je nach dem Programm der betreffenden Parteien oder Staaten.

Sozialpartner. Das sind die Gewerkschaften auf der einen und die Arbeitgeberverbände auf der anderen Seite. Man billigt ihnen aufgrund von Art. 9 das Recht zu, ihre Streitfragen in eigener Verantwortung (Tarifautonomie*) zu ordnen, auch wenn es dabei zu Streik und Aussperrung kommen kann.

Sozialstaat. Ein Staat, bei dem nicht nur Recht und Grundrechte durch Verfassung und Gesetze garantiert werden, sondern der Versuch gemacht wird, eine gerechte Sozialordnung einzuführen. In Art. 20 Abs. 3 ist das „Sozialstaatsgebot" eindeutig verankert. Der Staat ist verpflichtet, durch alle seine Mittel — auch in seiner Wirtschaftsordnung — für soziale Gerechtigkeit, Schutz des Schwächeren und Gleichheit der Ausbildungs- und Berufschancen zu sorgen.

Staatshoheit. Alle Rechte des Staates nach außen und innen. So gehört z. B. zur S. die alleinige Befugnis des Staates, Recht sprechen zu lassen und zu strafen, Steuern zu erheben und den Bürger zum Waffendienst, zum Ersatzdienst usw. heranzuziehen (vgl. Souveränität).

Ständiger Ausschuß. Ein Ausschuß, der auch dann weiterbesteht, wenn das betr. Parlament aufgelöst wird. So hat man nach dem GG den St. A. für besondere Aufgaben, die nicht unterbrochen werden dürfen, Art. 45.

Strafgesetzbuch (StGB). Man unterscheidet das Zivilrecht, das im BGB zusammengefaßt ist, und das Strafrecht, das im StGB zusammengenommen wurde. Entsprechend ist auch die Organisation der Gerichte. Das StGB entstand 1871. Es wurde seitdem mehrfach geändert und ergänzt. Seit vielen Jahren soll es in einer Großen Strafrechtsreform erneuert werden.

Subventionen. Finanzielle Zuschüsse des Staates. Auch bei uns gibt es mancherlei S., z. B. für den Kohlenbergbau, für die Landwirtschaft, aber auch für wirtschaftlich zurückgebliebene und gefährdete Gebiete, für die sog. „Zonenrandgebiete". Man kennt auch S. für bestimmte Personengruppen, z. B. für Flüchtlinge und Heimatvertriebene.

Tarifautonomie. Das Recht der Sozialpartner, die Löhne und Gehälter sowie die anderen Arbeitsbedingungen miteinander auszuhandeln, ohne daß der Staat (z. B. mit einer Zwangsschlichtung) eingreifen dürfte.

Truppenvertrag. Der T. gehört zu den „Pariser Verträgen" von 1954, die das Besatzungsregime in den Westzonen beendeten, und enthält Vereinbarungen über die Stationierung von alliierten Truppen (USA, Großbritannien, Frankreich, Belgien, Niederlande, Kanada = Stationierungsmächte) auf dem Gebiet der Bundesrepublik.

UN (United Nations). Zusammengeschlossene, „vereinte" Nationen. Die UNO (United Nations Organization) wurde 1945 gegründet, anstelle des Völkerbundes (1919 bis 1939). In der UNO sind nahezu alle Staaten vertreten. Sie haben in der Vollversammlung das gleiche Stimmrecht. Doch fallen die meisten wichtigen Entscheidungen im Sicherheitsrat der UN, der 15 Mitglieder hat (als ständige Mitglieder die Großmächte UdSSR, USA, Volksrepublik China, Großbritannien und Frankreich), dessen Beschlüsse aber einstimmig gefaßt werden müssen. Die UNO hat zahlreiche Unterorganisationen, bei denen die Bundesrepublik Deutschland und die DDR mitwirken. Seit dem 18. 9. 1973 sind beide deutsche Staaten Vollmitglieder der UN.

Verfassungsauftrag. Auftrag der Verfassung, vor allem an die Gesetzgebung. So ist z. B. Art. 3 (Gleichberechtigung) als V. anzusehen. Der Gesetzgeber hat ihm durch ein neues Ehegesetz entsprochen und die volle gesetzliche Gleichberechtigung der Frau bestimmt.

Verfassungsnorm. Verfassungsrechtssatz, Wille der Verfassung (im Gegensatz zur Verfassungswirklichkeit).

Verfassungswirklichkeit. Es ist das, was von den Absichten und Bestimmungen einer Verfassung in die Wirklichkeit umgesetzt wird. Um deutlich zu machen, daß es auch in einem demokratischen Staat eine Spannung zwischen Verfassung und Wirklichkeit gibt, spricht man von V. und stellt ihr die Verfassungsnorm gegenüber. Verwaltung und auch Gesetzgebung und Rechtsprechung können von der Verfassungsnorm abweichen und damit Verfassung und V. voneinander entfernen. Das BVerfG hat die Aufgabe, von der Verfassung abweichende Gesetze, Gerichts- und Verwaltungsentscheidungen als verfassungswidrig außer Kraft zu setzen.

Verhältniswahl. Bei der V. erfolgt die Verteilung der Sitze (Mandate) nach dem Verhältnis der abgegebenen Stimmen. Hierdurch wird erreicht, daß auch kleinere Gruppen berücksichtigt werden.

Vermittlungsausschuß. Ausschuß, bei dem etwas zwischen verschiedenen Standpunkten oder Organen vermittelt wird. Nach dem GG ist der V. jener Ausschuß zwischen Bundestag und Bundesrat, der im Falle von Meinungsverschiedenheiten zusammentritt und von Mitgliedern beider Institutionen gebildet wird (vgl. Art. 77 Abs. 2).

Veto (lat.). Einspruch gegen einen Beschluß oder eine Entscheidung.

Votum (lat.). Die abgegebene Stimme des Abgeordneten bei einer Abstimmung. Auch: der Entscheidungsvorschlag des Richters (vgl. Minderheitsvotum).

Wehrbeauftragter. Vgl. Petition und Ombudsman.

Wehrdienst. Bezeichnung für den Militärdienst, zu dem nach dem Wehrpflichtgesetz jeder junge Deutsche, sofern er wehrtauglich ist, verpflichtet ist. Die Wehrpflicht ist eine der Staatsbürgerpflichten, wird aber im Gegensatz z. B. zur Steuerpflicht nur von Männern gefordert. Die Kriegsdienstverweigerung bedeutet keine Aufhebung der Wehrpflicht, sondern das Recht (bei Anerkennung als Kriegsdienstverweigerer), anstelle des Wehrdienstes einen anderen Dienst gleicher Dauer (Zivildienst*) zu leisten. Dem W. gleichgestellt ist der Dienst im Bundesgrenzschutz.

Weimarer Verfassung. Nach Beratungen im Winter 1918/19 in Weimar wurde die neue republikanische Verfassung von der Nationalversammlung beschlossen und am 11. August 1919 vom Reichspräsidenten unterzeichnet. Sie ist in mancher Hinsicht Modell für das GG geworden. Eine Reihe von Verfassungsbestimmungen der W V sind unmittelbar in das GG übernommen worden (vgl. Art. 140).

Widerstandsrecht. Das Recht des einzelnen, sich Unrechtsmaßnahmen zu widersetzen. Als erste deutsche Verfassung nahm die Hessische Verfassung von 1946 Widerstandsrecht und Widerstandspflicht auf (Art. 147): „Widerstand gegen verfassungswidrig ausgeübte öffentliche Gewalt ist jedermanns Recht und Pflicht“. Durch die Notstandsgesetzgebung vom 24. 6. 1968 ist ein W. auch in das GG (Art. 20 Abs. 4) eingefügt worden. Der praktische Wert dieser Vorschrift dürfte allerdings gering sein.

Zensur. Staatliche Kontrolle der Meinungsäußerung. Man unterscheidet zwei Formen von Z.: Bei der Vorzensur muß ein Druckerzeugnis, ein Film, eine Fernsehsendung usw. vor der Veröffentlichung zur Genehmigung vorgelegt werden; bei der Nachzensur erfolgt die Prüfung nach der Drucklegung oder Fertigstellung. Die Zensur ist nach dem GG nicht erlaubt, Art. 5 Abs. 1 Satz 3.

Zentralismus. Regierung des Staates von einer Zentralstelle aus. Es gibt nur eine Zentralregierung und darunter ausführende Verwaltungen und nur ein Gesetzgebungsorgan, nicht aber ein Bundesparlament und neben ihm Länderparlamente. Das NS-Regime, wie alle Diktaturen, bevorzugte eine zentralistische Verwaltung, obwohl man die Länder formal bestehen ließ. In der Weimarer Verfassung waren die zentralistischen Elemente gegenüber der Reichsverfassung von 1871 gestärkt; im GG wiederum hat man sich für eine föderalistische Regelung entschieden. Seitdem hat der Bund weitere Befugnisse erhalten. Die bundesstaatliche Ordnung aber darf nach Art. 79 Abs. 3 nicht abgeschafft werden. Vgl. Föderalismus.

Zivildienst. Der von anerkannten Kriegsdienstverweigerern zu leistende Dienst (auch Ersatzdienst genannt); er darf die Gesamtdauer des Wehrdienstes nicht übersteigen. Über die Anerkennung als Kriegsdienstverweigerer entscheiden besondere Prüfungsausschüsse. Gegen den Entscheid eines solchen Ausschusses ist Widerspruch möglich; wird dieser zurückgewiesen, kann beim zuständigen Verwaltungsgericht Klage erhoben werden. Letzte Instanz ist das Bundesverwaltungsgericht. Falls Verfassungsrecht verletzt scheint, kann noch Verfassungsbeschwerde zum BVerfG eingelegt werden.

Personen- und Sachverzeichnis

(Artikel des GG sind fett gedruckt)